TRABALHO EM GRUPO E SOCIABILIDADE PRIVADA

Universidade de São Paulo
Reitor: Prof. Dr. Adolpho José Melfi
Vice-Reitor: Prof. Dr. Hélio Nogueira da Cruz

Faculdade de Filosofia, Letras e Ciências Humanas
Diretor: Prof. Dr. Sedi Hirano
Vice-Diretor: Prof. Dr. Gabriel Cohn

Departamento de Sociologia
Chefe: Prof. Dr. Lísias Nogueira Negrão
Suplente: Prof. Dr. Brasilio Sallum Jr.

Coordenação do Curso de Pós-Graduação em Sociologia
Coordenador: Prof. Dr. Sérgio Adorno
Vice-Coordenadora: Profa. Dra. Maria Helena Oliva Augusto
Secretaria do Curso: Irany Emidio, Maria Ângela Ferraro de Souza
e Juliana Maria Costa

Agradecimento
O autor e o Curso de Pós-Graduação em Sociologia do Departamento
de Sociologia da Universidade de São Paulo agradecem à CAPES —
Coordenação de Aperfeiçoamento de Pessoal de Nível Superior —
os recursos que viabilizaram a co-edição deste livro.

Leonardo Mello e Silva

TRABALHO
EM GRUPO E
SOCIABILIDADE
PRIVADA

Curso de Pós-Graduação em Sociologia
Universidade de São Paulo

editora■34

EDITORA 34

Editora 34 Ltda.
Rua Hungria, 592 Jardim Europa CEP 01455-000
São Paulo - SP Brasil Tel/Fax (11) 3816-6777 www.editora34.com.br

Curso de Pós-Graduação em Sociologia
Departamento de Sociologia da Faculdade de Filosofia, Letras e
Ciências Humanas da Universidade de São Paulo
Av. Prof. Luciano Gualberto, 315 Cid. Universitária CEP 05508-900
São Paulo - SP Brasil Tel. (11) 3091-3724 Fax (11) 3091-4505

Copyright © Editora 34 Ltda., 2004
Trabalho em grupo e sociabilidade privada
© Leonardo Mello e Silva, 2004

A FOTOCÓPIA DE QUALQUER FOLHA DESTE LIVRO É ILEGAL E CONFIGURA UMA
APROPRIAÇÃO INDEVIDA DOS DIREITOS INTELECTUAIS E PATRIMONIAIS DO AUTOR.

Capa, projeto gráfico e editoração eletrônica:
Bracher & Malta Produção Gráfica

Revisão:
Cássio Arantes Leite
Cide Piquet

1ª Edição - 2004

Catalogação na Fonte do Departamento Nacional do Livro
(Fundação Biblioteca Nacional, RJ, Brasil)

Mello e Silva, Leonardo
M543t   Trabalho em grupo e sociabilidade privada /
Leonardo Mello e Silva. — São Paulo: USP, Curso
de Pós-Graduação em Sociologia: Ed. 34, 2004.
296 p.

ISBN 85-7326-280-X

Inclui bibliografia.

1. Sociologia do trabalho. 2. Ciências
sociais - Brasil. I. Universidade de São Paulo. Curso
de Pós-Graduação em Sociologia. II. Título.

CDD - 306.3

TRABALHO EM GRUPO
E SOCIABILIDADE PRIVADA

Apresentação 7

Introdução
Público e privado na nova ordem produtiva:
uma primeira aproximação do problema 9

I. Deriva de classe 15
  1. O pano de fundo 18
  2. O controle: na falta de um parâmetro,
    a competição sem fim
    e a gestão pela insegurança 22
  3. A intensificação do ritmo 25
  4. Balanço: a dificuldade de constituição
    da classe como ator social 27

II. Contrapontos comparativos França-Brasil 31
  1. O sistema de relações profissionais 31
  2. A organização do trabalho:
    qualificação e competência 55
  3. O mercado de trabalho:
    a redução do tempo de trabalho 93
  4. Precisões terminológicas ou enquadramentos
    conceituais? Falamos todos a mesma coisa
    ou o que quer dizer nomear? 118

III. Primeiros indícios: o ramo químico-farmacêutico
   e a ambigüidade do líder 149
  1. Uma disputa em torno dos limites
    das normas de trabalho 150
  2. O trabalho em grupo 154
  3. O líder: o estatuto ambíguo do assalariado 157

4. O tempo de trabalho:
onde começa e onde termina? 163
5. Destrinchando a sociabilidade:
tradição sociológica e tradição política 167

IV. O fluxo tensionado dos novos sistemas
de produção: as células ou grupos
no ramo de confecções 225
1. Mais trabalho na sociedade do "tempo livre"
ou outra história para o
"declínio da sociedade do trabalho" 226
2. O *just-in-time* (JIT) e seu significado
para a ação coletiva 230
3. A fábrica de cuecas: polivalência de todos,
mas é a qualificação que conta 231
4. Dois exemplos complementares 259
5. Conclusões dos casos estudados e balanço 284

Bibliografia 289

APRESENTAÇÃO

Este livro baseia-se em uma trajetória de pesquisa e reflexão que já dura alguns bons anos. Iniciou-se com o estudo sobre a qualificação do trabalho no complexo químico paulista, entre 1995 e 1996. As discussões e o convívio com os pesquisadores da área naquela ocasião foram bastante instigantes. O interesse pelas formas de organização do trabalho com conteúdo privatizante, tendo como contraponto o encurtamento da esfera pública, vem dessa época, pelo que foi fundamental a participação e o estímulo intelectual dos colegas do Núcleo de Estudos dos Direitos da Cidadania, da USP, onde, aliás, o referido projeto encontrou acolhida. Uma parte daquela experiência de pesquisa foi apresentada no XXII Congresso da LASA (*Latin American Studies Association*), em março de 2000: excertos (bastante modificados) daquela comunicação foram aproveitados aqui.

A outra parte baseia-se em pesquisa bibliográfica realizada como parte do estágio de pós-doutoramento realizado no *Centre Pierre Naville* da Universidade d'Evry, na França, com o apoio da Fapesp.

Por fim, cabe ressaltar a participação no Projeto Temático "Cidadania e Democracia: O Pensamento nas Rupturas da Política", em que pude desenvolver de maneira um pouco mais focada a investigação sobre as células de produção, que ocupa boa parte do presente texto. Seu conteúdo foi apresentado em diversas ocasiões a partir de então, todas no ano de 2002: no Encontro "Desafios do Republicanismo", realizado em Belo Horizonte, entre 17 e 19 de abril; na *7th Session* da rede *International Studies on*

Working Life, em Evry (França), entre 3 e 10 de outubro, e finalmente no XXVI Encontro Anual da Anpocs, entre 23 e 25 de outubro, em Caxambu. Para essa última ocasião contei com a colaboração de Sandra Rufino dos Santos e Ana Maria Sanches, além do bolsista Ananias de Souza Correa. Devo um agradecimento aos gerentes responsáveis pelas áreas industrial e de recursos humanos, supervisores e chefes de seção das empresas que possibilitaram o suporte empírico deste trabalho, bem como aos seus trabalhadores, os quais concederam uma parte de seu precioso tempo para entrevistas e conversas, esclarecendo tópicos para mim tão obscuros e para eles tão evidentes. Como é praxe em estudos desse tipo, as empresas não estão identificadas.

Trata-se de uma investigação ainda em andamento, porém os resultados já aparentes me pareceram suficientemente enfáticos para justificar a sua apresentação a um público mais amplo, de forma a tentar contribuir para um debate que transborda a esfera acadêmica da sociologia do trabalho e resvala para traços de uma sociabilidade que está impregnando um nervo importante da vida coletiva do país: *a forma como o trabalho operário é efetuado*. Eu penso que esse nervo está exposto.

Um agradecimento especial ao Programa de Pós-Graduação do Departamento de Sociologia da USP, pelo apoio decisivo para a transformação dessas notas, artigos e comunicações em sua forma atual, e ao CNPq por uma bolsa de produtividade em pesquisa cujo projeto já tem aqui uma primeira apresentação de seus resultados.

Introdução
PÚBLICO E PRIVADO NA NOVA
ORDEM PRODUTIVA: UMA PRIMEIRA
APROXIMAÇÃO DO PROBLEMA

Os imperativos de competitividade, com a abertura da economia, a partir do início dos anos 90, no Brasil, conduziram à necessidade de qualidade do produto, incitando a uma reorganização dos processos fabris que levam à implicação dos operadores diretos. Tal é o pano de fundo para a disseminação dos grupos de trabalho ou "células de produção".

De fato, o material coletado em pesquisas recentes, algumas já finalizadas e outras em andamento, confirmou largamente o movimento no sentido de orientar as políticas de negócios das firmas no diapasão de uma estratégia global, afetando o tratamento da mão-de-obra e sua relação com a gerência, com os supervisores e entre os próprios trabalhadores. As políticas de pessoal ou, em termos mais precisos, as formas de organização do trabalho no interior da fábrica passavam a ser baseadas nas filosofias ditas "da qualidade" e seus instrumentos de gestão.

A hipótese que orientou a presente investigação é que a reestruturação produtiva em curso ativa formas privatizantes de representação do mundo do trabalho, porque fortemente vinculadas às políticas corporativas das empresas. A influência do "modelo japonês" (o *just-in-time*, o *kaizen*, o *5S* etc.) ou *lean-production*, em sua modalidade de "trabalho em grupo", é uma confirmação dessa tendência. Alguns autores têm acentuado certas conseqüências do novo modelo produtivo no sentido de desenhar um tipo de "corporativismo de empresa" ou de microcontratos, passíveis de se estabilizar, no momento em que os sistemas de bem-estar vão cedendo lugar a uma regulação das relações de traba-

Introdução   9

lho e de proteção com tintura mercantil. Assim, estaríamos diante da contraposição entre um registro *público*, com suas instâncias de representação política — as associações e os sindicatos patronais; as centrais sindicais, o Estado (por intermédio sobretudo do Ministério do Trabalho) —, e um registro *privado*, em que se situam as empresas e seus empregados. Cada vez menos podem ser encontrados resquícios da influência de negociações "públicas" levadas a cabo pelas entidades de representação clássicas — como os sindicatos — no interior da vida produtiva das empresas, sobretudo as mais dinâmicas. Como exemplo de negociação de caráter público (embora não "estatal") podemos citar, no caso brasileiro, as câmaras setoriais, que tiveram vigência em alguns ramos de atividade nos primeiros anos da década de 90.

Certos intérpretes saudaram a emergência das câmaras setoriais como abrindo o campo da negociação entre capital e trabalho para uma "nova contratualidade". Outros mencionaram ainda o surgimento, com elas, de uma "nova institucionalidade". Como quer que seja, o fato é que a busca de uma medida em torno de itens da agenda consagrada do conflito de classes confirmou a preocupação já clássica da sociologia do trabalho em relação às mudanças no local de trabalho, seja nos processos, seja em sua gestão.

A riqueza do processo de negociação realizado pela via das câmaras setoriais parecia contudo desdobrar-se em um nível diferente daquele transcorrido no interior das empresas. De fato, observou-se uma intransitividade entre os "dois mundos". A institucionalidade buscada por essas últimas tendia a prescindir das formas e dos instrumentos assentados de negociação pública, representados pelas primeiras.

Até que ponto se estaria de fato forjando, entre os coletivos de trabalho estimulados pelas políticas da "qualidade", um novo tipo de "contrato" ou de "institucionalidade", é uma das perguntas que ficaram como resultado daquele debate.

As razões para tal intransitividade, conforme mencionado, conectam-se com outras manifestações societais do estreitamento do espaço público. A idéia subjacente é a de que a tendência observada nas relações de trabalho de "apartação do social", isto é, do mundo fora dos muros da fábrica, reproduz modalidades de privatização do público[1] que podem ser observadas também em esferas da sociedade brasileira, tais como a cidade, o consumo e o lazer.

Para que uma negociação na esfera pública seja bem-sucedida, é necessário que determinados acordos ou negociações de base estejam em processamento. Está-se assumindo, portanto, que aquilo que na terminologia gerencial aparece como "envolvimento" será tomado como um *espaço de negociação*. A forma que irá assumir a negociação coletiva vai depender, portanto, do formato e do sentido que tiverem as negociações em diversos espaços privados desse tipo, isto é, no ramo de atividade, nas empresas, nas seções fabris etc.

A negociação pressupõe diferença entre as partes. A noção de envolvimento pressupõe, ao contrário, certo pendor comunitarista. A negociação caminha no sentido de que as partes conflitantes encontrem um parâmetro coletivo que sirva de referência para categorias inteiras de representados; o envolvimento é individualizante e fluido, por causa do arbitrário que informa o seu conteúdo: qual é a margem para que alguém defina a si mesmo como "envolvido" ou para que o proponente sinta-se satisfeito com o "envolvimento" oferecido pela contraparte? Como posso saber quem está mais "envolvido" do que outro? Quem define e com base em que medida? Diremos que a negociação está dentro do campo semântico do contratualismo, enquanto o envolvimento está dentro do campo semântico da pessoalização e do arranjo *ad hoc*, em vez do direito. Diremos também que, pelo

---

[1] Ver Francisco de Oliveira, "Privatização do público, destituição da fala e anulação do outro: o totalitarismo neoliberal" *in* Francisco de Oliveira e Maria Célia Paoli (orgs.), *Os sentidos da democracia: políticas do dissenso e hegemonia global*, Petrópolis, Vozes/Fapesp/Nedic, 1999, pp. 55-81.

Introdução

que precede, a "negociação do envolvimento" é uma contradição nos termos.

Porém, tal percepção de caráter geral não deve esconder um dado mais complexo: que os sistemas de organização baseados na qualidade têm posto em evidência uma determinada relação do operador direto com o seu trabalho, que passa a ser, nesses sistemas, muito mais valorizada. Daí a importância da tendência ao trabalho em grupo, em equipes, times ou "células" de produção: ao mesmo tempo em que se busca quebrar uma solidariedade civil classicamente consagrada nas relações antagônicas de classe, busca-se construir uma solidariedade de outro tipo, baseada na empresa. Pretende-se perseguir o trajeto de constituição da solidariedade baseada na empresa, e seus valores, como espécie de acompanhamento da derivada solidariedade de classe.

Parte-se do pressuposto de que a junção entre valorização da atividade de trabalho e trabalho em equipe torna o vínculo ou laço social com a empresa idealmente muito mais forte do que no padrão de organização taylorista-fordista. Esses valores a que se fez referência, e que são desenvolvidos internamente aos grupos econômicos (às vezes designados como sua "cultura"), embora não sejam completamente "econômicos", dependem de um determinado contexto no qual a história das relações de classe no setor de atividade — e sobretudo o papel do sindicato ali — deve ser levada em conta.

Na verdade, o que se observa a partir da marcha dos novos métodos de organização do trabalho é uma tendência forte na direção da diferenciação e da individualização. A própria negociação salarial passa a ter um apelo mitigado para os trabalhadores das grandes empresas; e isto pela intervenção de dois vetores: o patamar salarial relativamente elevado, tendo-se em conta o "piso da categoria" (as grandes empresas em geral podem sustentar políticas salariais e de benefícios acima da média), e a efetivação e difusão da participação nos lucros e resultados (PLR).

Mas, por outro lado, algumas características interessantes do funcionamento do trabalho em grupo não podem ser simplesmente desconsideradas. São elas: a *autonomia* (dentro de certos limites) dos grupos; uma certa *flexibilidade* no emprego do tempo de trabalho (que não se reduz a uma jornada diária, uma vez que ela se intensifica nos "picos" de produção, e relaxa quando não há pedidos); o convívio entre os participantes da célula, que parece ser fundamental para o bom andamento do trabalho e, por conseqüência, para a *produtividade*; por fim, o cuidado e a importância atribuída ao conhecimento da própria atividade de trabalho.

Os itens arrolados são indicadores das questões que estão em causa no estudo das células de produção. Tomá-las como objeto de análise repõe, em certo sentido, o problema do "controle social da produção", permitindo explorar sociologicamente a constituição e manutenção do grupo ou equipe de trabalho. Contudo, não se pretende aqui trabalhar sistematicamente com as implicações desse achado para uma análise em termos de conflito de classes ou de uma nova relação entre capital e trabalho. A pretensão é mais modesta: trata-se de estudar o funcionamento de um tipo específico de organização baseado nos sistemas ditos "da qualidade" — o trabalho em grupo (ou "times", "células", "núcleos") — tendo, porém, sempre em conta que elas se inserem em um ambiente mais amplo, sem, portanto, encerrarem-se em si mesmas. Dessa forma, é possível detectar alguns limites do sistema.

Introdução

I.
DERIVA DE CLASSE

O desafio mais sério posto para o mundo do trabalho, isto é, para o movimento social organizado que se articula em torno de sindicatos, pode ser resumido em um só termo: a individualização do estatuto do trabalhador. Esse termo traduz o fenômeno que se tem observado há algum tempo nos capitalismos centrais — e ainda com mais dramaticidade nos periféricos — do paulatino deslocamento da classe como referência e como formadora de identidades coletivas.

Três são as frentes em que se pode identificar a transformação em curso, que consiste em substituir a referência coletiva da classe pela referência individual do trabalhador ou trabalhadora:
- no âmbito da organização do trabalho;
- no âmbito do mercado de trabalho;
- no âmbito das relações industriais.

No primeiro caso, o indicador mais forte é a querela — relativamente confinada a uma discussão entre especialistas, mas já com ressonâncias no ambiente gerencial das empresas — que opõe as noções de "qualificação" e "competência". Enquanto a primeira remete a uma normatividade reconhecida em última instância pelo Estado, por meio do direito do trabalho, a segunda é validada sobretudo pela empresa.

No segundo caso, os indícios são os novos contratos associados à pessoa ou a uma fração da força de trabalho subcontratada (terceirizada) para realizar ou suprir necessidades específicas das unidades de produção.

No terceiro caso, a individualização pode ser percebida por tipos de negociação que se deslocam mais e mais de uma abrangência pública para uma abrangência mais restrita, privada: caso em que a negociação se desloca do setor para a empresa.

No entanto — e por isso trata-se de um "desafio" —, não é tão simples descartar uma tendência como algo nefasto. Nas análises que faz a ciência social, os juízos de "positivo" e "negativo", ou de que "antes era melhor", não fazem sentido fora de uma referência social, isto é, experimentada por uma coletividade como um fato evidente por si mesmo, quase natural (embora o processo de sua constituição não seja nem evidente, nem natural; muito pelo contrário). Assim, é preciso ir com cuidado na avaliação sobre a tendência de individualização. Antes de atribuir-lhe um valor, vale a pena observar onde se manifesta para perceber o seu alcance: verificar se é realmente uma tendência forte, capaz de vir para ficar, ou se se trata apenas de fogo-de-palha. Somente percebendo essa dimensão social é que a individualização pode ser colocada sob um pano de fundo histórico, com atores coletivos (mesmo que não se vejam como tais, mas como "indivíduos") que vão dotar de significação as posições "pró" e "contra".

Ora, sabemos que a História é a história de lutas de coletividades umas contra as outras, buscando impor seu ponto de vista e seu poder político. Assim, à pergunta primeira sobre a pertinência do diagnóstico da individualização como síntese das tendências do mundo do trabalho hoje, bastaria uma mirada para aqueles três âmbitos das relações de trabalho para aquilatar a presença desse vetor atravessando "campos" distintos em que se recortam tradicionalmente os estudos do trabalho.

O segundo elemento que depõe em favor da pertinência daquele diagnóstico é o conjunto transformado de técnicas gerenciais que vêm do modelo japonês e da *lean-production* chegando às fórmulas e modelos mais recentes ao estilo "gerência por objetivos", nos quais a coletividade fordista mantida pelo processo de trabalho é substituída por novas coletividades, principalmente associadas à empresa: mesmo que a individualização, nesse caso, não chegue propriamente até o indivíduo (o modelo japonês, em muitos de seus aspectos, extrai sua força exatamente do coletivo, não do indivíduo), ela ao menos desorganiza — como acontece hoje — o par coletivo *versus* individual, ou público *versus* privado, que estavam consagrados na produção em massa para um consumo indiferenciado.

Essas técnicas gerenciais mencionadas, por sua vez, respondem a uma organização reestruturada do processo produtivo que afetou as economias capitalistas e que se conecta com as realidades de abertura dos mercados, com novos padrões de concorrência baseados no conteúdo tecnológico, no peso das inovações capazes de alterar produtos e perfis consagrados de consumo e nas novas escalas que se tornam mais e mais globais, trazendo a necessidade de fusões entre empresas; a um conjunto, enfim, bastante heterogêneo de fenômenos que não deixam, contudo, de estar interligados, mas em relação aos quais se vai apenas fazer menção na qualidade de caucionadores da amplitude das mudanças no mundo do trabalho. Eles atestam, para bem resumir o argumento, uma coisa: que do jeito que sindicatos e trabalhadores estão organizados até agora, em que o anonimato de cada um faz a força do todo, não é mais possível continuar, pois significaria manter um elemento do conjunto (o "trabalho") sem mudança, isto é, dentro da velha ordem, enquanto todo o restante já está se ajustando.

O que parece ser o desafio, portanto, é saber, tendo em vista esse conjunto de mudanças que tem suas raízes em aspectos que nós chamamos de "estruturais", como os atores coletivos do mundo do trabalho vão se posicionar, sendo que não se trata de uma tomada de posição sobre uma tendência a vir, mas, ao contrário, que já veio, e que está aí para quem quiser ver. Se a individualização dificulta esse juízo "isento" é porque ela já está afetando as formas de percepção e de saídas coletivas para o problema — é amplamente sabido, por exemplo, que é muito mais difícil fazer greve quando o temor do desemprego ronda os assalariados.

Deriva de classe 17

1. O PANO DE FUNDO

Do ponto de vista morfológico, a fragmentação da classe trabalhadora não é uma novidade dos tempos atuais de globalização e flexibilidade. A unidade de classe, que transfere para o plano político certa homogeneidade de situação social que ela experimenta em suas relações e sua vivência cotidiana, deve aparecer, a longo prazo, muito mais como um esforço do que como uma realização em si mesma acabada. Atualmente, essa fragmentação é lida como a interferência de clivagens sociais operadas pelas diferenças de raça, de gênero, de nacionalidade (para os casos de estados multinacionais) e de região, às quais vêm se sobrepor diferenças que se referem mais propriamente à situação de trabalho ou do mercado de trabalho, como é o caso das diferenças de habilidades e qualificações requeridas para determinada produção, historicamente situada. Ora, essas diferenças sempre existiram. Dizendo de outra maneira, elas sempre se impuseram como uma dificuldade para os propósitos de unificação da classe, propósitos esses que eram perseguidos pelas várias correntes do movimento operário que, ao longo da História, se propuseram a organizar os trabalhadores, fossem elas anarquistas, socialistas, sindicalistas, cristãs ou comunistas. O que há de tão inquietante na onda atual de fragmentação que é alardeada aos quatro ventos como um flagelo para a luta e para a organização do movimento dos trabalhadores?

A novidade parece residir em uma circunstância especial. Essa circunstância pode ser traduzida na forma de uma exceção que definiu, paradoxalmente, uma espécie de "regra" para as relações industriais de boa parte do século XX. Refiro-me à regra da relação salarial que acompanhou o período de crescimento do pós-guerra, que muitos autores chamam de "Trinta Gloriosos", numa caracterização dos anos que vão, regra geral, de 1945 a 1975. Nesse período foi possível, para a força de trabalho assalariada, experimentar uma relativa estabilidade quanto ao emprego (mesmo que o *turn-over* intra-empresa fosse alto, o mercado de trabalho do ramo era suficientemente expansivo para acolher os recém-saídos de seus postos) e um padrão de salário que aproximava o seu valor nominal do seu valor real em termos de poder de compra. Somados estes dois elementos — emprego e salário —, os sindicatos puderam travar, em condições relativamente seguras, a sua luta reivindicativa e levar satisfatoriamente a termo sua identidade, abstrata, de "força de trabalho para o capital". Quanto mais essa categoria homogênea de "força de trabalho para o capital" deixava de ser apenas virtual e aproximava-se de uma efetividade, mais aqueles pontos de clivagem mencionados recalcavam o seu efeito sobre a unidade e a identidade de classe.

O problema é que tal ambiente social e histórico foi antes, como já se fez referência, uma exceção dentro da trajetória de desenvolvimento do capitalismo. Essa é uma advertência vinda de autores que têm chamado a atenção para a necessidade de um enfoque mais de longo prazo sobre a chamada "Época de Ouro" do fordismo, inserindo esse último em uma tendência que inclui não apenas elementos de determinação econômica dos ciclos de reprodução ampliada, mas também elementos políticos e institucionais. Assim, o papel dos sindicatos, por exemplo, foi fundamental nesse arranjo dos Trinta Gloriosos. Se é possível falar de um "modo social-democrata de produção",[1] ele deve muito aos sindicatos, que "forçaram" a inscrição dos assalariados nas políticas estatais, aproveitando o seu poder de pressão, advindo das condições favoráveis do mercado de trabalho, para incluir na pauta econômica os direitos sociais associados ao pleno emprego. De componente mercantil de ajuste (o mercado de trabalho) a componente social a ser levado em conta nas políticas econômicas, o fator trabalho testemunhava uma silenciosa e importante transformação a operar-se na maneira como economia e Estado se relacionavam desde então.

---

[1] Como propõe Francisco de Oliveira em *Os direitos do anti-valor*, Petrópolis, Vozes, Coleção Zero à Esquerda, 1998.

Dessa forma, a incidência dos vetores de fragmentação da classe trabalhadora terminou por ser contida durante a vigência do período histórico supracitado, dando com isso a impressão de tratar-se de uma exceção à regra do pleno emprego. Na verdade, ocorre o contrário: a identidade de classe é a exceção, pois vigora durante poucos períodos, em geral aqueles períodos de "regulação", em vez de crise. O que é circunstancial é que durante um bom tempo os sindicatos possam ter organizado greves, sentado à mesa de negociações com patrões e com o poder público, usado o seu poder de barganha e, ao mesmo tempo, não tenham sido atacados, fragilizados e acuados.

Estamos até aqui nos referindo a um panorama bastante geral, cuja ocorrência se verifica entre os países capitalistas centrais. Mas esse padrão de ação coletiva, em que um pano de fundo, digamos, estrutural fornece as bases para a atuação voluntarista dos atores organizados, pôde ser observado também no Brasil: é largamente sabido que foi muito mais fácil mobilizar a classe trabalhadora durante os anos 80, época em que as greves alcançaram o seu ápice, do que durante os anos 90. E por quê? Basicamente porque nos 80 o desemprego não era ainda tão deletério quanto nos 90, nem o salário havia ainda se descolado dos mecanismos, relativamente seguros, da indexação.

Mas cuidado: afirmar que existem certas precondições para determinados tipos de ação coletiva não significa reificá-las. Elas são apenas um ponto de partida, de modo que não se pode dizer que sempre será assim.

No entanto, com relação à questão da "fragmentação" da classe, freqüentemente evocada, é necessário uma digressão mais detida, visto que ela envolve problemas mais profundos.

As relações sociais, com suas desigualdades e conflitos, atravessam e recobrem as diferenças "espaciais" em que aquelas relações sociais se cristalizam. Quer isso dizer que a mesma diferenciação entre público e privado reaparece, entre outras, na divisão entre comunidade e sociedade (F. Tönnies), ou entre casa e fábrica (Gramsci). Foram os movimentos sociais que chamaram a aten-

20   Trabalho em grupo e sociabilidade privada

ção para a necessidade de desmontar a separação rígida que a relação salarial consagrava ao forjar a "identidade" da força de trabalho como uma coletividade exatamente sem identidade social em sua existência meramente formal.

É curioso constatar, por exemplo, que as linhas que dividem a força de trabalho em gênero, raça, nacionalidades ou "regionalidades" (no caso de países que acolhem levas de migrantes, sejam internos ou externos) são às vezes reproduzidas no interior de uma mesma unidade de produção, com seções "destinadas" aos negros, às mulheres, aos latinos ou aos nordestinos.

Essa segmentação tem um efeito dúbio. Ela pode por um lado reforçar as identidades sociais de força de trabalho contra o capital, em uma situação determinada, mas pode também fornecer um obstáculo poderoso para as políticas gerais e para o apelo indiferenciado, oriundo do sindicato ou do partido.

As razões do diferencial de produtividade da produção "japonesa" ou da *lean-production* (produção enxuta) são bem conhecidas. A maximização do uso da capacidade instalada, cortando os "tempos mortos", assim como a extração do máximo de engajamento produtivo da força de trabalho constituem o norte da orientação daquelas práticas de gestão, ainda que elas apareçam sob o manto de outras determinações, como a tecnológica. As novas tecnologias microeletrônicas ajudam, mas são claramente secundárias diante do rearranjo organizacional das plantas e do controle do tempo que ele permite. As inovações daquele tipo aplicadas ao maquinário encontram um limite na própria capacidade do operador em processar, dentro de um tempo de trabalho que é contabilizado individualmente, uma série quase simultânea de ordenamentos que se conectam antes e depois de sua intervenção, mais ou menos como acontece na linha de montagem. A diferença em relação à linha de montagem clássica fica por conta de que não se trata agora de uma operação apenas, mas de várias que o operador realiza ou pode realizar dentro de sua tarefa, que passa a constituir-se, por sua vez, em um conjunto agregado de tarefas.

Deriva de classe

Um lugar privilegiado para se captar esse processo é no tipo de trabalho em grupo ou em células que tem se espalhado pelas empresas que perseguem um figurino "moderno", como resultado de sua entrada no circuito globalizado. As passagens que servirão de suporte empírico para este estudo, nos capítulos III e IV, são extraídas de visitas efetuadas a algumas fábricas de setores diversos em São Paulo. Com isso, já se pode ter uma idéia do impacto da individualização no curso desses novos arranjos do processo de trabalho.

Dentre as características mais salientes do novo sistema de trabalho que se espalha como uma "superação" da linha de montagem, alguns traços podem ser destacados. É o que se verá a seguir.

2. O CONTROLE: NA FALTA DE UM PARÂMETRO, A COMPETIÇÃO SEM FIM E A GESTÃO PELA INSEGURANÇA

Se o novo formato organizacional facilita — ao menos ele é vendido dessa forma pela retórica da gerência moderna — o trabalho em grupo, as novas tecnologias acopladas às máquinas facilitam, por seu turno, o controle individualizado dos operadores no sentido 1 operador <–> 1 máquina. O acompanhamento da performance do trabalho segue de perto todos e cada um. Fichas com históricos de cada membro das células são mantidas pelos líderes como marca do desempenho, podendo em tese ser utilizadas a qualquer momento, como na ocasião da promoção. Tais indicadores de performance não são escondidos: esse é talvez o seu caráter mais "interessante". Ao contrário, eles são ostensivamente publicizados. O propósito é que o operador compare o tempo todo a sua produtividade individual: comparação primeiro entre ele próprio e o grupo de que faz parte — célula — e em segundo lugar com outros turnos responsáveis pelo mesmo processo de trabalho, incluindo aí o mesmo maquinário. Todos ficam conhecendo quem são os mais produtivos e os menos produtivos. Essa forma de publicidade — desnecessário dizer — não permite apenas um controle dos outros sobre si, mas sobretudo um autocontrole bem administrado, a fim de escapar à imputação de responsabilidade pela diminuição da cota coletiva da célula aos olhos dos colegas (para não falar da gerência).

Uma terceira forma de competição refere-se propriamente à competição entre firmas, que é incutida no coletivo de trabalho como um imperativo de "envolvimento" e "implicação", descendo dessa vez até embaixo, isto é, até o nível da força de trabalho, nisso que é uma novidade em relação ao tipo de administração do passado, pois anteriormente os que eram forçosamente "implicados" eram os gerentes e quadros intermediários, interessados em serem bem-vistos pelos superiores hierárquicos. Por isso, boa parte dos sociólogos que se dedicavam à análise da estrutura de classes não tinha, quanto a esse ponto, grandes divergências: embora assalariados, esses profissionais ("produtivos" ou "improdutivos" para o capital, pouco importa) desenvolviam uma espécie de barreira que os afastava da classe operária, e essa barreira tinha como principal elemento quer diferenças de *status* e de cultura (em suas versões, respectivamente, weberiana e funcionalista), quer diferenças político-ideológicas (em sua versão marxista-estruturalista). Num caso como no outro, as lealdades desses quadros gerenciais os afastavam da "base", isto é, do chão-de-fábrica. Essas lealdades chegavam no máximo até os capatazes e líderes: não passava por qualquer cabeça sensata que os trabalhadores fossem, eles também, "vestir a camisa". Eles eram os "outros": raivosos, rebeldes, perigosos e, no máximo, alheios. Nessa diferença — ou nessa alteridade — estava a chave de sua identidade coletiva. Esse é um ponto fulcral das dessemelhanças entre o regime fordista e aquele do período que se seguiu à sua crise. Afinal, a força de trabalho fordista podia ser substituída ou mantida sem grandes danos, uma vez que a exigência do trabalhador coletivo de então não cobria ainda a integralidade de sua configuração.

Dizendo de outro modo: margens consideráveis da energia desse trabalhador coletivo eram simplesmente dissipadas de ma-

Deriva de classe 23

neira improdutiva — literalmente, jogadas fora — dado que os ganhos de produtividade auferidos pela extensão crescente da escala, juntamente com o progresso técnico incorporado em máquinas e instalações, eram amplamente suficientes para deixar de lado a porosidade do próprio trabalhador coletivo, isto é, a parcela variável na composição orgânica do capital. Atualmente, em um ambiente diverso, a empresa neoliberal leva até o chão-de-fábrica a ideologia do empreendedor, algo com que as empresas fordistas nunca se preocuparam diretamente, já que a funcionalidade do regime de crescimento destinava à relação salarial um papel limitado à redistribuição e disseminação da riqueza, nunca de concurso para a produção da mesma. Ademais, como se buscará discutir mais adiante, no fordismo os *buffers* serviam para proteger os operários da intensificação do trabalho.

Assim, hoje, à competição entre os membros de um mesmo grupo ou célula, em primeiro lugar, e à competição entre grupos ou células entre si, vem somar-se a competição entre firmas, que acaba por envolver também os empregados. Daí para a participação em fundos de ações ou a aquisição de *stock-options* vai um passo, tendo-se em conta a diversidade de possibilidades de implicação patrimonial da nova economia. Muitas vezes, é bom lembrar, a comparação ocorre entre empresas de um mesmo grupo econômico localizadas em vários países, de modo a jogar com os diferentes ambientes econômicos e sociais.[2]

Outras vezes, a competição ou emulação intragrupo opõe também trabalhadores lesionados e não-lesionados (as lesões por esforços repetitivos não são incomuns nesses casos), uma vez que

---

[2] Uma contra-estratégia dos trabalhadores tem sido a constituição de comitês de empregados de uma mesma empresa com atuação em vários países, a fim de trocar experiências e informações recíprocas com o propósito de articular ações conjuntas, quando for o caso. Exemplos no setor químico são os comitês internacionais da Bayer e da Basf. No setor automotivo há também organizações bem atuantes.

os primeiros tendem a rebaixar a cota do grupo, aparecendo antes como "estorvo" do que como uma população necessitada de proteção e consideração especiais.

Todos esses três tipos de fardo da eterna vigilância e da prontidão permanente para não perder o lugar no mercado atravessam simultaneamente o consumo da força de trabalho no momento da produção, dotando essa experiência social e individual de uma sobrecarga imensa, difícil de aquilatar apenas com os instrumentos quantitativos de análise mais disseminados.

O que está na base do comportamento de competição e de sua tendência subjacente de fragmentação — em vez de solidariedade — do coletivo operário é a insegurança representada pelo mercado de trabalho. Sobretudo se se trata de trabalhadores mais idosos, cuja chance de encontrar uma recolocação é sempre menor do que entre os mais jovens. Os administradores, executivos e gerentes das fábricas sabem muito bem disso e utilizam esse dado estrutural como uma forma de docilização dos conflitos entre capital e trabalho que emergem no interior da empresa. Isto se conecta estreitamente com a questão do ritmo de trabalho.

3. A INTENSIFICAÇÃO DO RITMO

A intensificação do ritmo de trabalho deve-se a vários fatores interligados:

- a eliminação de ajudantes para os postos fixos. Os "ajudantes" passam a ser os próprios operadores, que tapam os buracos no formato por eles conhecido como "polivalência", que nesse caso, como se pode notar, é uma idéia completamente estranha à polivalência oriunda dos grupos semi-autônomos, ou seja, estranha à idéia de autonomia no trabalho;
- os bônus ou prêmios por produtividade;
- o redesenho das linhas, que passam a ser organizadas em células, cada uma delas no formato de "U", a fim de minimizar o tempo de deslocamento dos operários entre os pos-

tos. No novo desenho, economiza-se a necessidade do tempo de pausa ou repouso, além do aumento da velocidade das linhas e, em alguns casos, o recurso a horas extras e a novos turnos de trabalho.

Logicamente, a intensificação provoca o aparecimento de lesões por esforços repetitivos e o maior contingente de acidentados distribuídos pelas células funciona como um recurso para forçar à baixa a solidariedade do grupo, o que é amplificado ainda pela existência dos prêmios, destilando uma maior competição interna, como se viu. A situação do mercado de trabalho, gerando uma insegurança permanente, reforça todo o quadro.

Com vistas à maximização da produtividade, as empresas vêm perseguindo o sistema de turnos contínuos de trabalho, ali onde vigorava o sistema de turno único. Uma reivindicação dos sindicatos e das entidades representativas dos operários tem sido justamente a de estabelecer os critérios de introdução de novos turnos. Por exemplo: se deve haver revezamento entre os turnos ou se, pelo contrário, eles devem ser fixos, isto é: aqueles que trabalham em um turno estarão sempre em atividade naquele horário determinado e não em outro; se o turno noturno deve contemplar contrapartidas em relação ao turno diurno etc.

Note-se que o sistema de células, cuja retórica enfatiza a necessidade de perenidade nas relações sociais internas ao grupo, choca-se com um vai-e-vem mais ou menos constante dos operários entre os turnos, o que não seria saudável para a constituição de uma sociabilidade própria à célula.

Mas, relativamente aos turnos, a lógica mais ampla da negociação é a mesma das horas extras: os trabalhadores querem impor limites ao poder discricionário dos patrões e seus gerentes, fazendo prevalecer medidas que gravem as possibilidades de extensão da jornada, estabelecendo compensações pelo trabalho em turno noturno ou, ainda, demandando simplesmente um quadro algo previsível de seu emprego, a fim de que os próprios interessados possam se programar com antecedência.

Na pressão por resultados rápidos e palpáveis em termos de produtividade, o absenteísmo é um ponto sensível. De nada adiantam o esforço de horas extras e a introdução de novos turnos de trabalho se os candidatos a preenchê-los oscilam erraticamente.

4. BALANÇO: A DIFICULDADE DE CONSTITUIÇÃO DA CLASSE COMO ATOR SOCIAL

Esta breve incursão pelos efeitos da reestruturação produtiva sobre o trabalho nos leva a indagar sobre o papel que está reservado àqueles que sofrem diretamente tais efeitos.

Um bom exemplo de como as decisões sobre os rumos da reestruturação não estão necessariamente predeterminados pela lógica integrada do modelo produtivo pode ser observado na questão da arbitragem entre aumento das horas extras e contratação de novos contingentes.

Sabendo que as novas práticas gerenciais exigem uma racionalização do tempo de trabalho (e que não significa apenas economia de contingente), esta última pode se dar pela via da extensão da jornada ou por meio de uma solução alternativa e, em geral, mais improvável de ser negociada: a contratação de novos trabalhadores. A primeira alternativa vai de encontro a acordos estabelecidos, geralmente codificados, mas também muitas vezes tácitos, frutos de arranjos informais, os quais não são desimportantes, pois, ao lado do direito do trabalho, organizam igualmente as relações industriais.

A produção enxuta demanda, pois, uma transformação nas formas estabelecidas de relações industriais, no entanto, tal mudança caminha, por assim dizer, de baixo para cima, ou seja, das empresas para o próprio arcabouço geral que ampara as regras que capital e trabalho consagraram como "aceitáveis". As mudanças no sentido da flexibilização aparecem assim, para a opinião pública, como um imperativo das "bases" que sustentam as rela-

Deriva de classe

ções industriais, isto é, como imperativo da produção mesma, e nesse sentido se legitimam; em contrapartida, as tentativas de se contrapor a esse movimento aparecem como retrógradas e sem sustentação no "mundo real". Isso tem uma implicação importante do ponto de vista do discurso sobre a necessidade do ajuste das empresas: ele desfila uma suposta naturalidade em todo esse processo, uma necessidade imperiosa, como que inscrita nas coisas. No mesmo sentido em que Gramsci atribuía ao americanismo uma hegemonia que nasce das fábricas, aqui se pode dizer então que o capitalismo pós-fordista é hegemônico.

Se as transformações vêm de dentro, da própria fábrica, do processo de trabalho, isso não quer dizer que as instâncias "superestruturais", as instituições, tenham um papel nulo. Muito ao contrário. Já de saída, é o grau de implantação dos sindicatos na vida social dos Estados, sua presença pública e nível de influência nas relações industriais, que vai definir se as alternativas que se apresentam para as novas práticas gerenciais serão mais ou menos destrutivas da coletividade do mundo do trabalho.[3]

A implicação dessa influência não se esgota apenas em sua capacidade de negociar as mudanças, o que é sem dúvida importante, mas tem uma dimensão mais profunda: como o modelo produtivo é a resultante de uma série de determinações integradas que vão das finanças ao chão-de-fábrica, passando pela partilha entre público e privado, a influência organizada de uma contratendência em um ponto do modelo afeta todo o restante. Assim, a

---

[3] Esse conjunto de preocupações compõe o essencial da agenda do grupo de institucionalistas que se dedicam ao estudo das relações industriais. Veja-se: Richard Locke, Thomas A. Kochan e Michael Piore, "Introduction: employment relations in a changing world economy" *in* Richard Locke, Thomas A. Kochan e Michael Piore, *Employment relations in a changing world economy*, Cambridge/Londres, The MIT Press, 1995; Thomas A. Kochan, Russell D. Landsbury e J. Paul McDuffie, *After lean production: evolving practices in the world auto industry*, Ithaca/Londres, Cornell University Press, 1997.

opção pelas horas extras rebate fortemente, em sentido conver-gente, sobre a tendência de individualização dos rendimentos da força de trabalho, reforçando-a. As horas extras são vendidas pelas empresas como possibilidade de aumentar a renda dos trabalha-dores. Enquanto o movimento sindical busca gravá-las cada vez mais pesadamente, a fim de desestimular o seu uso coletivo por parte das empresas, essas últimas parecem raciocinar em termos de eficiência marginal do emprego flexível do tempo: no limite, é sempre melhor fugir dos "custos do trabalho" representados pela relação salarial formal (no nosso caso: a carteira de trabalho as-sinada), sobretudo porque ela significa uma afirmação da vonta-de coletiva do trabalho a forçar um compartilhamento do poder discricionário do capital na alocação dos recursos produtivos.

O que vale para as horas extras vale também para as outras formas de alocação do tempo de trabalho, como as propostas de tempo parcial regulado administrativamente. Numa primeira ver-são de tais propostas se entende que os assalariados poderiam em tese escolher reduzir o tempo de trabalho em função de um dese-jo de se dedicar a outras atividades, voluntárias ou privadas; numa segunda versão, se entende que eles se resignariam a uma redu-ção imposta pelos patrões. Isso será visto mais detidamente em um tópico específico, a seguir. Para tanto, vai ser necessário um sobrevôo para além das fronteiras nacionais, o que, no mais, está de acordo com o enquadramento global desses problemas.

II.
CONTRAPONTOS COMPARATIVOS
FRANÇA-BRASIL

1. O SISTEMA DE
RELAÇÕES PROFISSIONAIS

As tradições nacionais nomeiam diferentemente o seu sistema de relações de trabalho. Enquanto na tradição anglo-saxônia ele é conhecido como *industrial relations*, na França ele atende pelo designativo de "relações profissionais". Mas estamos a nos referir aos mesmos elementos constitutivos quando invocamos um ou outro.

O sistema francês de relações profissionais demarca-se de duas influências ou características presentes em outros sistemas nacionais: ele não é nem descentralizado, nem neocorporativista.

Nesse desenho, o que nos interessa é o papel da empresa como *locus* de negociação: por que ele é fraco em relação à preponderância que toma o Estado na regulação das relações profissionais? Essa fraqueza, diz a literatura especializada, é percebida tanto se se observa do ponto de vista do capital quanto do ponto de vista do trabalho. No primeiro caso, porque a empresa estaria impregnada de uma concepção patrimonialista; para os operários, por seu turno, a causa estaria no papel que o Estado originalmente assumiu ao enquadrar a questão social, a fim de afastar o perigo da luta de classes. A negociação local, portanto, nunca foi muito valorizada ou, por outro lado, nunca foi uma prática muito comum, de parte a parte.

Por que o modelo de representação de interesses neocorporatista não é cabível para o caso francês? Em virtude da divisão do sindicalismo nacional segundo preferências político-ideológicas, o que o torna, nesse sentido, frágil em termos de construção de uma voz coletiva potente, capaz de forçar a constituição de compromissos macrossociais sobre a base de uma agenda tanto relativa ao mercado de trabalho (emprego, salários, benefícios relacionados à relação salarial) quanto às questões de sociedade (Estado Providência).

Alguns autores, como M. Lallement,[1] falam de uma estrutura de representação fortemente marcada pela profissão (daí ser designada principalmente como "sistema de relações profissionais"), sendo os acordos negociados primeiro nesse nível para serem, em seguida, generalizados (o marco de negociação de uma categoria profissional é sempre o acordo feito por outra). Mas o ponto de partida não é "geral" e sim "particular" (corporatista) a um setor ou ramo de atividade.

Originalmente, esse sistema em que as profissões com poder de fogo têm força é acompanhado pela existência de outros setores em que tal dinâmica não ocorre, nos quais o recurso ao mercado secundário de emprego funciona ao mesmo tempo como ponto de fuga e como alimentador da fragilidade do modelo. Aparece assim um quadro segmentado ou dual, com determinados setores protegidos e outros estruturalmente fracos. Nos primeiros, a mobilização é mais fácil do que entre os segundos.

Foi pela mão do Estado que a integração entre esses dois mundos — um mais protegido, em função de sua potência corporativa, e outro mais fragilizado, pelas razões opostas — se fez, pois sua legitimação baseava-se ao mesmo tempo na necessidade de assegurar a ordem social, conjurar a luta de classes e promover um pertencimento "nacional" que reforçava uma identidade pública e republicana: estabelecem-se *standards* mínimos de trabalho (as condições de trabalho), o salário mínimo se impõe à regra

---

[1] Ver especialmente "Du gouvernement à la gouvernance de l'emploi", *Les Cahiers du SET-METIS*, n° 96-03, 1996.

da integração pelo mercado (em que vigoram critérios baseados na eficácia econômica). É nesse sentido que se fala de uma integração política do universo do mercado de trabalho (relação salarial) muito mais do que concorrencial, o "Estado Providência" estando na raiz do conflito de classes, sendo esse último, portanto, refratado por ele. A influência dos sindicatos ou das organizações trabalhistas não viria assim de sua força de contratação direta, nem da capacidade de pressão "de baixo". Nesse sentido é que se pode talvez afirmar que o modelo inspirado na "democracia industrial" não encontra uma boa representação aqui. Pelo contrário, a "crônica do salariato"[2] passa sobretudo pelo Estado e na forma como ele enquadra, processa e "apresenta", por assim dizer, a questão social.

No caso francês, é certo que a força da representação sindical no contexto da empresa é derivada muito mais de uma diretiva institucional e formalmente atribuída — que fixa o papel e o âmbito de atuação da representação trabalhista — do que de uma contratação que se impõe diretamente sobre os negócios da empresa, ou mesmo sobre o processo de trabalho.

As *convenções coletivas*, que sancionam o poder de contratação direta, isto é, entre capital e trabalho, teriam uma influência (no sentido de poder de sanção) muito menor do que a lei ou o direito do trabalho, cuja orientação e incidência dizem respeito muito mais diretamente à vida cotidiana dos assalariados — uma vez que regula os aspectos mais íntimos da relação salarial. No entanto — e esse é o aspecto interessante da questão —, o caminho se fez historicamente das primeiras para a segunda, como se verá a seguir.

Rigorosamente falando, a "contratação coletiva" remete, quanto ao primeiro termo da locução, a uma semântica do individualismo possessivo muito mais do que à coletividade instituinte

---

[2] Robert Castel, *As metamorfoses da questão social: uma crônica do salário*, Petrópolis, Vozes, 1998.

da nação como identidade de base, por oposição à privatividade dos sujeitos que se põem em relação uns com os outros. Quanto ao segundo termo da locução ("coletiva"), a relação com o primeiro termo ("contratação") não é contraditória: toda a trajetória de passagem de um direito civil que apenas reconhece indivíduos para um direito social que reconhece atores coletivos é bem conhecida da literatura sociológica.[3] Assim, "contratação coletiva" já está consagrada como uma possibilidade histórica, válida para todos os países que conheceram uma experiência de Estado de Bem-Estar Social. Contudo, é também verdade que a lei e o direito do trabalho (no caso francês, o Código do Trabalho) partem igualmente de um pressuposto individualista, isto é, somente reconhecem contratos passados entre indivíduos (Código Civil). Sem entrar em uma discussão exegética de teoria jurídica e filosófica sobre as diferenças e as correspondências entre o cidadão (reconhecimento político) e o indivíduo (livre contratante em um mercado suposto cada vez mais em expansão), pode-se pensar que, em determinadas formações, como parece ser o caso francês, o modelo oriundo da tradição sociológica — a solidariedade orgânica fundada ao mesmo tempo em uma sociabilidade de cidadãos já portanto integrados pelos "subsistemas" fortes de pertencimento, e na idéia de nação que encarna uma moral abstrata unificando justamente aqueles subsistemas pensados como associações intermediárias — possui uma ressonância maior do que o modelo oriundo do pensamento político clássico (a "sociedade civil").

Seja como for, o universo semântico de onde sai a busca de "contratação" é, sem dúvida, debitário da tradição do pensamento político muito mais do que da tradição do pensamento sociológico. E, no caso francês, é em torno dessa última vertente que se enraízam as instituições que tratam das relações laborais, isto é,

---

[3] Para uma boa apresentação da problemática dentro da literatura de ciências sociais brasileira, ver Luiz Werneck Vianna, *Liberalismo e sindicato no Brasil*, Rio de Janeiro, Paz e Terra, 1978.

de regulação da relação salarial. Tudo o que aparece no discurso acadêmico de matiz anglo-saxônia como "relações industriais" traduz-se como "relações profissionais", pelo fato dessa permanência dupla: do Estado e da corporação profissional. A desconfiança em relação a uma via contratualista vem, assim, do lado dos sindicatos, que se vêem imediatamente atingidos em suas "conquistas" e em sua "força política" (isto é, capacidade de influir no jogo de forças entre as classes sociais) porque trata-se de um poder de classe — no caso da classe trabalhadora — que passa sempre pelo Estado. Já os empresários vêem no apelo à "contratação" uma via de se desembaraçar da influência estatal e do "engessamento" que ela significa enquanto cristalização de certas conquistas sociais que foram alcançadas como compensação a um recalcamento do conflito privado de classes, por parte do poder estatal. Tudo o que soa à convenção local ou regional remete, no imaginário político dos atores, a uma possível colocação em questão do "direito do trabalho". Ora, no estado atual da relação de forças entre capital e trabalho, isso pode ser interpretado positiva ou negativamente, dependendo do ponto de vista.

Pequenos exemplos podem ser extraídos da imprensa diária:

> "[...] *N'ayant pas hérité comme d'autres pays d'une culture de la négotiation, il n'est pas étonnant qu'il y ait besoin de passer par une période d'apprentissage. A l'heure où l'on souhaite étendre le territoire du contrat, un tel objectif* [trata-se da "art de négocier", assunto da reportagem] *ne bénéficiera d'aucune crédibilité tant que les partenaires ne montreront pas qu'ils ont acquis la maîtrise des techniques de négotiation gagnant-gagnant.*" ("L'Art de négocier", *Les Echos*, 21/12/2000, p. 57)[4]

---

[4] "Não tendo herdado, como outros países, uma cultura da negociação, não é de espantar que seja necessário passar por um período de apren-

"Dans l'élaboration des règles du travail, il faut que la convention prenne le pas sur la réglementation." (deputado François Goulard, Democracie Libérale, citado em *Le Monde*, 26/7/2000, "La droite condamne l'attitude du gouvernement sur la convention d'assurance-chômage")[5]

Essa é a constituição originária, em termos de linha-de-força, que marca o sistema de relações profissionais na França. Mesmo o progressivo deslocamento da lei, universalmente concebida pelo seu raio de incidência, em direção à contratação coletiva, é conduzido diligentemente pelo Estado durante o período de "distribuição dos frutos do crescimento", e não coloca em causa a manutenção de conquistas mínimas que se legitimaram por fora do universo meramente mercantil (e contratual): antes de entrar na esfera da contratação, os assalariados são cidadãos e portanto obedecem a uma regulamentação básica de partida, por sobre a qual se fará a convenção do setor ou do ramo: esse parece ser o "pacto" de base.

Porém há outro ponto a ressaltar. Diferentemente do que poderia sugerir um tipo de raciocínio que toma a sociedade como um construto racionalmente concebido a partir do investigador, o desdobramento da lei em contrato não é um movimento de auto-diferenciação interno que avalizaria um movimento real que vai de uma modernidade menos complexa a uma modernidade mais complexa, cuja trama institucional variada seria o índice mais

---

dizagem. No momento em que se almeja estender o domínio do contrato, um tal objetivo [a 'arte de negociar'] não se beneficiará de credibilidade alguma, enquanto os parceiros não mostrarem que eles adquiriram o domínio das técnicas de negociação do tipo ganha-ganha".

[5] "Na elaboração das regras do trabalho, é preciso que a convenção tome o lugar da regulamentação" (artigo "A direita condena a atitude do governo sobre a convenção do seguro-desemprego").

notório.[6] Ele é o produto das apropriações que foram feitas em momentos-chave da conjuntura dos conflitos de classe. A força que conduz de um lado para o outro está o tempo todo marcada por essa tensão entre as partes diferentes querendo gravar o seu sentido à mudança. Desse ponto de vista, embora o sentido da mudança dependa de fatores mais pesados historicamente (aqui entram as análises em termos de crise do *modo* de regulação em seu conjunto, por oposição à crise da *forma* de regulação — distinção essa que foi posta no debate pela Escola da Regulação em seus textos iniciais), a rapidez, a modalidade, as condições, enfim o formato final dela é um terreno de disputa e, nesse momento, ao que tudo indica, uma disputa acirrada.[7]

As relações entre lei e contrato não são de mão única. Elas são antes complementares.

1.1. FATOS

Aos poucos, o chamado "direito convencional" foi se impondo ao lado e às vezes mesmo aperfeiçoando ou modificando aspectos do direito do trabalho (normas legais). Por exemplo: o direito do trabalho havia previsto, de antemão, o campo sobre o qual (i.e., em torno de quais pontos) deveriam se aplicar as cláusulas de extensão oriundas da norma convencional.[8] Na práti-

---

[6] Esse movimento corresponderia a uma trajetória que vai de um momento inicial, em que o Estado é um ator onipresente, a um momento posterior no qual as fontes de regulação passam a ser os subsistemas sociais se autocomplementando e excluindo uma "razão única".

[7] Tanto na França quanto no Brasil, conforme os pequenos excertos acima puderam revelar. Porém as diferenças em termos de precondições são, claro, muito grandes. Mas esse exercício comparativo, mesmo não sistemático, demonstra o interesse prático do tema e do porquê a pesquisa ter enveredado por esse assunto (relações profissionais).

[8] G. Lyon-Caen, "Le droit conventionnel du travail", *Recueil Dalloz*, Chronique, 1963, pp. 15-20. Todas as informações aqui contidas evidente-

ca, elas ultrapassaram os limites previamente impostos pelos juristas: as iniciativas contratuais terminaram assim por ir além do papel para o qual haviam sido originalmente pensadas — o de subalternidade em relação à lei —, chegando mesmo a assumir, no âmbito das relações profissionais, o lugar principal na produção de regras.[9] Nesse sentido deve ser entendida a "livre" negociação, pelo que se pode notar certa correspondência com o caso brasileiro pós-autoritarismo, salvo que o Estado corporativo e autoritário aqui não guarda certas semelhanças de base com o caráter do Estado francês — cuja voracidade reguladora e legisladora, contudo, é sublinhada por muitos comentadores e pesquisadores, tornando-se mesmo, quanto a esse aspecto, um senso comum.

As complementações entre lei e convenção, contudo, são históricas, isto é, talvez façam parte mesmo da constituição do sistema jurídico tal como o conhecemos hoje. Assim, não seria demais lembrar que a lei primeiramente previa a liberdade sindical, ao que veio se juntar o direito sindical reconhecendo o caráter coletivo daquela liberdade básica. Se o direito sindical já é um aperfeiçoamento em relação ao direito do trabalho, muito mais o é o reconhecimento do ambiente interior à empresa como passível de regulamentação: esse que era um terreno virgem para o direito (condições de trabalho, ritmos e pausas, autoritarismo das chefias, entre outros) foi também incorporado como passível de

---

mente estão datadas. No entanto, por mais que a realidade tenha atualizado a relação entre norma legal e norma convencional, a maneira como as duas se referem reciprocamente, por vezes se excluindo, por vezes se complementando, é já significativa até aqui para os fins da demonstração de um desenvolvimento complexo mais do que de hierarquia (como deveria ser, de um ponto de vista formal) entre uma e outra.

[9] Consultar a propósito Jean-Maurice Verdier e Philippe Langlois, "Aux confins de la théorie des sources du droit: une relation nouvelle entre la loi et l'accord collectif", *Recueil Dalloz Sirey*, 39ème Cahier, Chronique, 1972, pp. 253-60.

incidência de um ordenamento coletivo.[10] Como se vê, pouco a pouco as normas coletivas foram se impondo no seio das relações profissionais e, depois, no das relações de trabalho propriamente ditas: algo que poder-se-ia nomear como um movimento de inserção contínua do direito no "local de trabalho".[11] O aspecto complementar entre lei e convenção faz parte de uma evolução histórica mais ampla, portanto, em que o direito do trabalho vai se alimentando das regulamentações específicas.

Alguns momentos dessa evolução incluem a permissão de ausência do trabalho para o delegado sindical, bem como a prioridade de recontratação ou mesmo de emprego (estabilidade) se ele se encontra exercendo funções no sindicato (o "afastado", no jargão sindical brasileiro): inicialmente essa era uma cláusula constante do contrato coletivo nacional das categorias de trabalhadores em artefatos de couro e peles, indústrias gráficas, indústrias químicas, têxtil, transportes (trens e ônibus) e fabricação de vidro.[12] Esse tipo de proteção ou benefício diferencial previsto para o representante do sindicato na fábrica (distinto da figura do representante ou delegado do pessoal, *délégué du personnel*) precisava ser encaminhado quer pelo comitê de empresa (*comité d'entreprise*), quer pelo inspetor do trabalho,[13] quer pelo *conseil*

---

[10] Para o caso francês, a presença de um espírito regulador no local de trabalho aparece, por exemplo, no momento de colocar um cartaz do sindicato nas seções da fábrica. Ver M. J. Savatier, "L'affichage des communications syndicales dans les locaux de l'entreprise", *Recueil Dalloz*, Chronique, 1962.

[11] Toda a justificativa por trás do direito democrático de "organização no/por local de trabalho", no Brasil, parte do reconhecimento dessa tendência histórica mais ampla a que se fez alusão, qual seja, de democratização (e mais ainda no caso da experiência autoritária). A problemática da democratização está associada pois à contratualização ou, por outra, ao avanço da tendência contratualista ou convencional como aperfeiçoamento da lei.

[12] G. Lyon-Caen, *op. cit.*, p. 16, nota 12.

[13] Ele mesmo um funcionário público.

de prud'hommes.[14] Não era um assunto que tivesse iniciativa por parte da empresa, e muito menos dos seus assalariados.

Outro exemplo de regulamentação setorial é a permissão para afixação de texto sindical em murais dentro da empresa — já mencionado —, o que inclui não apenas a permissão em si mas a definição do conteúdo dos textos — seus limites —, o lugar onde eles podem ser colocados (apenas aqueles reservados para esse fim), o direito de veto por parte da direção (em que casos isso pode ou não acontecer): prevista inicialmente nos contratos coletivos nacionais dos gráficos, indústria moageira, indústrias de confecção, transportadores rodoviários, indústrias químicas, têxtil, fabricação de vidro, petróleo e nos contratos coletivos regionais dos trabalhadores em companhias de seguros da Região Parisiense e de metalúrgicos também da mesma região.[15]

Os limites de atuação e ingerência dos sindicatos no que se refere à contratação e dispensa de empregados, por seu turno, é motivo de confrontos mais agudos entre lei e contrato (ou convenção) — no entanto, é aqui que o chamado direito sindical encontra-se no campo por excelência de sua competência teórica, cobrindo aquilo que modernamente designar-se-ia como componente da "governança" do emprego: o poder baseado no *union shop*, isto é, o sindicato funcionando como instância obrigatória de passagem da relação salarial em setores importantes de atividade. O direito convencional, conquanto tendo avançado nesse ponto entre a categoria dos trabalhadores da indústria do livro,[16] choca-se com a legislação mais abrangente, que prevê exatamente a "liberdade sindical". Esse exemplo é bem o de um corporativismo, entendido em um senso preciso, isto é, oriundo não do

---

[14] Tribunal que julga as pendências profissionais.

[15] G. Lyon-Caen, *op. cit.*, nota 14.

[16] Contrato coletivo nacional da indústria do livro. Ver G. Lyon-Caen, *op. cit.*, p. 16, nota 16.

Estado (como no caso brasileiro com Vargas) mas da representação profissional.[17]

A greve é um dos fenômenos em que a divisão de papéis, as complementações e mesmo os conflitos entre dispositivo legal e direito convencional afloram de maneira bastante sensível, em razão talvez da importância do tema. Aqui as barreiras procedimentais a transpor incluem, entre outras, a tentativa de conciliação, a utilização da arbitragem, a observância à segurança das instalações e das mercadorias, e a cláusula do aviso antecipado, todas com os critérios respectivos necessários previstos para levar a termo a decisão — por exemplo, *referendum* nas assembléias; ou ainda, quanto ao aviso antecipado, a duração máxima para depositar o pedido diante dos organismos públicos competentes. Itens que são deixados à regulamentação de alçada unicamente convencional (variando portanto de categoria a categoria) são: os descontos dos dias parados e a proibição de contratar durante a paralisação.

Em certos pontos, a convenção, sendo mais detalhada do que a lei, em vez de proteger os assalariados, tem efeito inverso: a greve-surpresa, por exemplo, enquanto é permitida por lei, desaparece nos acordos contratuais que prevêem a comunicação antecipada do movimento: é o que ocorria com categorias de trabalhadores em pedreiras e materiais de construção, moagem, transportes rodoviários, indústrias químicas, têxteis naturais e artificiais, fabricação mecânica de vidro.[18]

---

[17] Consultar a acepção que lhe confere Denis Segrestin, *Le phénomène corporatiste: essai sur l'avenir des systèmes professionnels fermés en France*, Paris, Fondation Saint-Simon-Bayard, 1985. O *métier* seria o domínio do modelo do "corporatismo contratual" (p. 213). O "monopólio" do sindicato estende-se nesse caso do âmbito da representação para aquele dos assuntos deixados originalmente à regulação do "mercado".

[18] Ver G. Lyon-Caen, *op. cit.*, p. 16, nota 19. Isso mostra que o detalhamento saído de uma convenção coletiva nem sempre necessariamente é benéfico para o lado mais fraco. Entretanto, do ponto de vista da discussão

As diferenças entre lei e convenção não são apenas técnicas, no sentido de saber onde uma termina e onde começa a competência da outra. Elas são sobretudo diferenças de "filosofia", se é que podemos chamar assim: a lei está do lado do direito civil, norma mais abrangente, e por isso incide principalmente sobre as garantias e liberdades individuais; as convenções tratam de direitos coletivos. Duas são as oportunidades em que uma tal diferença pode ser observada de maneira relativamente objetiva: no momento de demissões ou contratações, e quando da organização da formação profissional.

No que concerne às demissões, o reconhecimento da existência de demissões de caráter coletivo (por razões de ordem econômica) levou à necessidade de definir alguns procedimentos, tais como: comunicação prévia ao comitê de empresa (*comité d'entreprise*); compromisso de reempregar aqueles trabalhadores dispensados por problemas de sobrevivência da firma; obrigação de tentar combinações de jornada com tempo reduzido antes de partir para a solução mais radical da dispensa coletiva;[19] indenizações especiais para casos de demissão; manutenção da remuneração do pessoal durante o período de fechamento temporário da empresa; critérios a seguir no momento da demissão, respeitando alguns indicadores da força de trabalho, tais como: antiguidade, ausência de outras fontes de renda na família, problemas de saúde etc. Já não se trata, pois, apenas de um contrato individual que se passa entre empregador e empregado, mas do reconhecimento de regras gerais, válidas para toda uma população partilhando das mesmas

---

jurídica, o que está em jogo é uma ab-rogação da lei pelo direito convencional, o que dá margem à polêmica entre especialistas.

[19] Constante das convenções coletivas dos trabalhadores das indústrias de couros e peles, pedreiras e materiais de construção, transportes ferroviários e rodoviários, fabricação mecânica de vidro, moagem, gráfica, farmacêutica, químicas, têxtil, transportes rodoviários. Veja-se G. Lyon-Caen, *op. cit.*, p. 16, nota 25.

condições sociais. Por contraste, a contratação que se passa no contexto individual nada tem a dizer sobre a duração do período de estágio probatório, assim como as garantias contra o uso indiscriminado desse expediente, enquanto a obrigatoriedade de tornar públicos os postos de trabalho a serem preenchidos e as prioridades de recrutamento[20] por parte das empresas são todas regras constantes de convenções coletivas.

Quanto à formação profissional, trata-se do reconhecimento de uma aquisição que é validada coletivamente, pelos colegas e pela empresa. Nesse último caso, ela é encarada como "útil".[21] As modalidades variam entre a formação empírica durante a execução da própria tarefa[22] até a constituição de institutos de formação profissional internos às empresas ou, noutros casos, o envio a escolas dedicadas a essa finalidade, em geral à parte do sistema tradicional de ensino. É o direito convencional que se ocupa da regulamentação — acesso, duração, conteúdo, obrigações de permanência, progressão, reclassificação tendo em vista o contingente que não se submete aos cursos (em geral, trabalhadores mais velhos) — desse tipo de aprendizagem, mas a tensão com a lei não deixa de estar presente: ela aparece no momento de definir a margem de "propriedade" do conteúdo do aprendizado (pode uma empresa "segurar" o empregado em nome desse investimento?) e os limites da "apropriação" dele (pelo trabalhador ou pela empresa: como desagregar um do outro?), quando então se fazem valer os argumentos da liberdade individual associados ao contrato, mais o direito à promoção e ao perfeiçoamento individual da pessoa (por definição, não associados à empresa). Acrescente-se a esse gênero de tensão o fato da permanência de certas

---

[20] *Idem*, p. 17.

[21] Convenção coletiva nacional da indústria farmacêutica. *Idem*, p. 16, nota 28.

[22] Em francês, *formation "sur le tas"*. Em inglês, o equivalente é a formação *on the job*.

Contrapontos comparativos França-Brasil

regras devidas ao Código do Trabalho francês, em que a relação entre mestre e aprendiz é, frise-se, *individual*. Esse espírito pode ter resvalado para o quesito da formação profissional.

No que se refere à regulação da representação coletiva dentro das empresas, isto é, ao papel e competências do delegado ou representante do pessoal (*délegué du personnel*) e do comitê de empresa (*comité d'entreprise*), a convenção pouco acrescenta que já não esteja coberto pela própria lei. Mas alguns pontos que merecem uma definição precisa (e para os quais nem o direito legal nem o convencional oferecem uma resposta satisfatória) são, por exemplo, o esmiuçamento das atividades permitidas ao representante (seja sindical ou não) dos empregados durante o tempo em que esse está exercendo a sua "função", bem como o grau aceitável de sanção ou de interferência por parte do empregador.[23] A simples listagem de tais pontos indica a possibilidade de sua "proceduralização" (ver mais adiante para a discussão desse ponto).

Junto à regulamentação convencional é preciso incluir aquela saída das profissões: questões como horário de trabalho, trabalho noturno, turnos e revezamento, por exemplo, encontram-se codificadas entre a segunda mais do que entre a primeira. Isso introduz outro elemento de complexidade que tem, contudo, um efeito mais exegético do que prático, uma vez que as cláusulas de âmbito profissional terminam por encontrar guarida nas convenções coletivas de categoria.[24]

A cláusula da manutenção das vantagens adquiridas, por sua vez, é francamente debitária da tradição convencional, mais do que legal. Ela traduz o fato de que nenhuma inovação jurídica deve "rever por baixo" os benefícios em vigor para os assalariados, sob pena de ter contestada a sua validade: uma inovação

---

[23] G. Lyon-Caen, *op. cit.*, p. 17.

[24] Indústria farmacêutica, química, fabricação mecânica de vidro, gráfica. *Id. ibid.*, nota 35.

só pode, por definição, buscar progredir ou melhorar[25] a situação desses últimos, não o contrário. As implicações do ponto de vista do direito civil, isto é, da lei, não são negligenciáveis, pois que a cláusula funciona como um limite teórico à liberdade de contrato por parte do empregador.

Um caso em que a convenção se antecipou à lei, servindo de modelo a esta última, é encontrado na cláusula que obriga o empregador a enviar uma carta registrada quando da chamada "denúncia do contrato", isto é, da demissão; bem como o período de duração do aviso prévio (que é tanto maior quanto não houver acordo) e a regra de destinar duas horas da jornada do empregado para que ele possa procurar um novo emprego durante o período em que estiver sob o aviso prévio.

Com respeito às sanções disciplinares do empregador em relação ao empregado, o domínio da norma convencional é rico e está na origem daquilo que, no Brasil, tem sido identificado genericamente pelos assalariados, e por aqueles que almejam tal condição, simplesmente como "direitos" — como aliás todos os exemplos mencionados.[26] A indenização por causa de demissão, bem como os critérios de seu cálculo ("tempo de casa", isto é, antigüidade) e os casos em que tal "direito" pode ser tornado sem efeito (ab-rogado) — quando a demissão é justificada: diríamos "por justa causa" — mostram bem até onde ela se estende. Por outro lado, um exemplo *a contrario* de quão importante é o estabelecimento desses critérios é que, na falta deles, ou seja, quando o ter-

---

[25] G.-H. Camerlynck, "La clause de maintien des avantages acquis dans les conventions collectives", citado por G. Lyon-Caen, *op. cit.*, p. 17.

[26] Aos quais deveriam ser acrescentados ainda: as férias remuneradas, a licença-maternidade, licença para realização de obrigações militares, licença por motivos de saúde e outras que foram introduzidas por convenções coletivas de ramo. Todas elas prevêem a manutenção do posto e a percepção do vencimento — ou, em certos casos, a complementação até determinado patamar que, combinado a outros benefícios vertidos pelo Estado, atingem o nível salarial do empregado — simultaneamente à licença em causa.

Contrapontos comparativos França-Brasil

reno é deixado "vazio", então é a parte mais forte que impõe a sua vontade, na forma de um uso indiscriminado da dispensa (diríamos "imotivada") por motivos disciplinares, fazendo valer então o uso do direito à cessação unilateral do contrato de trabalho. É aí que entra a lei, ao estabelecer como critério que a sanção deve ser proporcional à gravidade da falta cometida,[27] impedindo uma utilização arbitrária daquele "direito" (quais são as faltas consideradas graves? Qual o limiar entre a falta grave e uma menos grave?).

Onde a convenção corrige a lei — satisfatoriamente para os empregados — é quando estipula que o pagamento das horas extras deve ser proporcional à quantidade efetiva de horas trabalhadas além da jornada básica. Antes, o pagamento das horas extras fazia-se por meio de um montante fixo, sem levar em conta a variação de horas trabalhadas nesse período suplementar. Junto a um tal tipo de ajuste podem ser listados o trabalho noturno, o trabalho aos domingos e feriados.[28] Também o pagamento dos dias perdidos em função de paradas da produção — o que é importante quando se trata de regime horista — entra nesse conjunto.

Lei e contrato, portanto, não são antagônicos: a primeira alimenta-se do segundo, enquanto a tendência talvez seria de se pensar o contrário. Mas, de fato, no arcabouço nacional de relações profissionais, o lugar do ordenamento legal é hierarquicamente preponderante. Tanto é assim que o marco, segundo muitos analistas, de uma transformação fundamental na relação entre eles foi o conjunto de diretivas visando à descentralização e à

---

[27] Ainda com respeito à regulação do poder disciplinar das empresas, caberia deplorar a lentidão com que ela entrou efetivamente no espaço da produção, pondo em xeque a sua "ordem", manifesta no autoritarismo de chefias, contramestres, supervisores, gerentes. Esse foi o tema que dominou a pauta sobre a democratização dos locais de trabalho no Brasil.

[28] Convenções coletivas nacionais dos setores do petróleo, do vidro, indústrias químicas e marcenaria; convenção coletiva regional metalúrgica da Região Parisiense. Veja-se G. Lyon-Caen, *op. cit.*, p. 20.

autonomia das relações de trabalho, estabelecendo uma via mais direta e menos mediatizada pelo Estado, em 1982. A partir daí, deixava de ser interditada a derrogação da lei pela convenção coletiva, e desta pelo contrato de empresa.[29]

Mas, para além das controvérsias formais entre norma legal e norma convencional sobre o lugar relativo de uma e outra, e sobre a preponderância de uma sobre a outra, fato é que elas fornecem parâmetros para os atores que tomam parte na negociação coletiva, e nessa medida elas se vêem dotadas de um conteúdo que corresponde à posição relativa desses atores. A apropriação social de tais parâmetros de negociação confere-lhes um sentido diferenciado, segundo a importância ou capacidade de impor o ponto de vista particular de cada um, o que por sua vez traduz uma acumulação de força que remete à história pregressa de cada ator coletivo. Mesmo a permanência dessas regras não é absoluta, valendo essa observação tanto para a convenção quanto para a lei, que podem ser vítimas de obsolescência. Lidos nesse registro, lei e contrato ganham uma entrada interpretativa propriamente sociológica. No caso dos setores ou ramos de atividade que negociam convenções de amplitude local ou nacional, isso fica evidente. Setores mais fracos (em termos econômicos, tecnológicos, políticos ou sindicais) socorrem-se da lei, ao passo que setores mais bem estruturados em geral almejam ir além dela. Os primeiros lutam ferrenhamente para fazer valer a letra "legal", uma vez que nada podem oferecer de mais vantajoso aos seus representados *acima* do que essa propõe; os segundos, ao contrário, inovam na regulamentação contratual, de tal maneira muito do que é produzido será matéria de aperfeiçoamento do próprio direito do trabalho. O tema da heterogeneidade reaparece aqui.[30]

---

[29] Veja-se, entre outros, Michel Lallement, *op. cit.*

[30] Os exemplos retirados para marcar a diferenciação setorial colocam têxteis do lado dos que se apóiam na lei, e químicos do lado dos que se valem da convenção: veja-se G. Lyon-Caen, *op. cit.*, p. 20.

Outro ponto merece precisão. Trata-se de que não basta apenas definir o conteúdo daquilo que deve ser regulado — e os critérios que permitem identificar as margens daquilo que está fora ou dentro de tal definição, do que está incluído ou excluído, do que merece e do que não merece entrar como parte dela, dos limites temporal e espacial, e da duração. É preciso se pôr de acordo sobre as competências para tratar, resolver e decidir essas questões (quem? que instâncias? que organizações?); algo que talvez se pudesse chamar de "critérios de segundo tipo", relacionados à resolução dos conflitos. Nesse caso não se trata da substância (da lei ou do contrato), mas dos procedimentos para pôr em funcionamento ou mesmo traduzir uma queixa em demanda formalmente cabível em uma instância juridicamente reconhecida. Tais procedimentos podem ser definidos centralizada (pelo Estado) ou descentralizadamente. É comum associar o desenvolvimento da regulação procedural com um reforçamento da contratação coletiva em um âmbito convencional (*collective bargaining*) ou local (válido para uma região, uma empresa ou um grupo econômico etc.).[31] No entanto, é certo que a contratação de nível convencional é sempre coletiva, ao passo que a substantiva, por fazer referência ao direito civil (liberdade de contratação) direta ou indiretamente (quando as normas convencionais aperfeiçoam a lei ou aderem a ela), pode chegar até o nível individual. De toda forma, é possível pensar que a associação entre regulação procedural e delegação por parte do Estado a atores *fora* de sua influência institucional (chamados por isso de "contratantes") é mais comple-

---

[31] Ulrich Mückenberger, por exemplo, considera os conselhos de trabalhadores (*Work Councils*), as Leis de Co-Determinação da Empresa, assim como a lei sobre os acordos coletivos (*Tarifvertragsgesetz*) na ex-República Federal da Alemanha como parte desse formato. Ver U. Mückenberger, "Non-standard forms of work and the role of changes in labour and social security regulation", *International Journal of Sociology of Law* nº 17, 1989, pp. 381-402. No mais, o termo é bastante marcado por sua acepção no interior da tradição anglo-saxônia de relações industriais.

xa e matizada, de tal maneira que poderia haver o desenrolar de uma regulação procedural *dentro* do Estado, ou antes na relação dele com os atores coletivos. Toda a discussão entre lei e convenção até aqui tem mostrado a riqueza e o entrelaçamento entre os dois níveis de produção de normas sociais para o mundo do trabalho.

Finalmente, o direito convencional tem também presença importante no estatuto regulamentador da carreira — o que pode ser resquício sem dúvida de um ordenamento corporativo que faz valer a sua influência nas convenções coletivas de categoria. Cada setor de atividade econômica começou por estabelecer as suas próprias regras de validação da antigüidade na carreira (o que varia de uma à outra, e com relação à qual estão associados prêmios salariais ou licenças) e depois de acesso à aposentadoria, de promoção, de preenchimento dos postos de trabalho, tudo isso acompanhando (ou tentando acompanhar) as mudanças ocorridas com o advento de novos processos industriais, tecnológicos ou simplesmente da qualificação, tal como é conhecida hoje.[32] Inútil buscar na lei a história da implantação desses "direitos", uma vez que eles são eminentemente de natureza coletiva, enquanto a norma legal reconhece antes de tudo o contrato individual passado entre trabalhador e patrão.

Caberia frisar ainda o papel da convenção coletiva como fonte de criação normativa em dois níveis: quanto ao tempo de trabalho e quanto à remuneração dos assalariados. Em matéria de *tempo de trabalho*: os acordos são por empresa. Em geral eles passam por vários estágios até desembocar em sua "consagração legislativa".[33]

---

[32] Segundo a mesma fonte (G. Lyon-Caen, *op. cit.*), isso aconteceu com os convênios coletivos dos empregados em pedreiras e materiais de construção, indústrias de moagem, indústria de confecção, indústria farmacêutica, trabalhadores em transportes rodoviários, indústrias químicas, fabricação mecânica do vidro, empregados em sociedades de edição de livros, indústria da borracha. Acordos de empresa podem ser aqui recenseados.

[33] G. Lyon-Caen, *op. cit.*, p. 20.

Em matéria de *remuneração* dos assalariados, o Estado estabelece o mínimo legal, assim como certas diretivas gerais, mas é no nível convencional que se negocia verdadeiramente.[34] É aqui que se mostra todo o peso dos acordos de categoria, que fincam marcos ou parâmetros que se imbricam com outros critérios, entre os quais o mais importante talvez seja o posto de trabalho (e as definições que giram em torno dele).[35] Ora, o salário se encontra no entrecruzamento de influências de ordem variada, nomeadamente duas: uma econômica e a outra profissional. Em termos econômicos, pode-se distinguir entre uma influência que se faz sentir no domínio macroeconômico e outra que se faz sentir no domínio microeconômico. No primeiro caso está a indexação do salário com o custo de vida; no segundo caso, com a produtividade ou performance da empresa. Em termos profissionais, o salário toma como padrão a qualificação (não exatamente aquela do posto, a qual está identificada antes com a norma taylorista-fordista),[36] ou ainda o *métier*: qualquer que seja a denominação, o importante aqui é a noção subjacente ao direito que informa a correspondência entre salário e emprego. Essa correspondência esclarece o papel preponderante da profissão ou do *métier* em rela-

---

[34] Aliás, cabe notar, como no Brasil.

[35] Essa questão é de uma enorme atualidade em função do debate contemporâneo sobre qualificação e competências, como se verá em outra seção deste capítulo.

[36] Ou, em determinada terminologia, a "função" exercida pelo empregado. Aqui é preciso pôr-se de acordo com respeito à terminologia: em geral, e segundo o debate contemporâneo sobre competência *versus* qualificação, a qualificação (identificada à relação salarial fordista) se opõe à noção de *métier*. O salário é o salário da qualificação correspondente nesse último sentido. Por outro lado, e à guisa de reforço da observação acima, a remuneração associada à *job evaluation* americana não tem nada a ver com o *métier*. Portanto, está se usando aqui o termo "qualificação" em um sentido frouxo ou largo, que não tem a ver rigorosamente com as linhas de força distinguidas acima.

ção ao emprego, pois concebe este último como uma quantidade que deve ser distribuída entre coeficientes hierárquicos (de classificação)[37] dados. Ou seja, o emprego é pensado como uma qualidade que está disponível, como um recurso mais ou menos inesgotável no ambiente, e em relação ao qual trata-se de alocar, de repartir, por quadros hierárquicos predefinidos. O salário mínimo profissional estabelecido pela convenção da categoria partilha dessa noção.

Mesmo que vedada por lei às convenções coletivas e aos acordos de empresa, a fórmula de indexação direta do salário ao custo de vida persiste na prática pela via de sua revisão periódica, a cargo de uma "comissão mista", encarregada de analisar a evolução dos preços. Subjacente está o pressuposto moral, mais ou menos explícito, de que a remuneração percebida deve ser capaz de assegurar as necessidades básicas do trabalhador, de tal maneira que, para aquém de determinado limiar, transpõe-se um limite dominado pelos valores de justiça e dignidade. Daí a idéia de um salário mínimo ou garantido, independente das oscilações de ciclo econômico. Essa cláusula prevê que o ônus pela inatividade econômica é totalmente da empresa, de tal maneira que ela deve "indenizar" os empregados pelas horas "perdidas" sem usar efetivamente a sua capacidade de trabalho. Esse é um domínio privilegiado para os acordos de empresa.[38] Nota-se com razão que esse tipo de cláusula significa na prática converter os trabalhadores horistas em mensalistas[39] (aliás, a mesma divisão de estatuto entre horistas e mensalistas pode ser observada no Brasil). De fato, o que se assiste aqui é mesmo um verdadeiro deslocamento de estatuto: enquanto a condição de assalariado não se re-

---

[37] G. Lyon-Caen, *op. cit.*, p. 19.

[38] Acordo Renault de 1958; acordo Peugeot; acordo Berliet de 1961, acordos Chantiers de l'Atlantique de 1961; acordo Merlin et Gérin de 1961 (G. Lyon-Caen, *op. cit.*, p. 19, nota 65).

[39] *Idem, ibidem.*

Contrapontos comparativos França-Brasil

fere a nenhuma empresa em particular — trata-se de um contrato individual de caráter "geral", e é essa justamente a liberdade de que ele desfruta —, o mensalista é visto como um funcionário "da" empresa — para além da remuneração, ele preserva certas fidelidades a ela: a lei, porque abstrata, está muito longe das ligações que o prendem ao empregador; a convenção (e no limite, o contrato de empresa) sendo mais adequada nesse caso.

Não é só com respeito ao salário mínimo ou garantido, e à indexação aos preços ao consumidor, que os efeitos da regulamentação convencional influem na vida econômica. Ela joga um papel não negligenciável do lado da renda do trabalho assalariado, pois introduz aí uma série de complementos que, embora à primeira vista funcionem como desorganizadores de uma norma salarial relativamente homogênea, terminam por ser incorporados quer à própria lei, quer ao cálculo dos agentes coletivos, em razão de sua reiteração: novos acordos tomam como base os "direitos" arrancados em acordos anteriores, e assim sucessivamente. Veja-se a lista de alguns desses benefícios adicionais ao salário de base da categoria, graças à dinâmica da negociação convencional: prêmios (indústria de fabricação de vidro); adicional de férias (empregados em pedreiras e materiais de construção); adicional por trabalho de responsabilidade (convênio coletivo do pessoal da *Securité Sociale*);[40] adicional por domínio de línguas estrangeiras (pessoal de companhias de seguro da Região Parisiense; bancos; editoras de livros); adicional por insalubridade (indústria farmacêutica e do vidro); adicional por antigüidade ou, como designamos no Brasil, tempo de serviço (pessoal de companhias de seguro da Região Parisiense; indústrias química, farmacêutica e de produtos têxteis artificiais); décimo-terceiro (pessoal de companhias de seguro da Região Parisiense); prêmios por rendimento ou gratificação por eficiência (têxteis artificiais); gratificações várias (têxteis artificiais) e indenização do emprego e

---

[40] Equivalente a nossa Seguridade Social.

dos "custos profissionais"; gratificação ou prêmio anual de resultados (aqui trata-se de um acordo de empresa); gratificação ou prêmio de objetivos (idem). Nesses dois últimos casos, a empresa beneficia-se de uma exoneração de impostos, graças ao plano de benefícios de seus empregados, sendo esse último na forma de participação nos lucros ou na participação em ganhos da produtividade — as quais convivem ao lado do prêmio sobre o rendimento, já citado. Existe ainda um acréscimo na forma de um prêmio ligado à previsão de bom desempenho econômico da empresa, que pode ser pago durante determinado período estipulado em acordos de empresa[41] — frise-se que não se trata de adiantamento a ser descontado do salário, ou a ser subtraído no caso de não ser obtido o desempenho projetado, mas de uma parcela vertida "a fundo perdido". Enfim, é todo um conjunto de fórmulas que sobressai a partir da combinação de itens de complementação salarial saídos da prática convencional.

A conexão entre direito do trabalho e direito social é evidente a partir do olhar sobre essa prática, no mais bastante dinâmica. É interessante ressaltar que ela se desenrolou no coração mesmo do período que ficou conhecido como o dos "Trinta Gloriosos". O "social", ou a questão social, como outros autores já demonstraram, é inseparável da consolidação da relação salarial. Faltava ver mais de perto, nesse processo, o papel das convenções coletivas como fonte de direitos, ao lado da lei[42] — e não em oposição a ela. O direito do trabalho (ou social) não está para a lei assim como o contrato está para a convenção coletiva. Antes, lei e contrato, norma legal e norma convencional, historicamente se reconhecem em um mesmo "espírito", ambas partindo de pontos diferentes: a lei vindo do princípio do contrato individual de trabalho, a convenção vindo do princípio já totalmente coleti-

---

[41] Acordos Renault entre 1955 e 1958, e acordo S.N.E.C.M.A. de 1961. Ver G. Lyon-Caen, *op. cit.*, p. 20, nota 73.

[42] Veja-se Jean-Maurice Verdier e Philippe Langlois, *op. cit.*

vo dos acordos de categoria profissional. No entanto, ambas desembocam em uma forma particular de institucionalização das relações de trabalho, fornecendo assim uma explicação importante para o funcionamento do sistema francês de relações profissionais, e jogando luz, por tabela, sobre outras realidades nacionais.

Há ainda um último aspecto a considerar, relativo à descentralização das relações profissionais.

A "auto-regulamentação" como sinônimo de produção de normas soa como que falar em *negociação por empresa*. Prova disso são as chamadas Leis Auroux, de 1982, espécie de marco das relações de trabalho na França. O que elas trazem de interessante é que são dispositivos regulamentadores, isto é, vindos de cima para baixo; uma espécie de "obrigação" que o Estado impõe às empresas para negociar. Imposição da negociação não é negociação, dirão alguns; esta depende exatamente de um ambiente de liberdade, não de constrangimento. Tal obrigação é bastante regulamentada em termos de regras (rica em regras, portanto): ela impõe uma periodicidade (anual) e um âmbito (por ramo e por empresa). Mesmo que antes houvesse uma regulamentação convencional (contratual) em vigor, a empresa passa a ser um espaço legítimo de negociação, a partir das Leis Auroux. No entanto, no caso destas últimas, a descentralização não significava jogar os sindicatos para escanteio; pelo contrário, reconhecia-se o seu papel como interlocutor.

Outro aspecto (ainda relativo às Leis Auroux) é o fato de que elas prevêem a possibilidade dos chamados "acordos derrogatórios", isto é, acordos em nível convencional que têm o poder de modificar a lei: isso foi muito utilizado, desde então (1982), com respeito à questão do tempo de trabalho, mediante várias fórmulas possíveis de "flexibilização", tais como: modulação, intermitência, ciclos, equipes de fim de semana, repouso compensatório, trabalho noturno das mulheres etc. Todas essas fórmulas em ação não impediram uma gestão das políticas de emprego pelas empresas. Ao contrário. Os acordos derrogatórios significam que um acordo de ramo pode se sobrepor à lei, assim como um acordo de empresa pode se sobrepor ao acordo de ramo, numa espécie de derrogação em segundo grau. No sistema francês de relações profissionais, isso ficou conhecido como "derrogações em pirâmide", invertendo a hierarquia do direito social francês.[43]

Pode-se afirmar que toda a discussão contemporânea acerca das competências — ou da "competência" — deve ser vista contra esse pano de fundo, isto é, à luz da tensão entre contratação e persistência de códigos de negociação interprofissional e seus "direitos adquiridos", o que remete nesse último caso a uma forma de reconhecimento *formalmente* sancionada. O longo percurso de construção de um parâmetro abstratamente reconhecido entre partes desiguais vai ser, aos poucos, desmontado com a colocação em causa, exatamente, dos vetores que permitiram esse movimento de, digamos, "abstratização". Um desses vetores vem do trabalho, do trabalho concreto tal como é experimentado e vivido no interior das empresas modernas ou "de ponta".

2. A ORGANIZAÇÃO DO TRABALHO: QUALIFICAÇÃO E COMPETÊNCIA[44]

A organização do trabalho está intimamente relacionada com a questão dos limites, da persistência ou das rupturas com o taylorismo.

O taylorismo desempenha um papel crucial na conformação da relação salarial (traduzindo aqui *rapport salarial*) fordista, ocupando nessa medida um dos suportes-chave do perfil societal dos "Trinta Gloriosos". Essa interpretação ficou consagrada a partir dos trabalhos desenvolvidos pela chamada "Escola da Re-

---

[43] Michel Lallement, "Du gouvernement à la gouvernance de l'emploi", *cit.*

[44] Parte substancial deste subcapítulo apareceu em *BIB — Revista Brasileira de Informação Bibliográfica em Ciências Sociais* nº 53, 2002.

gulação",[45] que influenciou muitos estudos em sociologia do trabalho desde o final dos anos 70.

Há pelo menos duas décadas o debate sobre a organização do trabalho tem girado em torno de se o novo modelo produtivo saído da crise do fordismo configura um pós-taylorismo ou se reafirma velhos princípios em um *neo*-taylorismo, por vezes disfarçado ("taylorismo doce"), por vezes aberto ("taylorismo duro"). Comum a ambas as "saídas" situa-se o imperativo de flexibilidade (do trabalho, das máquinas e equipamentos, da relação com fornecedores), de maneira a responder ao novo cenário da qualidade, diversidade e prazos de entrega cada vez mais curtos, induzindo por sua vez à pesquisa e à inovação constantes. Qualquer que seja a avaliação dirigida à organização do trabalho dominante atualmente, a convivência com o dado da flexibilidade é incontornável.

Em anos mais recentes, dois modelos interpretativos se desenvolveram com o intuito de dar conta da incorporação do imperativo de flexibilidade nos processos produtivos e em particular os seus efeitos na organização do trabalho. Em um lado estão os estudos que propõem uma abordagem em termos de um "novo modelo produtivo", sistematizando as contribuições da escola regulacionista para uma análise que focaliza basicamente os aspectos envolvidos no processo de trabalho (cooperação, consenso, hierarquia, salários, tecnologia etc.). Aqui a preocupação é com a articulação entre as mudanças observadas em nível "macro" (regulação, em sentido lato) e as mudanças observadas (e estudadas) no nível "micro", isto é, as empresas. O conceito que tenta fazer a mediação entre os dois níveis é o de relação salarial (traduzindo aqui *relation salariale*).[46]

---

[45] Robert Boyer, *Théorie de la régulation: une analyse critique*, Paris, La Découverte, 1986 (em português: *A escola da regulação*, São Paulo, Nobel, 1990).

[46] Veja-se a Introdução de J.-P. Durand a J.-P. Durand, P. Stewart e

De outro lado está a corrente do "modelo da competência". Também nela as mudanças no modelo produtivo estão contempladas, porém a ênfase e o modo de articulação entre "macro" e "micro" são diferentes, sendo o seu ângulo de ataque o que poderia ser designado como uma preocupação com os modos operatórios do trabalho, e os aspectos sociais e subjetivos que estão envolvidos neles, indo até o plano do indivíduo-assalariado (o que, por outro lado, aparece para os partidários do "novo modelo produtivo" como um problema).

Grosso modo, e de maneira reconhecidamente parcial com respeito a uma série de questões, pode-se dispor os dois modelos interpretativos mencionados diante do dado da flexibilidade da seguinte maneira: enquanto a análise baseada no "novo modelo produtivo" se mostra bastante crítica, acentuando sobretudo o aspecto desorganizador de solidariedades coletivas consagradas, o modelo da competência vê aí uma oportunidade de mudança em um sentido progressista, uma vez que a ênfase, nessa última abordagem, recai na superação da lógica do posto de trabalho, característica do taylorismo.

Outra maneira de colocar o problema seria se perguntar sobre as formas concretas de aplicação do taylorismo, tanto do ponto de vista histórico quanto em formações sociais diversas convivendo em um mesmo momento.[47] Aflorariam aí, necessariamente, as apropriações do "modelo" por atores, classes ou sujeitos, e configurações ricas (ou pelo menos mais complexas) impediriam um julgamento talvez demasiado peremptório quer sobre a permanência, quer sobre a superação dele. Em vez disso, a realidade

---

J. J. Castillo, *L'avenir du travail à la chaîne: une comparaison internationale dans l'industrie automobile*, Paris, La Découverte, 1998.

[47] Posição, por exemplo, de Danièle Linhart, "À propos du post-taylorisme" in *Sociologie du Travail*, 1/93, Paris, Dunod, 1993. Vejam-se também as contribuições em Olivier Pastré e Maurice de Montmollin, *Le Taylorisme*, Paris, La Découverte, 1984.

do terreno pode muito bem demonstrar uma adaptabilidade ou uma transformação seletiva do modelo, retirando certos elementos e aproveitando outros.

Flexibilidade é um termo muito impreciso para designar as mudanças no modelo (ou no "sistema") produtivo. No entanto, seu valor heurístico está em que ele sinaliza a crise do taylorismo. Mas é preciso justamente, para avaliar a amplitude dessa crise, colocar-se de acordo sobre em que consiste o "sistema Taylor", quais os seus traços definidores, elementares e fortes.

Algumas perguntas designam já os caminhos a seguir nessa via:

- O senso comum admite que o taylorismo cancela completamente a cooperação entre os operadores. É certo que ele não pressupõe a cooperação, mas será mesmo possível evitar toda transgressão da norma de trabalho (tempos impostos e suas cadências previamente anotadas e "devolvidas" aos operadores)?

- Se essa transgressão é observada empiricamente — como parece ser o caso[48] — então o que leva esses trabalhadores a empreendê-la? Um interesse material? Uma solidariedade de grupo (tácita ou explícita)? Uma comunidade partilhando de valores comuns?

- Trata-se principalmente de uma questão de reconhecimento (material e simbólico) dessa inteligência criativa[49] que os

---

[48] Ver principalmente as pesquisas dos ergonomistas. Um artigo clássico sobre essa questão é o de F. Daniellou, C. Teiger e F. Laville, "Ficção e realidade do trabalho operário", *Revista Brasileira de Saúde Ocupacional*, 17 (66), out.-dez. 1989, pp. 7-13 (tradução do artigo "Fiction et realité du travail ouvrier", aparecido em *Les Cahiers Français*, 209, Paris, La Documentation Française, 1983, pp. 39-45).

[49] Como insiste Christophe Dejours em seus trabalhos. Ver em português, "Inteligência operária e organização do trabalho" *in* Helena Hirata (org.), *Sobre o "modelo" japonês*, São Paulo, Edusp, 1993.

operadores colocam em jogo mesmo com os constrangimentos do sistema taylorista?

- Da mesma forma que o modelo que vai substituir o taylorismo não está dado, também é o caso de se perguntar se o taylorismo, enquanto modelo, realizou todas as suas promessas (isto é, de controle total como condição para obtenção de uma maior produtividade do trabalho). Se é assim, isto é, se o taylorismo é um modelo "imperfeito", então seria interessante rever sua evolução,[50] a fim de descobrir em que e onde ele foi mais bem-sucedido, e onde e em que ele não o foi. Em outras palavras, perguntar-se, a propósito do taylorismo, tanto sobre as mudanças quanto sobre as continuidades em relação a tal "modelo" de organização do trabalho.

Essas perguntas sugerem um certo cuidado com relação à emissão de juízos muito definitivos sobre o fim do taylorismo e a emergência de novos paradigmas de produção e de trabalho.

2.1. O MODELO DA COMPETÊNCIA

Um dos problemas não menores da abordagem da competência, como de outras noções saídas da mesma família semântica (tais como: autonomia, responsabilidade, iniciativa), é justamente a circunscrição mais ou menos exata de seu significado. O que quer dizer exatamente possuir "autonomia" ou ser um trabalhador "autônomo"? Muitas respostas podem ser dadas a essa pergunta. Porém, para o que interessa, isto é, para a avaliação da competência profissional, ou para a avaliação das situações de trabalho, autonomia (assim como responsabilidade e iniciativa) refere-se à capacidade demonstrada de exercer esse atributo diante

---

[50] Danièle Linhart, *op. cit.*

Contrapontos comparativos França-Brasil

de um evento (que é, por definição, imprevisto) ou de uma disfunção de um processo regular de trabalho.

Portanto, não se trata — para a abordagem da competência — de um atributo abstrato, considerado "em si mesmo" ou "em geral". Desse ponto de vista, a construção de sistemas de classificação em empresas particulares fornece um exemplo prático da tentativa de pôr em ação, de fato, o que se entende por aqueles atributos. Ali eles aparecem como componente (das competências individuais) que será em seguida cruzado com o componente dos "saberes" ou dos "conhecimentos" profissionais requeridos pela empresa (ou pelo ramo), produzindo então uma espécie de "matriz" de qualificação razoável porque operante. O momento de captura dos atributos da competência em formatos institucionalizados, como é o caso dos sistemas de classificação, é muito importante entre outros motivos pelo fato de que esclarece um dado fundamental da abordagem da competência, muito sensível a distorções: trata-se do campo em que são consideradas as disposições de caráter individual. Muitas vezes essas disposições são tomadas como traços de comportamento. No entanto, para a abordagem da competência, todas aquelas "qualidades" (ou "competências") trazidas de outras esferas da vida são importantes ou, por outra, são levadas em conta na avaliação profissional na medida em que são utilizadas em situações concretas de trabalho,[51] e não em qualquer situação de encontro social. A quantidade de atributos que pode entrar aqui é tão grande quanto os adjetivos existentes para designar traços da *pessoa* (voltaremos a esse ponto mais à frente). Fica, contudo, registrado que as formas de socialização de fora do trabalho, ou trazidas de esferas da vida fora da esfera do trabalho, são, na abordagem da competência, reconhecidas. Cada grupo social traria, assim,

---

[51] Philippe Zarifian, em *Objéctif: compétence*, Paris, Liaisons (em português: *Objetivo competência: por uma nova lógica*, São Paulo, Atlas, 2001), designa tais situações concretas de trabalho como "situações-tipo".

um aporte específico, em razão das características de socialização que lhe são próprias.

Esse é um caso tipicamente pensado para a realidade do trabalho feminino. Nos estudos sobre qualificação do trabalho ficou clássica a demonstração do peso que os atributos socialmente valorizados como "próprios das mulheres" jogavam na definição ordinária e mesmo nas classificações de postos.[52] Da mesma forma, uma forte pertinência de uma cultura democrática pondo acento e contribuindo para fazer circular valores de civilidade também influiria na construção das competências que os assalariados terminam por trazer e apresentar nas situações de trabalho.[53] No entanto, a despeito do reconhecimento da importância das formas de socialização diferenciadas oriundas de espaços externos à vida profissional, uma observação que poderia ser endereçada à abordagem da competência diz respeito à articulação entre tais formas de socialização e a competência profissional propriamente dita: a necessidade dessa articulação está enunciada, porém não está demonstrada. Qual é o peso relativo do componente externo ao trabalho — seja ele traduzido por "espaço/trabalho doméstico", "vida privada", "mundo vivido" ou mesmo por "cidade" ou "vida civil" — na formatação das competências ou da competência?[54]

Registre-se que cada uma daquelas noções não corresponde às outras, mas pode-se afirmar que elas convergem, todas, quan-

---

[52] Veja-se o trabalho de Helena Hirata, *Uma nova divisão sexual do trabalho?*, São Paulo, Boitempo, 2002.

[53] Um autor como Philippe Zarifian desenvolve explicitamente essas questões em *Éloge de la civilité*, Paris, L'Harmmatan, 1997.

[54] Ainda seguindo um autor que é referência quando se trata de "modelo da competência" — Philippe Zarifian — registre-se que a diferença entre "competências" no plural e "competência" no singular é decisiva, e não apenas uma nuance. Se o objeto do presente trabalho fosse uma exegese da abordagem do modelo da competência, seria o caso de se deter mais sobre esse ponto.

do se trata de estabelecer um contraponto com o chamado "mundo do trabalho", ou com o objeto privilegiado pela sociologia ou os estudos do trabalho: a vida profissional, a organização ou a empresa, com suas "situações-tipo".

Dessa maneira, o foco da relação entre trabalho e o seu "exterior" desloca-se e muda muito, de acordo com o significado atribuído ao segundo termo: se o "exterior" for entendido enquanto espaço doméstico, então a corrente da divisão sexual do trabalho pode muito legitimamente levantar a objeção de que todo o repertório das atividades efetuadas ali servem para redefinir o próprio conceito de "trabalho", uma vez que são também "trabalho", ainda que fora de determinada divisão social do trabalho dominante. Nesse sentido, seria o caso de alargar o conceito de "trabalho", em vez de o continuar enunciando de forma restritiva e rente a uma configuração histórica precisa que define, enfim, os termos do debate.

Se, por outro lado, o "exterior" for entendido como "vida privada", então as complicações são ainda maiores, pois a significação do termo não é unívoca: ela inclui, certamente, o trabalho doméstico (no capitalismo, dentro da problemática da reprodução) como uma variante, mas também pode incluir as esferas da intimidade e do sagrado, como outras variantes. Se o "exterior" for entendido como "mundo vivido", são principalmente as últimas variantes que são levadas em conta, e a ênfase é sobretudo posta no "exterior" do trabalho como um espaço em que os constrangimentos típicos da produtividade e do poder seriam menos determinantes para a socialização. Se o "exterior" for entendido como "cidade", então fica-se a dever uma clarificação dos níveis de análise: a empresa, a organização e o trabalho podem ser vistos como traduzindo uma situação que faça abstração da relação salarial? A relação salarial, entendida como o campo em que dominam as regras e os valores do mercado e em contraposição à "socialização civil", não partilha de nenhum ponto de contato com a vida "pública"? Nesse caso, de que período histórico estamos falando? Da modernidade capitalista? Da Grécia Antiga?

A relação entre as competências exercidas em situações-tipo, no trabalho, e aquelas que são originárias de outras fontes de socialização, sua articulação e a dosagem mais ou menos desagregada de suas influências recíprocas, resta, por isso, um ponto sensível do modelo.

2.1a. *Qual a relação entre a abordagem da competência e os chamados "métodos de gestão japoneses"?*

Mesmo considerando a grande heterogeneidade de fórmulas de gestão do trabalho e da produção abrigadas sob o termo de "método(s) japonês(es)", é inegável que, ao menos quanto à organização do trabalho e no que elas se distinguem da filosofia taylorista,[55] algumas semelhanças podem ser percebidas com o modelo da competência. O fato é que, na França, ambos os "modelos", tanto o japonês quanto o da competência, têm histórias razoavelmente distintas e de certa forma autônomas. Se bem que, no debate acadêmico da sociologia do trabalho, esse último esteja associado às reflexões e à obra de um autor como Philippe Zarifian, sua presença já tinha uma implantação, sobretudo no meio gerencial e empresarial, e não se limita de todo modo — nem quanto à sua vertente mais teórica — àquele autor.[56] No entan-

---

[55] O que é discutível. No debate francês a esse respeito, já um tanto datado, porém nem por isso menos rico, é possível identificar uma posição como a de Benjamin Coriat em *Penser à l'envers: travail et organisation dans l'entreprise japonaise*, Paris, Christian Bourgois, 1991 (em português: *Pensar pelo avesso*, Rio de Janeiro, Revan/UFRJ, 1994), no qual é demonstrado que o ohnoísmo partilha da mesma raiz "clássica" da escola de racionalização do trabalho do Ocidente. Uma posição contrária, realçando mais as rupturas do que as continuidades, é sustentada por Zarifian em *Quels modèles d'organisation pour l'industrie européene?*, Paris, L'Harmmatan, 1993.

[56] Basta observar, por exemplo, o número da *Revue Française de Gestion* de janeiro-fevereiro de 2000, com um dossiê dedicado ao "modelo da competência", para se ter a dimensão de sua diversidade.

Contrapontos comparativos França-Brasil

to, é possível buscar alguns pontos em comum entre o que se pode designar genericamente como "filosofia japonesa" de organização do trabalho baseada na qualidade e a abordagem da competência. Tais pontos em comum giram em torno basicamente da aproximação entre o *kaizen*, um procedimento de melhoramento contínuo baseado na aprendizagem a partir de casos concretos que se apresentam aos operadores, e o foco no aspecto da tomada de iniciativa do assalariado, isto é, ao fato de que esse último, de maneira reflexiva, se interessa pelo próprio trabalho, "responsabilizando-se" de certa forma por ele.

Mas se há pontos de convergência, há também aspectos em que ambos os modelos se afastam. Se se compreende entre os "métodos japoneses" a experiência dos Círculos de Controle de Qualidade (há que se ter em conta aqui aquela heterogeneidade já mencionada), então a distância com relação à abordagem da competência é enorme. Todo o aspecto da extrema formalização dos Círculos e da disciplina que decorre daí é estranho à abordagem da competência. Também a identificação de "métodos japoneses" com "flexibilidade"[57] concorre para um afastamento entre os dois modelos.

Por isso, dependendo do que se esteja realmente considerando quando se fala em "métodos japoneses", sua relação com a abordagem da competência pode ser de aproximação ou, por ou-

---

[57] A propósito dessa identificação quase imediata, é curioso e ao mesmo tempo elucidativo relatar uma curta entrevista que teve lugar em janeiro de 2000, no comitê de empresa da CFDT (*Confédération Française Démocratique du Travail*) da fábrica Renault, de Flins, quando, indagado sobre a influência de métodos de gestão japoneses no processo de trabalho, o informante, de forma quase instantânea, o associou primeiro à flexibilidade e, em seguida, a experiências de modularização da produção, ressaltando no seguimento que tais experiências não teriam muita chance de sucesso na França em função do peso dos sindicatos, contrários a uma organização do trabalho que dispõe trabalhadores sindicalizados (e, por isso, de certa forma protegidos) e não-sindicalizados (portanto, não protegidos) praticamente lado a lado, sob um mesmo teto.

tro lado, não guardar qualquer semelhança com ela. Está claro que no caso do *kaizen*, pela sua natureza de "princípio" mais ou menos geral a concorrer para a qualidade do produto, sendo uma noção que pode ser aplicada a qualquer situação de trabalho, as afinidades se sobrepõem às dissonâncias.

Por fim, é preciso registrar que existe ainda uma acepção mais restrita de "métodos japoneses" que os associa meramente a esforços de certificação do tipo ISO. Nesse caso, a redução do termo "qualidade" a normas de certificação de qualidade[58] é evidente e conduz o debate para um terreno totalmente deslocado daquele das questões centrais envolvidas na competência.

2.1b. *Como negociar a competência?*

Se a competência pode parecer uma noção fluida e pouco específica, então o momento da negociação deve obrigá-la quase certamente a uma definição dos seus contornos para os atores sociais, uma vez que ali as partes são confrontadas a uma norma ou, se se quiser, a uma convenção sobre o que é aceitável por eles como definição mesma do problema. A pergunta que emerge, portanto, é: sobre que base negociar a competência?

Uma das críticas mais freqüentes dirigidas à abordagem da competência é de que ela contribui para enfraquecer a negociação coletiva, uma vez que se baseia em uma lógica de avaliação individual do assalariado. Aqueles autores que contrapõem uma abordagem em termos de qualificação do trabalho à abordagem da competência em geral identificam esse como um problema maior daquele enfoque.

Os atores coletivos, entre eles os sindicatos, temem uma deriva em direção ao ultraliberalismo, enquanto o patronato — ao menos uma fração dele — prefere a segurança de uma negociação em que os termos e as regras do jogo são conhecidos, be-

---

[58] Para uma discussão das normas de certificação da qualidade, consultar Frederik Mispelblom, *Au délà de la qualité*, Paris, Syros, 1995.

neficiando-se muitas vezes deles para extrair uma produtividade que a lógica do posto esconde e por isso não consegue traduzir com fidelidade. Ao contrário, a avaliação do trabalhador segundo a competência aproximaria a sua performance individual de um padrão de produtividade mais estrito, eliminando a dispersão ocasionada por uma utilização não produtiva de sua potencialidade profissional e/ou seu engajamento cognitivo. Isso traz também como decorrência uma exposição da empresa a erros de gestão, planejamento e administração que não têm a ver necessariamente com o trabalho direto, e que anteriormente encontravam-se diluídos em uma produtividade medida coletivamente, segundo uma determinada composição entre homens e máquinas. Nesse último caso, a estratégia patronal evidenciada pelo seus críticos consistiria em aproveitar a institucionalização dominante em termos da classificação e dos salários apondo-lhe um conteúdo novo, não reconhecível no sistema de localização dos conhecimentos fragmentado e superespecializado (no sentido clássico do termo)[59] da organização tayloriana.

Ora, um dos pressupostos básicos da abordagem da competência é de que a crise da organização científica do trabalho é profunda. A gestão das competências não passa mais pelo posto de trabalho e isso seria reconhecido na prática pelas empresas. A questão estaria exatamente na maneira de sancioná-las, isto é, o encaminhamento e as formas de validação: aí confrontam-se duas "saídas". Uma seria compreender a competência como uma aquisição na direção de uma maior autonomia dos assalariados e também como parte integrante de uma autonomia coletiva que, ainda que por vezes possa não ser reconhecida, deve ser conquistada. Não haveria assim incompatibilidade entre autonomia indi-

---

[59] Tal sentido clássico é tomado da definição de divisão do trabalho feita por Adam Smith no capítulo inicial de *A riqueza das nações*. As vantagens da especialização serão desenvolvidas por autores como Andrew Ure e Charles Babbage, até chegar a Taylor.

vidual e autonomia coletiva; a primeira não concorreria para solapar a segunda e, dessa forma, os temores do mundo sindical revelar-se-iam no mínimo exagerados. A outra "saída" seria a de uma gestão completamente à parte e indiferente a qualquer ingerência externa e portanto fora de um marco institucional: as empresas sancionam as aquisições de competência de seus assalariados por meio, principalmente, de prêmios concedidos aos indivíduos. Nesse caso, o perigo de individualização é real. Na França, uma experiência importante de implantação do modelo da competência em uma grande empresa do ramo de alimentação teve exatamente o desfecho seguinte: todo o esforço de elaboração de um novo sistema de classificação baseado em critérios que obedeciam ao cruzamento entre "saberes" e "competências de fundo",[60] e que desembocou na proposta de um acordo, foi recusado pelo sindicato.

Na hipótese de uma "saída" em que o sindicato ou outra representação coletiva dos assalariados assume a negociação da competência, mesmo daquele componente chamado "de fundo" e que remete a traços tidos como de comportamento, então existem precedentes como as "comissões de arbitragem" ou, em termos de ramo industrial, o recurso a uma comissão saída de um acordo da metalurgia em 1990, acordo esse considerado marco na tematização da competência no interior da relação capital e trabalho.

O que é importante compreender é que o que dá a força de persuasão para a argumentação pró-competência é a sua associação com a noção de autonomia. Nesse sentido, a tendência em direção a uma diferenciação individual dentro do universo profissional não seria um passo de recuo, mas, antes, de desenvolvimento de reivindicações históricas do movimento social e do movimento operário em particular, na medida em que condensa to-

---

[60] "Competências de fundo" é a tradução de *compétences d'arrière-plan*". A relação entre *savoirs* e *compétences d'arrière-plan* encontra-se em Philippe Zarifian, *Objéctif: compétence, cit.*

Contrapontos comparativos França-Brasil

da uma crítica importante da organização do trabalho. Não é necessário aqui relembrar a riqueza do debate político em torno justamente da irrupção de temas caracterizados como "libertários" no interior do discurso militante e estritamente corporativo do mundo do trabalho, introduzindo as chamadas "questões de sociedade" na agenda das lutas dentro e fora dos sindicatos. O taylorismo, com sua parcelização extrema do trabalho, bem como a definição de tarefas (a cada uma associado o *the one best way*), era encarado sobretudo como fonte de uma atividade sem significação e desumanizante. Naquelas lutas, a tensão entre classe (remetendo para o coletivo) e indivíduo (remetendo para a esfera da ação, liberdade e autonomia) foi um ponto alto dos debates, de tal maneira a redefinir — ou ao menos tornar mais complexo — o que se entendia como atributos da "esquerda".

Assim, recusar o foco na avaliação da competência do indivíduo em situação de trabalho em função de um temor de dessolidarização profissional (a "individualização") traz também o perigo de colocar de lado uma tradição emancipadora associada às lutas sociais modernas. Tanto mais que a avaliação e a classificação das competências já vêm sendo feitas de fato, concretamente e sem esperar qualquer aval dos sindicatos ou da opinião pública, dentro das empresas.

É útil também contextualizar o problema da "individualização". Ela foi uma bandeira sindical na França durante o período saído das lutas de 1968, a qual sedimentou-se em um processo de negociação que durou quatro anos (entre 1969 e 1974), culminando com o acordo do ramo metalúrgico de 1975. Tal acordo teve um significado muito importante, pois tratava-se de uma iniciativa, partindo do lado do trabalho, que buscava introduzir critérios de classificação distintos daqueles até então em vigor, com efeitos sobre a qualificação e os salários. Entre esses critérios estavam "responsabilidade" e "autonomia", além do critério clássico do "nível de formação" — o qual é de fato identificado ao nível de diploma possuído. No fim, a fórmula encontrada foi a de um compromisso entre, por um lado, autonomia coletiva e individual (a qual recobre determinados elementos que atualmente aparecem enquanto traços comportamentais: interesse e envolvimento como contrapartida de um trabalho "significativo") e, por outro, os definidores tradicionais do emprego, com o conseqüente ranço de hierarquização que eles ao mesmo tempo confirmam (o que pode ser remetido a uma característica societal, com raízes culturais e políticas) e reproduzem.

Porém, o que é decisivo no ensaio do acordo de 1975 é exatamente a colocação em causa desse último aspecto, pois com ele é todo um passado ligado à tradição profissional que é abalado. Em suma, o acordo de 1975 da metalurgia propunha uma forma de avaliação que considerasse, além da estrutura formal que hierarquiza, a dimensão individual da relação dos assalariados com o seu trabalho, demandando a inclusão dessa dimensão entre os critérios de classificação (norma). Na prática, isso significava uma quebra daquela estrutura formal. Na altura, era o patronato que se aferrava a esta última, jogando todo o peso na lógica do emprego: de acordo com ela, a maneira mais segura de identificar o lugar dos assalariados nos sistemas classificatórios era medida pelo diploma.[61] E isso era tudo. Em meados dos anos 70, portanto e curiosamente, as posições estavam invertidas em relação ao que se constata no final dos 90, com os sindicatos defendendo um padrão "individual" de avaliação e os empresários fincando pé no "coletivo". Depois de 1975, com o impulso de modernização das empresas enfatizando a *expertise* e a contratação de firmas de consultoria especializadas em fórmulas de cargos e salários e seus sistemas de avaliação em geral formalizados, o movimento toma outro rumo e a lógica do posto de trabalho enfim se impõe. De todo modo, é interessante ressaltar que o acordo da metalurgia constituiu um modelo para todos os ou-

---

[61] Não foi possível identificar o papel desempenhado pelo item "experiência" nesse caso, mas provavelmente ela deve ter tido um papel importante, uma vez que entra como componente nos sistemas classificatórios.

Contrapontos comparativos França-Brasil

tros acordos em termos de ramo, a partir de então. Nele, o papel generalizante do ramo (ou setor) tinha uma função sobretudo de enquadramento ou pano de fundo, o essencial das negociações desenrolando-se concretamente, de empresa a empresa.[62]

O acordo da metalurgia de 1975 ficou consagrado como o ponto alto do desejo de atrelar os critérios classificatórios da organização ao indivíduo.

No contexto atual de flexibilização, a radicalização da lógica de 1975 pode ser extremamente perigosa para os assalariados e isso é levado em conta pela abordagem da competência. O deslocamento em direção a uma avaliação individual carrega certamente o risco de se tornar incontrolável, tanto por quaisquer instâncias coletivas quanto pelo próprio indivíduo, o que nesse caso aumentaria enormemente as margens de poder da gerência. Esse é um problema real.

Por conseguinte, a questão da institucionalização dos novos atributos profissionais permanece como um tópico crucial, nessa altura, para a abordagem da competência. Pois se a qualificação é descartada por estar associada a uma qualificação do posto e a uma modalidade de formalização das operações de trabalho (portanto necessariamente presa a uma lógica taylorista e que muitas vezes não corresponde hoje mais à realidade), não se pode perder de vista que ela constituiu e constitui ainda um móvel de disputa exatamente porque se presta a uma forma de normatização e, portanto, de referência. É aqui que os marcos de contratação coletiva jogam um papel importante, a fim de evitar o risco de perda de controle mencionado. A resposta encontrada, pois, para traduzir uma nova referência que possa ser mobilizada nas oca-

---

[62] A idéia é de que é na empresa que se (re)encontra o profissional e é lá que se exercem as capacidades de cada um, únicas e insubstituíveis; tratando-se portanto do espaço de exercício de autonomia do indivíduo. O grande nível de negociação da autonomia, naquela conjuntura, era a empresa, não o ramo.

sões de negociação e que, ao mesmo tempo, não esteja presa à lógica do emprego, é o *métier*.[63]

Evidentemente que quando se fala em *métier* não se está pensando no conteúdo do trabalho que ele recobria em séculos anteriores, mas como conversor institucional para um agregado mais ou menos aproximativo de situações de trabalho que possam convergir para uma espécie de situação-tipo. Como a possibilidade de criar uma referência relativamente estável para os atores a partir de tais situações-tipo é remota, dada a necessidade de um longo processo de maturação social, e levando-se em conta igualmente a dificuldade de enquadrar o conteúdo preciso das intervenções no trabalho real (onde começa e onde termina exatamente uma tarefa ou função; pode-se deixar de lado na definição delas o lado "fornecedor" ou "cliente" dentro de uma cadeia a que o próprio trabalho está associado? Como incorporar o acompanhamento tanto da qualidade do produto no momento da produção quanto da destinação final enquanto serviço? Como controlar e em seguida codificar a interveniência de eventos, por definição imprevisíveis, porém cuja existência é atestada com freqüência pelos operadores? Enfim, essas são apenas algumas das questões envolvidas), então o *métier* aparece como tradutor daquela complexidade no campo do pertencimento profissional, o que permite ao fim e ao cabo a enunciação de direitos, demandas etc. Como achado histórico tipicamente nacional, ele pode ser comparado à noção de *profession* inglesa. Em torno do *métier* se organizam, de forma mais ou menos estável no tempo, as negociações, as quais podem variar do âmbito da empresa ao ramo. Negociações setoriais sobre o conteúdo da organização passariam agora pelos *métiers* (assim como antes passavam pelo "emprego").

---

[63] Para a explicitação desses pontos muito ajudaram as intervenções diretas de Philippe Zarifian.

O que é decisivo na retomada da noção de *métier* é o fato de que ela recupera uma idéia de profissionalidade. Mas não se confunde com *a* competência. Tão-somente tenta capturar os dois componentes básicos de que é composta a competência — conhecimentos (ou "saberes") e "competências de fundo" (*compétences d'arrière-plan*) — encaixando-os em dois conjuntos de referência: o de "saberes profissionais" vinculados a situações-tipo, por um lado, e o de comportamentos relacionados àquelas situações-tipo, por outro.

Um processo em andamento: como já foi mencionado, a construção de novos sistemas de classificação baseados na competência já vem sendo feita em algumas grandes empresas na França. Mas não é apenas nesse contexto que a questão tem sido colocada, embora ele seja crucial. Em termos de atores coletivos, deve-se registrar a existência de um grupo de trabalho entre sindicatos e patrões (portanto bipartite), dedicado à discussão e reflexão sobre a competência. Não se trata de um grupo deliberativo, mas a representatividade e o escopo denotam um investimento não negligenciável, revelando a amplitude que o tema assume ou tende a assumir na sociedade. Quanto à representatividade, ressalte-se a participação das cinco confederações sindicais mais importantes (CGT, CFGT, CGC, FO e CFTC), além da "central" patronal (o Medef).[64] Quanto ao escopo, vale notar o aspecto da busca de uma linguagem comum[65] entre as partes — por definição conflitantes —, o que revela um procedimento fundamental da negociação.

Por outro lado, as associações de classe são atravessadas internamente por posições (em última instância, juízos) diferentes

---

[64] *Mouvemment des Entrepreneurs Démocratiques Français.*

[65] "Colocar-se de acordo sobre os nomes", segundo a fórmula proposta por Philippe Zarifian.

com relação ao tema, o que explica ora o seu impulso, ora o seu travamento. É sabido que, nos últimos anos, dentro do Medef, por exemplo, o apoio assim como o suporte às políticas de competência têm partido de uma fração "humanista" e católica, opondo-se a uma ala (hoje talvez dominante) resolutamente liberal e hostil a qualquer discussão nesse sentido, preferindo insistir sobre a flexibilidade do mercado e a segurança da lógica do posto como balizadora dos sistemas classificatórios (duas orientações que, afinal, mostrar-se-iam incompatíveis do ponto de vista de uma coerência do modelo produtivo).

Portanto o tema da competência já tem certa história nas relações entre capital e trabalho, uma história de reconhecimento e de negociação, e que vai conquistando o seu lugar entre os grandes temas da pauta societal — assim como o são o seguro-desemprego e a própria Previdência e Assistência Social — sustentada pelos atores coletivos decisivos (os chamados "parceiros sociais" segundo a terminologia francesa consagrada para as relações industriais). Assim, dentro de tal lógica institucional mais complexa, a tematização mesma da competência como prioridade vai obedecer à situação em que se encontram os "parceiros" em termos de balanço de forças e de ajuste junto a outros temas politicamente mais capitais. Esse é tipicamente o caso na atualidade: em virtude da conjuntura turbulenta dos últimos tempos por causa da confrontação entre as confederações e dessas com o Medef em torno de um novo formato para o seguro-desemprego, a discussão sobre a competência encontra-se bloqueada. Mas nada impede que ela possa ressurgir depois.

2.2. O LIMITE DA APLICAÇÃO DA LÓGICA-COMPETÊNCIA NAS EMPRESAS

Uma primeira limitação está relacionada à segmentação por tamanho da empresa.

A abordagem da competência é utilizável fora do âmbito de grandes empresas com alta performance? Pode ela ser pensada para descrever a realidade produtiva de pequenas e médias empresas (PMEs)?

Essa questão, que busca traçar algumas limitações ao modelo, pode ser encarada em dois níveis diferentes: se pensada do ponto de vista do movimento em direção a uma maior autonomia, então ela é pertinente também para as PMEs, uma vez que não faria sentido vedar-lhes essa possibilidade, instaurando uma segmentação por tamanho de empresa. Mas as dificuldades existem e pode-se dizer que o gênero de problemas que aparece nesse caso reproduz *mutatis mutandis* o gênero de problemas que aparece quando da negociação sobre a redução do tempo de trabalho para 35 horas, outro tópico importante da pauta das relações de trabalho na França, e que afeta também o debate na sociologia do trabalho (se bem que mais particularmente a sociologia do emprego),[66] como se verá em seguida.

Por outro lado, em outro nível, é inegável que o movimento de propagação ocorre no sentido das grandes para as médias e pequenas, isto é, provavelmente os acordos sobre situações-tipo substituiriam os critérios classificatórios baseados no "emprego", nessas últimas. No caso de PMEs com alto conteúdo de inovação e com assalariados com forte carga profissional, tais características as aproximam naturalmente das grandes.

Uma segunda limitação está relacionada a um aspecto mais decisivo. O movimento defensivo das empresas expresso no fato de não levarem às últimas conseqüências a lógica-competência, ou ainda de aplicá-la de modo parcial (híbrido), fazendo conviver lógica do posto com lógica-competência, não decorre apenas do perigo de impulsionar a individualização de maneira desmedida a ponto de torná-la (a lógica-competência) uma terra-de-ninguém. Ele está relacionado também a um ponto bem preciso: o

---

[66] A bibliografia sobre a "partilha do tempo de trabalho" é vastíssima e foi como que impulsionada pela deliberação governamental de reduzir o tempo de trabalho de maneira linear, a partir de janeiro de 2000.

temor de que a desorganização de procedimentos consagrados de formação do valor dos produtos, dadas as novas formas de cálculo da produtividade, possa conduzir a uma situação de "perda de controle", conforme mencionado anteriormente. Em síntese, é no momento de converter os ganhos de eficiência produtiva em rentabilidade do capital que os limites do modelo ficam mais evidentes, porque isso significaria trocar o relativamente conhecido — porém controlável — pelo novo, do qual não se conhecem todas as conseqüências.

Mas, no que consiste a competência, em termos operacionais? Em outras palavras: quais os ângulos de ataque privilegiados para captar e ao mesmo tempo agir sobre o seu funcionamento? Pode-se adiantar que três são os domínios principais em que ela é observada: no recrutamento, na avaliação e na formação.

2.3. ALGUNS PROBLEMAS QUE APARECEM. CRÍTICAS AO MODELO DA COMPETÊNCIA

A competência substitui a qualificação. Esse parece ser o entendimento dominante entre pesquisadores e comentaristas. As críticas vão em várias direções. Algumas delas, já discutidas, podem ser sumarizadas como segue:

- a qualificação permite pautar as questões da organização do trabalho em um diapasão coletivo, enquanto a competência presta-se a uma relação direta, face a face[67] entre gerência, superiores hierárquicos e trabalhador. As conseqüências em termos de gestão da mão-de-obra, a partir daí, são evidentes, uma vez que a posição do assalariado é sempre de subordinação;

---

[67] Michel Pialoux, Armelle Gorgeu e René Mathieu, "Organisation du travail et gestion de la main-d'oeuvre dans la filière automobile" *in Cahiers du Centre d'Etudes de l'Emploi*, n° 14, 1998, p. 89.

- a qualificação dá margem à organização de negociações coletivas, enquanto a competência favorece uma negociação por empresa;
- o sistema de classificações, quer seja baseado no posto de trabalho, quer seja no *métier*, funciona como uma referência para as negociações coletivas. O conteúdo desse sistema pode ter envelhecido em virtude das mudanças na estrutura industrial, e sobretudo da incorporação de novas tecnologias ao processo de trabalho, dizem os partidários da competência;
- a qualificação (e a validação pelo sistema escolar que deriva daí) permite uma estratégia individual de longo prazo que se vincula estreitamente à dinâmica geracional, enquanto a competência pode levar tanto a um estreitamento daquele "tempo" (facilitando assim estratégias de curto prazo), quanto — o que é pior — a uma desorganização de trajetos construídos com antecedência, pela desvinculação daquelas duas lógicas, escolar e geracional;
- na falta de regras negociadas (e minimamente formalizadas), é o arbitrário que prevalece;
- a policompetência, juntamente com a manutenção do sistema de economia do tempo com sua norma de rendimento do posto, reduz as margens em que o operador podia se "refugiar", ao não oferecer senão uma alternativa de mudança horizontal e não mais vertical (pois é cada vez mais difícil "progredir" dentro da empresa; as chances de saída do lugar original dando-se mais para "os lados" do que para "cima"). Enquanto a incorporação de uma nova qualificação não é remunerada — porque não reconhecida —, o trabalho, por seu turno, se intensifica;
- mais do que o sistema de classificações, é a própria idéia de *emprego* que se encontra abalada.

Todas as críticas terminam convergindo, de uma forma ou de outra, para o problema da individualização. A seguir são arrolados alguns pontos mais específicos sobre esse tópico.

Pialoux *et alii* (1998) distinguem as duas formas mais comuns em que as competências adquiridas na empresa não são reconhecidas: primeira, quando simplesmente não há o reconhecimento formal delas; segunda, quando elas são reconhecidas formalmente (por exemplo, incluídas nos sistemas de classificação) mas de fato a qualificação não muda (isto é, o operador continua a fazer o que fazia antes) — o que permite aos autores referir-se à gestão pelas competências como um sistema que na prática reconhece e valida apenas parcialmente, ou de forma limitada, as competências dos operários de produção.

Na verdade, o que os autores nos mostram é que a competência joga sobre uma situação no mínimo ambígua. Por um lado, ela é demandada pelas empresas, na medida em que estas estimulam a formação contínua dos operadores cada vez mais intensamente. A competência nesse caso passa a ser condição para a manutenção do emprego. Não se trata portanto propriamente de uma escolha. A gestão pela insegurança, sobretudo a insegurança representada pelo mercado de trabalho, é um aspecto bastante enfatizado e partilhado também por outros pesquisadores.[68] Mas, por outro lado, a competência experimenta certa dificuldade em ser incorporada como norma de negociação entre patrões e empregados, aparecendo antes como dádiva do que como direito. A passagem a seguir, extraída dos mesmos autores, explicita indiretamente esse temor: "o investimento em formação é uma forma de remuneração, pois ele oferece uma empregabilidade em um meio concorrencial [...]" (responsável pelo pessoal em uma empresa fornecedora de primeiro escalão para a indústria automobilística).[69] Assim, não haveria por que incluir a competência no inte-

---

[68] Ver especialmente Jean-Pierre Durand, "Le modèle de la compétence: nouvel avatar pour une vieille lune" (tradução em português na *Revista Latinoamericana de Estudios del Trabajo*, ano 7, n° 14, 2001), e Patrick Rozenblatt *et alii*, *Le mirage de la compétence*, Paris, Syllepse, 1999.

[69] Michel Pialoux *et alii*, *op. cit.*, p. 85.

rior de um sistema de normas ou de regras que carregam o risco de se associar a alguma forma de indexação (ou de contrapartida) quer ao salário, quer a outros benefícios (certificados, prêmios — às vezes reversíveis). Além desse último expediente fugir do "caso a caso", o que o entendimento empresarial está dizendo é que eles "já fizeram muito" (dada determinada correlação de forças que é, nesse momento, extremamente desfavorável aos empregados, em vista da pressão do desemprego e da reestruturação) em conceder que o operador tenha uma formação em sua empresa, uma vez que a competência vai se tornar depois um ativo do trabalhador, o qual ele vai carregar para onde quiser. A idéia é que a empresa cometeu um dispêndio de esforço ao permitir que o trabalhador se qualificasse e aumentasse a sua empregabilidade, a qual é propriedade dele, trabalhador. Essa concepção, implícita, do trato é o que impede a consecução, explícita, do contrato, uma vez que na desigualdade incorporada que atravessa os dois lados (capital e trabalho), um desses lados não está de acordo com a maneira pela qual o outro lado concebe a questão: além de reivindicar um ganho que estaria já contido na formação e no treinamento, os operários querem ainda o seu enquadramento normativo.

Ora, a ambigüidade reside justamente no fato de que a empresa demanda a competência, os operadores de produção querem a competência. Ambos inclusive podem estar de acordo com o que seja a competência, isto é, com o conteúdo propriamente produtivo dela (os seus "componentes"), porém não entendem do mesmo modo a maneira e os critérios de definir os seus limites e, mais do que isso, a sua "propriedade" — pois, no fundo, se a competência é do trabalhador e não da firma, ele a conduz consigo, e todo o investimento feito pela empresa fica invalidado, daí o sentimento experimentado por ela de "injustiça".

Também não se trata de uma situação em que a empresa quer a competência, os operários querem a competência, mas não lhes são oferecidos os meios necessários para isso. Não se trata apenas de meios materiais para pôr em funcionamento a competência mas das razões que sustentam essa recusa, como já foi mencionado.

A dificuldade em incorporar a competência como objeto de negociação ilustra bem o cuidado diante de uma norma de trabalho que pode cristalizar, tanto do ponto de vista salarial quanto do ponto de vista do sistema de classificação, um direito (seja ele legal ou convencional). Diante de tal risco, bem disseminado entre o empresariado, de "rigidez", a competência termina navegando por entre critérios de inclusão e exclusão de itens que podem ser considerados interiores ou exteriores à competência, subjetivos ou objetivos, da empresa ou do sujeito etc., ou seja, termina por prestar-se a uma sanção que retira sua força do arbitrário da empresa, na falta de um direito que a codifique segundo traços mais ou menos comuns aos diversos casos particulares.

Já que a competência é dádiva, dádiva não se recusa. Os empregados não têm o direito de recusar a polivalência ou os cursos de aperfeiçoamento profissional que são oferecidos no interior da empresa. Recusar significa exclusão, tanto mais que seria uma recusa a "evoluir".[70]

Mas, quando aceitam, a remuneração que se acresce ao salário de base visa ao empregado individualmente, embora possam se tratar de acordos que tenham a anuência de todos os demais trabalhadores da empresa. Para o caso de acordos em torno a novos sistemas de classificação, em geral as linhas de progressão estão associadas a cursos de formação concluídos, estando a remuneração, por sua vez, associada às etapas cumpridas. Um tal sistema de remuneração pode funcionar como forçando à baixa os salários de maneira coletiva (ficando a verificar se há alguma variação muito significativa em termos agregados, isto é, se a compressão dos baixos salários é compensada pela alta dos mais bem-sucedidos), pois a lógica passa a ser a diminuição progressiva da parte fixa do salário, enquanto aumenta a componente variável. Exemplos em que a remuneração final já incorpora a componente variável, não como contingente mas como parte integrante do

---

[70] *Idem*, pp. 85-6.

vencimento, começam a aparecer: nesses casos, o salário de base pode estar mesmo em um patamar inferior ao salário mínimo,[71] pois está pressuposto que os prêmios devidos à performance vão preencher a parcela que falta até atingir o valor do salário mínimo.

A questão da transferibilidade dos conhecimentos adquiridos no investimento em formação e competências dentro de uma empresa coloca o problema das estratégias astuciosas que acrescentam um elemento institucional ao funcionamento "puro" dos mercados de trabalho. Pensada como tendo um valor incitativo, a variabilidade da remuneração pode conduzir a uma dessolidarização com a empresa que investe no trabalhador, uma vez que este último buscará, no limite, sair dela, até encontrar outra com margens melhores de segurança ou mesmo de salário.

A maneira de evitar a "saída" do trabalhador, que se submete ao percurso de formação, seria, portanto, o reconhecimento, quer por parte da empresa (o que passa pelas formas várias de remuneração),[72] quer por parte dos chefes imediatos (contramestres, chefe de grupos de trabalho, encarregado direto) de sua competência individual. Mas, de toda forma, isso não cancela o problema de que a competência permanece uma competência *da* empresa, em que o "bem" ou o "produto" que circula em seu interior como sendo a competência (e que se cristaliza, enfim, no próprio trabalhador, que incorpora além de todos os cursos de formação, o seu *savoir-être*) é dificilmente negociado no mercado.[73]

---

[71] Em francês, o SMIC (*Salaire Minimum d'Insertion Citoyenne*). Ver Pialoux *et alii*, p. 86.

[72] Na experiência dos Círculos de Controle da Qualidade no Brasil, nos anos 80, esse era um problema de fundo: a possibilidade de dar a sua opinião e participar de alguma forma com sugestões e idéias para o desenvolvimento do processo de trabalho não era acompanhada de recompensa salarial.

[73] Um exemplo vindo de um setor completamente estranho ao universo dos setores onde se discute a competência — universo essencialmente industrial e em geral ligado a empresas de ponta desse setor — é o dos cantei-

Muitas vezes acontece de a competência não ser transferível nem entre seções de uma mesma empresa, ou entre fábricas de um mesmo grupo.[74] Ou, ainda, quando de reestruturações internas com troca de equipe técnico-administrativa e gerencial, em que o novo grupo que entra não reconhece o trabalho desenvolvido pelo grupo que está deixando a empresa:[75] nesse caso também é preciso "recomeçar do zero", pois todo o investimento em se fazer notar pelo chefe imediato e, por conseguinte, pela gerência encarregada da alocação e promoção do pessoal, é imediatamente desvalorizado, quando não anulado. Os antigos ope-

ros de obras da construção civil. Ali a competência, se é que se pode chamar assim (e não é certamente dessa forma que designa o autor que estudou a sua realidade: veja-se Christophe Brochier, "Origines régionales des ouvriers de bâtiment à Rio", *paper* apresentado no Centre de Recherches sur le Brésil Contemporain, 10/2/2001), é nitidamente um assunto que se desenrola dentro do canteiro, no estágio entre o *main-d'oeuvre* (o "servente") e o *professionnel* ("profissional"), ao menos. Todo o investimento de formação do servente, que depende muito da aquiescência primeiramente do meio profissional, depois do profissional, em seguida do encarregado e, por último, do mestre, os quais julgam da fidelidade dos serventes ao trabalho, seus modos, se eles não fazem "corpo mole", se eles são preguiçosos, se bebem muito etc. — enfim, todo o seu investimento é uma aquisição que se constrói e se esgota no canteiro, com as mesmas pessoas que julgam a sua trajetória, seja acima (hierarquicamente falando), seja ao lado (os companheiros de trabalho). A relação com o chefe imediatamente superior é fundamental nesse caso ("é preciso se dar bem com encarregado", é uma das frases bem disseminadas entre os operários, recolhida pelo autor do trabalho citado). Se essas pessoas, essa coletividade ou esse "entorno" com quem o servente partilha o seu cotidiano, são transferidos para outro canteiro, então sua competência — no fundo, todo o esforço de se fazer reconhecido — é mantida; caso contrário ela é imediatamente reduzida a zero, e é preciso então recomeçar do ponto de partida, em outro lugar, com outras pessoas.

[74] Ver Pialoux *et alii, op. cit.*, p. 87.

[75] Isso foi observado, entre 1995 e 1996, em uma empresa de cosméticos americana. Ver "Trabalho e qualificação no complexo químico paulista", relatório de pesquisa Finep-Cedes, 1997.

rários são então encarados como uma força de trabalho como qualquer outra, inclusive equivalente àquela que se encontra fora da empresa tentando ser contratada — o que repõe a vigência dos mecanismos de alocação do mercado de trabalho em primeiro lugar, em detrimento de um (frágil) arranjo institucional (nesse caso limitado à empresa) que imporia barreiras à lógica dominada por oferta e demanda. Para os que já estavam trabalhando, assim como aqueles que buscam um lugar dentro da empresa, o caminho é o mesmo: entrar na fila, fazer os mesmos testes, como todo mundo.[76]

Aqui podem-se entrever os limites de uma "governança" de empresa; e de como esse tema, de certa forma, não é estranho ao tema da competência. O mesmo exemplo também esclarece que a abordagem da competência não pode passar sem uma análise em termos dos compromissos, dos acordos, muitas vezes tácitos e não normativamente codificados em regras formais (como é, nesse último caso, um acordo assinado pelo sindicato e o ramo industrial, por exemplo, ou ainda um acordo consagrado no âmbito interprofissional) — os quais porém vão fornecer a base e o substrato dos acordos formais da profissão, da categoria, ou mesmo de empresa. Se tais acordos são facilmente desestabilizados, então são as antigas normas típicas do "governo" do emprego,[77] com seus elementos de rigidez e de centralização, que fatalmente ganharão a simpatia dos assalariados, pois elas são sem dúvida um anteparo de segurança.

No entanto, o problema da transferibilidade das competências deve ser recolocado em termos de segmentação: são sempre os menos qualificados aqueles que encontram as menores chances de conseguir "levar consigo" o seu patrimônio de conhecimentos profissionais (composto de *savoir-faire* anterior à entrada na em-

---

[76] Pialoux *et alii*, *op. cit.*, p. 87.

[77] Para retomar os termos de Michel Lallement, *Les gouvernances de l'emploi*, Paris, Desclée de Brower, 1999.

presa e da formação obtida por meio de cursos e do aperfeiçoamento no contato com os processos industriais na empresa), enquanto aqueles considerados como mais qualificados (operários de manutenção, técnicos, trabalhadores especializados em regulagem etc.) têm mais facilidade em fazer valer o seu percurso anterior. Diante dos dois grupos, contudo, a empresa tem sempre à disposição o recurso à contratação de "terceiros",[78] "casuais" ou "intermitentes"[79] (na verdade, lançar mão de uma empresa de subcontratação de mão-de-obra). Esse é um ponto, por exemplo, sobre o qual os acordos coletivos poderiam dizer alguma coisa. Também o expediente de contratar jovens sem experiência, os quais são mais fáceis de formar e, além disso, não possuem os "velhos hábitos e vícios" dos trabalhadores mais velhos, pode atingir preferencialmente o grupo dos menos qualificados dentro da empresa, se bem que com relação aos mais qualificados — e também menos conformistas — ele pode ser uma arma, sempre pronta a entrar em ação, contra o seu ímpeto reivindicativo. É interessante ainda notar que, quanto aos trabalhadores eventuais (ou "casuais"), trata-se de uma estratégia muito pouco aleatória; ao contrário, ela parece ser antes bem calculada, uma vez que são sempre os mesmos subcontratados que são visados.[80] Ora, está-se assim diante do desenvolvimento de uma espécie de competência externalizada em que a experiência profissional é valorizada, porém sem validação contratual, isto é, sem vínculo empregatício.

2.3a. *Normas de qualidade para o ramo:*
a busca de um padrão geral
Os *Certificats de Qualification Professionnelle* (CQP) são diplomas conferidos individualmente aos assalariados que seguiram

---

[78] Como se diz no Brasil.

[79] Em francês, trata-se da categoria dos *intérimaires*.

[80] Pialoux *et alii, op. cit.*, p. 87.

determinado curso de formação próprio às necessidades do ramo industrial ministrado por — ou sob a responsabilidade de — grandes empresas do setor. Eles entram num plano mais geral de capacitação de fornecedores, em que os trabalhadores empregados em empresas clientes das grandes vão até estas últimas para seguir o programa de formação *in situ*, experimentando os instrumentos, aprendendo sobre o respeito às normas de qualidade e a importância da especificação exata dos produtos, observando o processo final de confecção de algo para o qual contribuem parcialmente, alhures. Mais do que isso, contudo, para os trabalhadores de pequenas e médias empresas, esse é um momento de "sentir o gosto" de estar em uma grande empresa, sonho partilhado pela maioria como o coroamento exitoso de uma trajetória profissional. Os Certificados são subdivididos por níveis de qualificação da força de trabalho, indo do mais elementar (operário) até aquele com graus de responsabilidade mais complexos (manutenção especializada, técnicos, encarregados de seção).

Nesse sentido, o CQP lembra o Programa Brasileiro de Qualidade e Produtividade (PBQP). Ambos estabelecem, em termos de ramo industrial, uma norma de qualidade necessária para aceder à posição de fornecedor da empresa principal, funcionando ao longo de toda a cadeia produtiva. Como se trata de normas que foram negociadas anteriormente, quer pelo sindicato patronal, quer pela associação profissional (e essa diferença, no caso do Brasil, é bem marcada), e em seguida com os sindicatos de trabalhadores, todas as empresas associadas ou sindicalizadas devem segui-las, o que torna o seu potencial de generalização, em princípio, elevado. Pialoux *et alii* (1998) relatam que, na França, o acordo CQP foi primeiro negociado diretamente entre representante patronal do ramo e sindicato de trabalhadores do mesmo ramo (no exemplo mencionado, o setor plástico), o que significa que apenas as empresas filiadas ou sindicalizadas à federação do ramo foram primeiramente concernidas; em seguida, o acordo foi estendido ao conjunto das empresas, graças a uma medida do poder público.

Há também o caso relatado da criação de uma classificação de posto (o simples fato de que deva ser codificada já é indicativo da dificuldade de enunciar a competência no singular, e das questões que estão envolvidas por detrás dela: quem emite os juízos válidos, quais os critérios sobre os quais as partes vão se pôr de acordo, quais as normas que se podem extrair como configurando um campo mais ou menos estável etc.) chamada "explorador de instalação industrial" (*exploitant d'installation industrielle*), para o qual, de toda forma, corresponde um diploma ou certificado de aprendizagem profissional (o CAP).[81] Essa nova designação foi criada a partir de uma demanda da Renault, e começou a vigorar a partir de 1994. Ela pode ser vista como exemplar da substituição da qualificação pela competência. Onde antes vigorava o "simples executante (*fabricant*)", agora entram em cena a "policompetência", o "domínio da comunicação e da resolução de problemas do grupo", o "autocontrole", isto é, um aumento do raio das "responsabilidades"[82] do operador. Dois aspectos nesse exemplo merecem ser explorados: o primeiro é a explicitação de um diploma que tenta capturar um tal conjunto de atributos um tanto quanto fluido; o segundo aspecto é a emergência de um novo papel no relacionamento entre a educação pública e a formação profissional pela empresa — afinal trata-se de um diploma de validade nacional. O fato de ser uma grande empresa quem propõe a extensão dos benefícios de formação às empresas subcontratadas, ou a jovens em início de carreira e recém-saídos do sistema escolar inicial, ainda sem um emprego, pesou na decisão. No desenho tradicional da relação entre empresa e sistema de edu-

---

[81] *Certificat d'Aprentissage Professionnel.*

[82] Pialoux *et alii, op. cit.*, p. 88. Note-se que são os mesmos traços de atributos comportamentais e atitudinais do assalariado, sublinhados por J.-P. Durand em "Le modèle de la compétence: un nouvel avatar pour une vielle lune" (tradução em português na *Revista Latinoamericana de Estudios del Trabajo*, ano 7, nº 14, 2001).

cação nacional, a primeira se encarregava de utilizar na esfera produtiva o conteúdo definido e avaliado (depois sancionado pelo diploma) pelo segundo. No novo formato, a grande empresa assegura tanto a formação teórica quanto prática. Alguém poderia enxergar nesse novo relacionamento a vigência de uma "governança", isto é, de um novo modo de regulação entre o nacional e o regional (a firma) — tanto mais que a grande empresa atrai geograficamente empresas fornecedoras menores, do tipo plásticos, equipamentos, acessórios etc. — assim como entre o poder central e a deliberação local. Ademais, como as atribuições da empresa-mãe incluem a formação preferencial de jovens, é na região que eles são recrutados, salvo que em vez de ingressarem na grande empresa (Renault), eles são encaminhados para as fornecedoras com quem a empresa-mãe mantém contratos comerciais. Esta última funciona assim mais como facilitadora da colocação dos recém-formados do que propriamente como empregadora efetiva daquele contingente.

Outro problema que aparece quando o modelo da competência irrompe na empresa é que a ênfase na formação contínua e interna, conforme visto, acarreta a desvalorização inicial do diploma,[83] por definição externa a ela porque atribuição do sistema escolar público. Se a formação interna não desemboca em uma perspectiva de carreira, se ela capacita os subcontratados (ou "terceiros", na linguagem brasileira) mas não lhes oferece possibilidade de contratação como permanentes, então um sentimento de frustração acaba se disseminando entre os assalariados, assim como a sensação de que se trocou o certo (o sistema de classificações baseado na qualificação) pelo duvidoso (o modelo de avaliação baseado na competência). O diploma é parte de certo cálculo de mobilidade e de trajetória do lado dos assalariados, em que um horizonte mais ou menos previsível, e cujas etapas são razoavelmente conhecidas, se descortina diante deles. Na falta do

---

[83] Pialoux *et alii*, *op. cit.*, p. 89.

diploma, e de novos marcos de reconhecimento partilhados, a insegurança acaba prevalecendo.

2.3b. O *choque entre uma classificação de "responsabilidade" e a dureza da prescindibilidade: a experiência do chefe*

Líder, piloto de linha, monitor, animador de ilhas, "chefe"... nomes de distinção. Mas os pontos de bloqueio continuam fortes, ligados a uma diferença mais profunda que as novas classificações não cancelam. Essas diferenças opõem de um lado uma cultura operária, em que as perspectivas de progressão são estreitas pois os *handicaps* de "modos" são mais fortes do que a bateria de "formações" a que são submetidos com os programas de qualidade e, de outro lado, os técnicos saídos diretamente do sistema escolar. Diferenças de expectativas, pois os primeiros, ao envolverem-se com os programas de qualidade, na verdade esperam uma passagem de nível longamente perseguida e dificilmente obtida mediante meios de progressão normais, isto é, anteriores ao advento dos modernismos de gestão. Já os segundos, isto é, aqueles operários já formados pelas escolas profissionais, ou que não interromperam completamente a sua formação escolar, vêem sua ascensão como uma questão de tempo, e a convivência com a antiga geração, mesmo quando esta última ostenta os títulos de liderança e de responsabilidade, não é tão conflituosa, pois apesar das insígnias classificatórias o sentimento generalizado é de que eles fazem parte de um conjunto de funções e ocupam um conjunto de postos profissionalmente desvalorizados de antemão. Evidente que conflitos podem haver, mas raramente sobre "quem vai ser o chefe", exatamente porque os reais pontos de tensão não estão ali; eles passam por outros caminhos onde o que vai estar em jogo é a validação dos conhecimentos técnicos que efetivamente têm chance de ser reconhecidos e de alçarem a lugares de comando estratégicos na fábrica.

São também diferenças de idade: trabalhadores mais antigos, de um lado; jovens, de outro — mas por vezes não é a idade

Contrapontos comparativos França-Brasil

que traça a linha de corte, mas sim o pertencimento ou não a um ramo de formação escolar que conduz ao diploma e à detenção de saberes técnicos valorizados pelo mundo industrial. Desse modo, pode-se ter em lados opostos trabalhadores jovens, porém cada um possuindo um horizonte distinto de mobilidade.

Do ponto de vista do modelo da competência e da convivência desses dois grupos sociais de operários e trabalhadores, com expectativas e projetos bem diferentes, dentro de uma mesma empresa, é claro que a substituição dos postos associada à lógica da qualificação vão ser percebidas como uma ameaça de retirada das balizas de compreensão de sua própria carreira, pois o solapamento das categorias profissionais é também simultaneamente o solapamento das categorias de entendimento de seu próprio projeto de vida profissional. Ora, a categoria que "amarra", de uma maneira mais geral, aquelas balizas, no mundo do trabalho, é o emprego. E é a noção mesma de emprego (talvez em proveito daquela de "atividade") que está em causa com o advento da lógica-competência.

O problema torna-se mais dramático para aquele contingente que se sente diretamente atingido à medida que as obrigações e os deveres associados à lógica da qualificação não desaparecem, de tal maneira que aos velhos fantasmas que era preciso superar no antigo modelo, é preciso acrescentar os novos, associados à lógica-competência. Assim é o caso da exigência do diploma, que em vez de ser relativizada com a valorização das "competências de segundo plano" (comportamentos, atitudes, modos — autocontrole, relacionamento, comunicação, por exemplo), torna-se mais cerrada, sobretudo no momento da contratação.[84]

Os partidários da competência vão sempre levantar o argumento de que estamos vivendo um período de grandes mudanças históricas e paradigmáticas — o trabalho entrando privilegiadamente como componente-chave dessas mudanças — e que, como

---

[84] Pialoux *et alii, op. cit.*, p. 91.

em épocas anteriores, há fatalmente aqueles que perdem e aqueles que ganham, e que é preciso encarar esse processo sociologicamente de maneira analítica, jamais de maneira a tomar posição sobre ele. Pois tomar posição envolveria forçosamente colocar-se do lado daqueles que perdem ou daqueles que ganham. Os partidários da qualificação chamam a atenção para o fato de que o reconhecimento profissional é uma das formas identitárias mais enraizadas na sociedade moderna, e que colocá-lo em causa significaria abalar fortemente um dos pilares de sua coesão.

É curioso, mas quanto aos "perdedores" — aqueles que têm mais a perder com o advento da lógica-competência — não se pode dizer que sejam verdadeiramente excluídos. Ao contrário, eles são constantemente solicitados, quer seja pela mobilização permanente das filosofias da qualidade, quer seja pela "experiência" e os dons e comportamentos que, afinal, estão espalhados diferenciadamente, e que o modelo da competência valoriza. Dessa forma, eles são o tempo todo chamados a serem "incluídos", e não o contrário. O que leva a pensar que o mecanismo de exclusão (que existe) encontra-se em outro lugar.

2.4. A GESTÃO PELA QUALIDADE ATUALIZA VELHAS QUESTÕES NO ÂMBITO DAS RELAÇÕES INDUSTRIAIS

A gestão participativa não deixa em dificuldades apenas os sindicatos mas também os gerentes, ou o seu equivalente funcional. É preciso não subestimar o grau de indeterminação que advém desse fato no momento em que fórmulas diversas de delegação de iniciativas ou de responsabilidades aos operadores vão ser aplicadas, pois elas não são uma novidade apenas para esses últimos, mas também para os seus superiores hierárquicos.

Dependendo do estado de relação de forças dentro da empresa (história dos microconflitos entre capital e trabalho), aquela delegação pode se revelar uma aposta perigosa do ponto de vista do controle da força de trabalho. Alguns programas como o *To-*

tal Quality Maintenance (TQM)/Manutenção Produtiva Total (MPT) podem precipitar esse mal-estar.

As novas abordagens gerenciais baseadas na qualidade partem do pressuposto de que se deve buscar a colaboração dos sindicatos, uma vez que não é possível sustentar uma colaboração no nível da produção e ao mesmo tempo uma relação conflitiva no campo das relações profissionais. Levar às últimas conseqüências a lógica da qualidade significa, em última instância, uma co-determinação das decisões — se não todas, boa parte delas — entre empregados e seus superiores hierárquicos. Um raciocínio do tipo "esconder o jogo" é incompatível com a lógica da qualidade. É preciso confiança recíproca. Não faz sentido alguém encontrar a solução de um problema e não partilhá-la com o grupo próximo. Essa exigência não é apenas de "camaradagem", mas, nesse caso, de eficiência. A resolução de problemas em conjunto, pelo grupo, potencializa a produtividade. Muito do que aparece atualmente sob a roupagem da gestão pela qualidade ou da *lean-production* transpõe, para um novo contexto de concorrência, de ambiente tecnológico e produtivo das firmas, o que em períodos passados ganhava outras denominações. Muitos dos trabalhadores da velha guarda podem reconhecer na tentativa de torná-los "colaboradores" ou "parceiros", por exemplo, o antigo discurso da "democracia industrial".

Mas mesmo que as antigas identificações (de classe) não perturbem o ambiente; mesmo que o campo esteja livre para novas experimentações,[85] é necessário que não exista nenhuma predisposição, de uma parte à outra, contrária a uma real colaboração ou partilha de responsabilidade. Do lado da gerência (ou dos engenheiros) é preciso superar a cultura autoritária da prerrogativa da "última palavra"; do lado dos operários e empregados em geral, é preciso abrir mão da desconfiança em "bancar o otário", no sentido de uma carga de trabalho suplementar que não será

---

[85] A clivagem etária joga aqui todo o seu peso.

recompensada, ou — o que é pior — em expor as astúcias que guardam uma reserva de poder em relação à gerência e aos superiores. A noção, muito popular, de "colocar azeitona na empada dos outros" exprime justamente a idéia de um esforço inútil; enfim, de carência de reconhecimento. Salvo quando tal esforço pode reverter como vantagem própria, não haveria razão alguma para colaborar. Por exemplo, o acesso a conhecimentos suplementares à tarefa pode ser a fonte de novos cálculos que preencham o horizonte de estratégias profissionais possíveis (uma estratégia que tem repercussões no mercado de trabalho); e aí o trabalhador de fato "usa" a formação contínua, os cursos dentro da empresa, para uma mobilidade que exatamente não inclui a continuidade na própria empresa que possibilitou uma "melhoria".

Do ponto de vista da empresa, tudo isso significa investimento perdido; e a causa imediatamente identificável é a falta de confiança. Daí a busca por "desentravar" os constrangimentos ou os limites à cooperação.

O aprofundamento da lógica da qualidade — por exemplo, do TQM/MPT — na verdade vai possibilitando o desvelamento progressivo de uma série de contradições que podem estar reprimidas enquanto vigora a ordem "tradicional" da produção. O estado constante de medição de forças vai, a cada vez que é solicitada a palavra dos operadores, se fazendo sentir. A gerência procura guardar as suas posições de poder e essa é uma fonte de conflito permanente. A novidade em relação ao velho discurso da democracia industrial é que anteriormente o que era visado era uma trégua ou paz social no interior de uma sociedade que no entanto permanecia dual. A integração se fazia enquanto consumidores, não enquanto produtores.

O modelo de uma sociedade de classes reconhecia os "mundos à parte" e as distinções entre o "meu" e o "seu". Essa distinção se esfumaça no novo discurso em que o "meu negócio" (do capitalista) é também o "seu negócio" (do trabalhador). Essa é a chave que fecha o círculo do "envolvimento", isto é, fazer entrar na esfera privada (no sentido da "propriedade") o que é de fato

Contrapontos comparativos França-Brasil

estranho (porque, no fundo, os operários não são realmente "donos" ou sócios do negócio).[86] Quando aquelas distinções deixam de existir, então a resiliência das classes sociais, e o conflito que lhes é inerente, perde o seu poder de organizar as representações coletivas. É somente após realizada tal operação que o *élan* da competitividade, da associação da rentabilidade do negócio e de seu crescimento como condições do próprio sucesso individual, da performance pessoal como condição da performance da firma e portanto todos os cuidados subseqüentes com o desperdício e a criação da riqueza, enfim, pode encontrar um terreno fértil para prosperar. Para isso é necessário neutralizar os atores coletivos que se colocam como obstáculo (real ou imaginário) a ela, os quais, de alguma forma, mantêm o potencial de conflitualidade capaz de repor a distinção entre o "nós" e "eles", entre um "mundo" e o outro "mundo". Esses atores em geral são os sindicatos. Por isso, no interior dos programas de qualidade, a preocupação com esse aspecto institucional — mesmo se ele não aparece como um problema desse tipo — está presente, quer seja buscando a colaboração e a co-determinação, quer seja aproveitando-se de sua fraqueza ou de sua inexistência.

Haveria ainda muitos outros pontos obscuros que têm sido levantados em diálogo com a abordagem da competência: a relação entre trabalho feminino e lógica-competência; o confronto entre lógica-competência e regulamentação jurídica; a abrangência da lógica-competência em setores de atividade os mais diversos e em diferentes regiões, bem como o confronto da lógica-competência com outras disciplinas, além de apreciações de conjunto, de caráter mais teórico.

---

[86] Apenas no caso de uma real redistribuição patrimonial o cenário do tipo "esse é o seu negócio!" poderia ser concebido como viável sem suscitar tensões mais ou menos evidentes, por conta da situação formal em que estão colocados os agentes.

Duas observações, por fim:

Primeira: embora, conforme se fez referência, o conceito de "profissão" (*métier*) tenda a uma revalorização com a abordagem da competência, isso não significa uma recuperação ou uma aproximação com a linha da sociologia das profissões, tal como esta é entendida na tradição da história da sociologia. Enquanto essa última carrega um forte matiz institucionalista, a abordagem da competência é preferencialmente fenomenológica, já que é dada ênfase à situação de interação entre o profissional e o seu trabalho, compreendendo o ambiente, os instrumentos e a cooperação, de forma ampla.

Segunda: a lógica-competência não foi confrontada com a lógica do modelo produtivo,[87] o que é uma limitação importante para uma consideração abrangente do tema. Com isso, foram forçosamente abstraídos problemas tais como a situação do mercado de trabalho, a conexão entre regime de acumulação e configuração das empresas, bem como as implicações nas cadeias produtivas e o movimento dos assalariados em seu interior (subcontratação, precarização, casualização) etc.

3. O MERCADO DE TRABALHO: A REDUÇÃO DO TEMPO DE TRABALHO[88]

O outro posto de observação onde se pode acompanhar o movimento de individualização do trabalho é o mercado de trabalho. A questão da atualidade é sem dúvida a lei sobre as 35 horas, que começou a vigorar estatutariamente a partir de 2000 na França. Ela é relevante pelo fato de "dar carne" ao processo

---

[87] Ver Jean-Pierre Durand, "Le modèle de la compétence: nouvel avatar pour une vieille lune", *cit.*

[88] Uma versão mais dilatada deste subcapítulo apareceu originalmente em *Novos Estudos Cebrap*, 63, julho 2002.

de contratação social. Esse ponto é particularmente sensível naquele país, dado o papel preeminente do Estado na formulação, implementação e controle das políticas sociais (incluindo as políticas do trabalho), diante dos atores ou "parceiros" (*partenaires*) sociais, conforme já visto. Por conta disso, o debate é muito facilmente politizado. Toda a digressão que se segue tem em consideração esse elemento. As disputas em torno dos sentidos de "lei" e "contrato", ou "lei" e "convenção", confirmam esse pano de fundo. A história do processo de negociação das 35 horas, isto é, da redução do tempo de trabalho (RTT), já é em si mesma interessante, nesse aspecto.[89]

3.1. A MECÂNICA DA NEGOCIAÇÃO DA JORNADA DE 35 HORAS

A negociação da lei sobre a redução legal do tempo de trabalho para 35 horas semanais[90] ocorre em dois níveis: por ramo e por empresa.

---

[89] Jacques Freyssinet realiza um excelente balanço em um trabalho em que é ressaltado, entre outras coisas, o significado do "partenariato". Já nos artigos recentes de Thomas Coutrot ressaltam os aspectos de atualidade dos diversos formatos da lei das 35 horas, isto é, sua aplicação prática, e onde é possível também esmiuçar um pouco mais os detalhes e as questões de fundo que eles trazem à tona. Ver, respectivamente, Jacques Freyssinet, *Le temps de travail en miettes: 20 ans de politique de l'emploi et de négotiation collective*, Paris, Les Editions de l'Atelier, 1997; Thomas Coutrot e Anne-Lise Aucouturier, "Prophètes en leur pays: les pionniers de 35 heures et les autres", *Travail et Emploi*, maio 2000; e Thomas Coutrot e Alain Gubian, *paper* "La réduction du temps de travail au milieu du gué", apresentado no seminário patrocinado pelo Departamento de Ciência Política da Universidade de Paris-VIII, Saint-Denis, dezembro 1999.

[90] Na verdade, não é correto falar em redução da jornada, uma vez que não está estabelecido um limite semanal de 35 horas. Ao contrário, a lei permite a "modularização" ou "anualização" do tempo de trabalho, isto é, compensações variáveis de tal forma que, ao fim do ano, a consolidação do tem-

A Lei Aubry, último formato da lei das 35 horas,[91] prevê, como contrapartida ao aumento do custo salarial, exoneração de contribuições devidas ao Estado, assim como a obrigação, por parte do estabelecimento, de manter determinado nível de emprego. A idéia é, nesse último caso, impedir que o encargo da folha de salários seja descontado quer em uma diminuição do ritmo de contratações, quer em demissões do contingente já empregado. No caso das empresas públicas, a exoneração está ausente. Segundo o levantamento estatístico que acompanha seu processo de implantação, o prazo médio no qual a empresa começa a aplicar efetivamente a jornada de 35 horas, em sua última versão, é de três meses a partir da assinatura da convenção, ou de quatro meses no caso de assinatura de acordo. (A convenção é o segundo passo para a aplicação do dispositivo, sendo o primeiro passo a assinatura do acordo. Na convenção, os empregados sancionam o acordo, que é sempre um acordo por empresa.)

Enquetes junto a empresas têm podido aquilatar também as motivações "microeconômicas" para a passagem a uma jornada de trabalho reduzida. Ora, como se trata de acordos ou convenções que incluem os atores sociais, isto é, capital e trabalho, supõe-se que os segundos sejam "naturalmente" a favor, restando aos primeiros a dúvida sobre se vão de fato colocar-se de acordo, e por quê. Pois entre as motivações incluem-se, além de considerações de cunho utilitário (ganhos de flexibilidade, redução de custos etc.), considerações de cunho "ético" ou políti-

po efetivamente trabalhado corresponda ao equivalente do produto de 35 horas pelo número de semanas do ano. Evidentemente, o entendimento do que de fato faz parte da jornada (que atividades: por exemplo as tarefas de delegação ou representação juridicamente reconhecidas; as pausas; o tempo dedicado à formação ou treinamento etc.) é motivo de controvérsias entre representantes do capital e do trabalho. Se for utilizado o termo "jornada", portanto, este somente fará sentido se for entendido enquanto jornada anual.

[91] Existem "duas" Leis Aubry, isto é, duas etapas consecutivas no tempo, entrecortadas pela Lei Robien. A mais recente é a segunda Lei Aubry.

Contrapontos comparativos França-Brasil

co.[92] Por definição, os maiores interessados — os "sem-emprego" — não teriam por que se opor.[93] Para usar uma terminologia cara ao empresariado brasileiro, estaríamos diante de um caso típico de "ganha-ganha".

No entanto, no interior do universo das empresas, distinções devem ser feitas. Uma desagregação por tamanho, origem do capital, posição no mercado do produto, entre outras, permite encontrar nuances interessantes. No item relativo à abertura do capital no mercado acionário, por exemplo, pode-se perceber que quanto mais dependente da performance em Bolsas de Valores, maior o cuidado em negociar a redução do tempo de trabalho, no sentido de controlar os seus possíveis efeitos com antecedência, em geral negociando os termos previamente à obrigação legal.[94] Porém, é certo que, pelo fato de que o efeito da RTT na rentabilidade faz-se sentir a médio e longo prazos (ele se manifesta pelo aumento da produtividade do trabalho e dos equipamentos e instalações), a incompatibilidade com uma estratégia de decisão volátil e arriscada — necessariamente atada ao curto prazo — torna-se mais sensível. Por outro lado, em geral uma empresa cuja estrutura de propriedade do capital é orientada para ganhos financeiros é também uma empresa com uma estrutura produti-

---

[92] Essas passagens estão baseadas no *paper* de Coutrot e Gubian citado.

[93] A redução do tempo de trabalho foi concebida exatamente com o intuito de alargar a oferta de emprego: muitos trabalham menos para que todos possam fazê-lo.

[94] Mais ou menos como no caso da PLR (Participação nos Lucros e Resultados), no Brasil. Algumas grandes empresas do ramo químico usam o mesmo argumento para ressaltar que não era necessário esperar pela regulamentação do governo, pois que elas próprias já haviam tomado a iniciativa de distribuir prêmios entre os seus trabalhadores, baseados nos lucros e resultados. Ver Leonardo Mello e Silva, *A generalização difícil: a vida breve da câmara setorial do complexo químico seguida do estudo de seus impactos em duas empresas do ramo em São Paulo*, São Paulo, Annablume/Fapesp, 1999.

va robusta e moderna, isto é, cujos ganhos organizacionais e tecnológicos já foram incorporados, de forma que a RTT aportaria pouco nesse sentido.[95] O item propriedade do capital, segundo enquetes recentes,[96] distingue entre empresas familiares (e, dentro dessas, as pequenas empresas familiares) e grandes grupos econômicos. Desde já, o tamanho funciona como variável-chave, pois está fortemente correlacionado à aceitação da RTT: enquanto as grandes empresas são mais propensas a assinar os acordos de RTT, ou a se dispor a fazê-lo (propensão maior do lado daquelas empresas detidas por particulares mais do que aquelas detidas por grupos econômicos), as pequenas (contingente maior do que vinte empregados e onde os grandes grupos não encontram representação) são mais reticentes.

Entre as variáveis que explicam o consentimento das empresas com a redução do tempo de trabalho, a posição no mercado em relação às concorrentes (para um produto determinado) é menos decisiva (embora a situação prévia seja uma variável significativa, como se verá adiante) do que as escolhas "organizacionais":[97] as 35 horas podem, nesse último caso, estimular a flexibilidade "interna" associada ao *just-in-time* e à usura máxima dos equipamentos (favorecendo o funcionamento contínuo por meio de turnos ininterruptos), em geral já testada por meio da modulação dos horários.

Quanto à presença de representação coletiva dos trabalhadores — como sindicatos, por exemplo — pode-se afirmar que ela não se mostra incompatível com o engajamento das empresas nas 35 horas; ao contrário, aparece como facilitadora. Já no lado patronal, o pertencimento a organizações centralizadas de interesses funciona no sentido contrário, isto é, de desinvestimento

---

[95] Ver Coutrot e Aucouturier, *op. cit.*

[96] Mencionadas em Coutrot e Aucouturier; Coutrot e Gubian.

[97] Coutrot e Gubian, *op. cit.*

ou desconfiança, sendo antes os empresários individualmente com posições político-sociais definidas que sustentam a aposta na redução do tempo de trabalho.

Como a moderação salarial[98] é parte do plano, entrando como mecanismo de compensação nos acordos, era de se esperar que as empresas com os salários mais baixos fossem aquelas em que as reservas são também maiores. A participação em um ciclo longo de experimentações de negociação, isto é, desde os primeiros formatos da lei ("Robien" e depois "Aubry") desempenha um papel importante: quem entra no fim tem uma probabilidade menor de aderir do que quem já vem participando do processo desde o início, pois nesse caso o lado utilitarista fala mais alto do que a opção político-social (criação de empregos) ou ideológica.

Enfim, essas evidências "microeconômicas" só fazem confirmar a necessidade de tomar o dispositivo da redução da jornada dentro do quadro mais geral das relações de trabalho, o que inclui o estado da relação de forças entre assalariados e patrões — e por isso o eixo do mercado de trabalho guarda toda a pertinência para a sociologia do trabalho.

3.2. O EFEITO DA REDUÇÃO DO TEMPO DE TRABALHO (RTT) SOBRE OS TIPOS DE CONTRATO DE TRABALHO

Qual o impacto da redução do tempo de trabalho (RTT) na configuração da relação salarial? Ela é capaz de converter contratos de tempo parcial em contratos de tempo pleno? Ou de reduzir o contingente de mão-de-obra precária — por exemplo, intermitente? No primeiro caso, imagina-se simplesmente a empresa em acordo de RTT substituindo a sua força de trabalho em

---

[98] Quer pela via do congelamento, quer pela via da aplicação de índices de reajuste menores do que se não tivesse havido o acordo sobre redução do tempo de trabalho.

tempo parcial em tempo pleno (35 horas) porque a quantidade horária da jornada individual aproxima-se daquela correspondente em tempo parcial (20 a 24 horas); ainda que uma diferença importante se mantenha de forma a não permitir uma equivalência exata (dado determinado contingente, a conversão de tempo parcial para tempo pleno não é completamente compensada), essa diferença pode tendencialmente diminuir com uma desaceleração das contratações em tempo parcial. Nesse caso, uma oferta menor de empregos em tempo parcial aparece como resultado de uma opção pelo tempo pleno reduzido (35 horas).

No segundo caso, em virtude da "modulação"[99] do tempo de trabalho, os espaços antes preenchidos por pessoal contratado especialmente para esse fim são, a partir de então, preenchidos por pessoal efetivo, quer em tempo completo (pleno) ou não. A modulação/anualização dos horários permitiria, a princípio, uma distribuição do agregado de trabalho já constituído de maneira "flexível", sem a necessidade da entrada de contingente "de fora". No caso da conversão interna de tempo parcial em tempo pleno, o aproveitamento do primeiro sob a forma do segundo significa na verdade, está claro, não uma redução, mas um aumento do tempo de trabalho, até alcançar a jornada normal.

Existem dois tipos de RTT: um chamado ofensivo (porque a meta é contratar); outro chamado defensivo (porque a meta é deixar de demitir, isto é, manter o contingente). A situação das empresas anteriormente à assinatura do acordo — e depois, do convênio — é, nesse caso, a principal variável a ser levada em conta. Assim, em um primeiro momento, no quadro de uma conjuntura de turbulência ou incertezas, a manutenção do contingente empregado (defensivo) representa uma "vitória" em relação a uma tendência esperada de baixa ou destruição de postos de trabalho. Uma tendência recente de contratações (atestando uma "saúde" bastante favorável da empresa) leva à cautela com respeito a no-

---

[99] O mesmo que "anualização".

Contrapontos comparativos França-Brasil

vas entradas, mais do que à persistência dessa política (o que seria uma estratégia ofensiva), jogando pois a favor de uma orientação oposta (ficar com o que já tem). Paradoxalmente, um histórico recente de crise (contexto desfavorável) também conduz ao mesmo resultado, pela dificuldade de se arcar com novas contratações (mesmo à custa de exonerações ou ajudas por parte do Estado).

A estratégia competitiva não tanto associada à inovação do produto mas meramente ao fator preço[100] (estimulando com isso a compressão salarial) também influi na RTT, nesse caso desestimulando uma modalidade defensiva, e ainda mais uma ofensiva. De maneira oposta, uma estratégia baseada na qualidade e na valorização da competência está mais propícia à fixação da mão-de-obra (qualificada) ou à contratação de contingente com perfil adequado. Mesmo que o recurso do *turn-over* aqui esteja descartado (França), não está claro até que ponto a proteção (representada pela dificuldade de demitir) é suficientemente potente para impedir um movimento de substituição técnico-geracional da força de trabalho, com o que as empresas aproveitam (qualidade) para promover uma reestruturação profunda no âmbito da organização. No entanto, conforme se verá a seguir, esse é um ponto cuja correspondência é difícil de discernir, uma vez que a reestruturação pode funcionar tanto como causa quanto como conseqüência da adoção da RTT.

De qualquer forma, a RTT não deixa de promover uma mudança no arranjo organizacional consagrado e, com isso, aumenta as incertezas: dessa maneira, quanto maiores forem os riscos associados à exposição a partes crescentes do mercado, maior será o temor de que ela possa desestruturar o bem fundado das relações sociais e da produção no interior da empresa. Uma estratégia "global", portanto, de inserção agressiva em vários mercados nacionais pode incitar mais à prudência (no caso de firmas com participação em bolsas) do que à aposta no desconhecido. Uma

---

[100] Coutrot e Aucouturier, *op. cit.*

saída radical seria exatamente a "saída", isto é, a deslocalização, com fechamento de plantas em uma área e sua reabertura em outra área geográfica:[101] ressalte-se que a RTT regula o mercado de trabalho, não as decisões privadas dos agentes econômicos.[102]

Outro efeito da RTT seria a conversão de contratos em CDD para CDI.[103] Porém, a partir de estudos e do acompanhamento sistemático da aplicação da RTT efetuados por órgão governamental,[104] observou-se que a manutenção de um "colchão" de trabalho flexível faz parte da estratégia das empresas, e isso tanto mais quanto a conjuntura econômica é de crescimento. Uma diferença importante existe nesse nível entre a Lei Robien (1ª lei sobre a RTT) e a Lei Aubry (2ª lei sobre a RTT), pois enquanto a 1ª não distingue a criação de empregos por tipo de contrato (ou relação salarial), a 2ª orienta as isenções às empresas que contratam em regime de CDI, isto é, trabalhadores permanentes. Em todo caso, tanto na 1ª quanto na 2ª modalidades o efetivo em regime de contrato de tempo parcial (por exemplo, o trabalhador intermitente), mesmo que produto da conversão interna (aqueles que anteriormente tinham esse estatuto passam à categoria de trabalhadores em tempo pleno), não é computado como emprego criado a partir do acordo, isto é, para os efeitos da lei não é considerado "criação de postos".[105] Há ainda casos

---

[101] *Idem.*

[102] Essa "chantagem" é bem conhecida dos sindicatos do ABC no Brasil, inclusive nos momentos que precederam o I Acordo do Setor Automotivo, berço da câmara setorial.

[103] CDI significa "Contrato de Duração Indeterminada"; CDD significa "Contrato de Duração Determinada".

[104] *Mission d'Analyse Economique.*

[105] Fazendo parte contudo do contingente agregado em termos de estoque (saldo contabilizado no final do ano) que entra no cálculo como base a partir da qual se infere a quantidade de postos a serem criados, para cada empresa (convenção).

em que se observa o aumento da utilização de tempo parcial, isto é, as novas contratações são feitas nessa base, mesmo com a presença dos mecanismos incitativos da lei: tal é a realidade que permanece dos setores de conservação e limpeza, assim como do grande comércio e de supermercados.

Um ensinamento da lei sobre a RTT é o papel ativo do Estado ao orientar e induzir, por meio de mecanismo fiscal (as isenções das contribuições sociais devidas pelas empresas), os desenvolvimentos desejados originalmente pelos legisladores (redução do desemprego e privilegiamento do tempo pleno em relação ao tempo parcial não-escolhido): assim é no caso — já mencionado — do impedimento de considerar as contratações em tempo parcial como parte de uma política ofensiva de criação de empregos.

Por outro lado, a responsabilidade dos parceiros (*partenaires*, segundo o jargão nacional) sociais não é pequena, uma vez que são eles que vão, no fim, decidir sobre o ritmo, a profundidade, a extensão da RTT e, em caso extremo, a sua oportunidade, pois se ela se apresenta como uma vontade do executivo e do legislador diante dos verdadeiros atores econômicos, é a esses últimos — sobretudo à empresa — que compete definir a sua dinâmica. Portanto, do ponto de vista do procedimento, não se trata de um "pacote fechado", mas de uma orientação que oferece grande margem aos parceiros ou atores sociais, sendo inclusive essa reação (ou seja, que decisões serão tomadas com o fim de alcançar o objetivo das 35 horas) um elemento a ser levado em conta no aperfeiçoamento da lei. O arco de escolhas é amplo e envolve as possíveis decisões seguintes: reduzir simplesmente a duração da jornada efetiva, modificar o modo de cálculo do tempo de trabalho (de forma a alcançar a quantidade total de horas coletivas para uma jornada semanal de 35 horas);[106] iniciar negociações com os sindicatos ou com representantes dos trabalhadores; ou, por último, não diminuir a duração do tempo de trabalho e estar pron-

---

[106] O que se torna possível com a anualização/modulação dos horários.

to a arcar com o ônus dessa decisão, na forma de enquadramento de toda a duração suplementar a 35 horas como "horas extras", tendo em vista a legislação ordinária sobre a matéria.[107]

Essa maneira de ver as coisas é interessante, pois ela responde à pergunta, mesmo que não formulada de forma explícita, sobre as margens reais de "liberdade dos atores" e o caráter constrangedor da lei. Ora, os autores mais comprometidos na defesa da RTT sustentam que não há de fato obrigatoriedade em engajar-se na RTT. As empresas ajustam-se à orientação geral vinda do poder público — a partir de uma data fixada, a duração legal é de 35 horas — mas essa orientação não impede que elas possam deliberar por não fazê-lo. As formas de incitação à norma desejada utilizam-se de motivações estritamente racionais. Elas são de dois tipos: as chamadas incitações "positivas" (renúncia fiscal) e as incitações "negativas" (a partir de determinada data, toda duração acima do máximo legal será considerada como "horas extras"); não existe propriamente *constrangimento* nessa matéria. É importante observar o caráter geral[108] da norma de RTT porque ela passa por cima das especificidades de produto, de mercados de trabalho regionais ou de ramo.[109]

3.3. AS MODALIDADES DE REPARTIÇÃO DO TEMPO DE TRABALHO: TEMPO PARCIAL ESCOLHIDO OU FORÇADO

Quando o assunto é repartição do tempo, o núcleo da discussão gira em torno do tempo parcial. Diferentemente da jorna-

---

[107] Ver Coutrot e Aucouturier, *op. cit.*

[108] A RTT é a expressão de uma vontade política.

[109] No Brasil, tais especificidades foram levadas em conta na montagem das discussões entre câmaras setoriais. A norma de caráter geral seria, nesse último caso, muito mais um produto do que um pressuposto, diferentemente do caso francês.

Contrapontos comparativos França-Brasil   103

da anual de 35 horas, que funciona como uma norma coletiva geral para o mercado de trabalho, o tempo parcial relaciona-se com o campo das escolhas possíveis dentro daquela norma, isto é, de diferenciações (ou especificações) que os assalariados podem fazer (daí por que se designa "tempo parcial escolhido"), e nesse sentido contemplaria uma dimensão individual. Ela preencheria assim, segundo os seus defensores, uma demanda de liberdade, uma vez que viria ao encontro de expectativas diferenciadas dos indivíduos ou coletividades precisas (sobretudo as mulheres, mas também os jovens). Enquanto a luta pelas 35 horas responde a uma reivindicação histórica da classe trabalhadora de redução do tempo de trabalho, a jornada de tempo parcial regulamentada e, portanto, deliberadamente escolhida responde a um anseio de parcelas do salariato cuja lógica não é — ou nunca foi — completamente coberta pela relação salarial fordista com sua partição determinada do tempo.[110]

No debate, os termos se colocam da seguinte maneira: enquanto a negociação coletiva sempre esteve preocupada com os aspectos quantitativos[111] do tempo de trabalho, o tempo parcial dá conta de sua dimensão individual e qualitativa. As duas modalidades não seriam incompatíveis, mas, antes, complementares.[112] O tempo parcial escolhido seria o desenvolvimento natural da redução coletiva e legal do tempo de trabalho.

Esse ponto merece uma precisão: por suposto, o tempo escolhido é o tempo parcial, pois se está admitindo que ninguém vai "escolher" o tempo completo. Aqui tocou-se no nervo de uma

---

[110] Ver T. Coutrot e C. Rameaux, "Introduction", *in Appel des économistes pour sortir de la pensée unique: le bel avenir du contrat de travail*, Paris, Syros, 2000.

[111] Ver A. Supiot, *Au delà de l'emploi*, Paris, Flammarion, 1999.

[112] Gilbert Cette, "Le temps choisi est-t-il l'avenir du temps de travail?", 29/5/2000, comunicação apresentada no *atelier* "Changer le Travail" do colóquio "Quelle Alternative au Social-Liberalisme?", Paris, 10/6/2000.

controvérsia. Os críticos apontam de uma maneira geral para o perigo de uma política de estímulo ao tempo parcial terminar por contribuir para o aumento da flexibilidade. Eles chamam a atenção, por exemplo, para o fato de que o tempo parcial pode acabar sendo uma alternativa para quem não encontrou um emprego de tempo pleno (seja porque exige menor escolaridade, menor qualificação ou porque concentra-se no terciário). Nesse caso, ele não seria propriamente uma escolha.

Economicamente, tanto quanto a redução coletiva e geral do tempo de trabalho (35 horas), o tempo parcial também funcionaria como instrumento para a criação de empregos — e portanto para a luta contra o desemprego — na qualidade de "financiador" (pelo lado da diminuição do custo salarial que ele representa) da criação de empregos de tempo completo alhures.

No entanto, é do ponto de vista social, mais concretamente do ponto de vista da divisão do trabalho entre homens e mulheres, que surgem os problemas mais delicados. Um desses problemas, já sugerido, é o limite que separa o *tempo parcial escolhido* do *tempo parcial imposto* ou *constrangido*: a alocação do tempo parcial às mulheres responde a um estímulo "naturalizante" que define *a priori* as funções femininas dentre os postos existentes dentro e fora do trabalho industrial e do comércio?[113] Ou ele pode ser uma maneira de repensar praticamente a divisão do trabalho entre os sexos produzindo um efeito de igualdade com a aproximação dos homens à esfera da vida familiar (e suas tarefas) e a extensão do acesso à esfera "pública" (do trabalho assalariado) a um número crescente de mulheres?

As questões se colocam de maneira demasiadamente geral se não se observa mais de perto as realidades da composição do mercado de trabalho e sua dinâmica (isto é, as tendências das

---

[113] É verdade que onde o tempo parcial é mais desenvolvido é também onde o emprego feminino está mais disseminado, concentrando-se sobretudo no serviço público.

Contrapontos comparativos França-Brasil

quais os indivíduos participam e que podem limitar as suas "escolhas"). A realidade da qualificação, por exemplo, é fortemente pregnante na decisão de passar de uma jornada de tempo parcial a uma de tempo completo. Nesse caso, mesmo que se "queira", o acesso ao tempo completo (e a um salário maior) é bloqueado pelo fato de não se dispor dos requisitos exigidos para o posto de trabalho. Ora, se a grande maioria dos empregos de tempo parcial é ocupada pelas mulheres (por injunções devidas à sua ligação à esfera doméstica), a grande maioria dos empregos de tempo parcial é também aquela com menores exigências de qualificação do ponto de vista das empresas, o que fecha o círculo qualificação-trabalho feminino com desvantagem para este último. A qualificação, portanto, funciona como um forte elemento constrangedor para o tempo parcial, tanto em termos da permanência quanto em termos das tentativas de se sair dele.

Mas se há um contingente grande dos que querem e não podem, há também um contingente considerável daqueles que podem (em princípio, pois encontram-se na situação de deter um emprego de tempo completo) e querem passar para uma jornada de tempo parcial (com redução proporcional do salário).[114] Contudo, nesse desejo vem acompanhada a ressalva da possibilidade de se voltar, eventualmente, para o tempo pleno. Uma clara expressão do cuidado em não se deixar enredar em um caminho sem volta, que pode revelar-se enfim pernicioso, e que confirma a associação de senso comum entre tempo parcial e precariedade. Por outro lado, a passagem para o tempo parcial deve ser entendida de duas maneiras, segundo se esteja referindo à redução coletiva ou individual do tempo de trabalho. Tal distinção é importante porque é principalmente no segundo caso que se encaixam aqueles dispostos a trocar o tempo pleno pelo parcial (com redução proporcional de salário). Mulheres com filhos e trabalhadores idosos formam a maior parte dessa população.

---

[114] G. Cette, *op. cit.*

A possibilidade de compatibilização entre tempo despendido na esfera familiar ou privada e tempo despendido na esfera profissional não pretende negar a produção e reprodução da divisão sexual do trabalho, que continuará a existir. Mas ela abre o espaço para um compromisso individual que pode também gerar efeitos, como a decisão, para as mulheres inativas, de entrar no (ou voltar ao) mercado sob essa condição (tempo parcial); ou, por outro lado, de deixar de inibir a maternidade para aquelas mulheres que fizeram opção pela vida profissional (tendo em vista o efeito da idade sobre a fecundidade).[115]

Além disso, é preciso contar que por trás da possibilidade de escolha (e, por isso, de liberdade) oferecida às mulheres, existe um fundamento econômico que está associado à desvalorização da formação inicial despendida com elas na escola. Assim, a volta (mesmo que intermitente) ao mercado evita o desperdício com o investimento inicial em capital humano, sendo nesse aspecto mais eficiente do que a sua erosão "improdutiva" fora da vida profissional.

A vantagem do tempo parcial escolhido (e reversível) é que permite essa sucessão de fases entre a atividade e a inatividade[116] ou, por outra, entre uma implicação familiar e uma implicação profissional, muito sensível às mulheres. Uma condição suplementar ao sucesso dessa política é a existência de um serviço social de apoio à maternidade, como creches e escolas. Alguns autores associam a existência desses serviços e o desenvolvimento de "empregos de proximidade".[117] É nesse sentido que uma corrente de autores defende o "tempo parcial escolhido".

Mas ele pode concernir ainda a outras populações e não apenas às mulheres, como a todos aqueles que desejam conciliar atividades temporárias com outras propriamente profissionais, os

---

[115] *Idem.*

[116] Também chamada de "pluriatividade".

[117] G. Cette, *op. cit.*

Contrapontos comparativos França-Brasil

quais já não se encontrariam então diante da opção do tudo ou nada (*ou* um emprego assalariado, *ou* exercício de atividade sem remuneração).[118]

O grande problema dessa argumentação (embora ela se baseie em algumas evidências empíricas)[119] é que ela associa o desenvolvimento do tempo parcial com o tempo parcial escolhido ou voluntário, como uma realização das aspirações individuais difusas na sociedade, ao passo que outros autores insistem em que a criação de empregos de tempo parcial vai de par com a desaparição (agregada) do emprego de tempo completo.[120] Assim, é possível estabelecer historicamente uma correlação entre crise econômica, desemprego de massa e criação de empregos de tempo parcial, com baixa qualificação e cuja composição é carregadamente feminina. Outro item controverso diz respeito à cumulatividade do emprego de tempo parcial, quer com outros empregos de mesmo tipo (Alemanha),[121] quer com prestações sociais providas pelo Estado-Providência (França).

É importante ressaltar que na França[122] a política de implementação do "tempo parcial voluntário" é objeto de discussão em

---

[118] Existe certa aproximação com as idéias desenvolvidas por um autor como Claus Offe.

[119] O caso holandês é freqüentemente citado. Ver G. Cette, *op. cit.* e A. Supiot, *op. cit.*, p. 116.

[120] Intervenção de Margaret Maruani no *atelier* "Changer le Travail" do colóquio "Quelle Alternative au Social-Liberalisme?", Paris, 10/6/2000. Ver também M. Maruani, "Marché du travail et marchandage social" *in* Michel Lallement (org.), *Travail et emploi: le temps des métamorphoses*, Paris, L'Harmattan, Logiques Sociales, 1994

[121] Ver A. Supiot, *op. cit.*

[122] Ver, por exemplo, os seguintes estudos dedicados ao tema, todos do Conseil d'Analyse Economique: "Le temps partiel en France", n° 19, 1999; "Egalité entre femmes et hommes", n° 15, 1999; "Stratégie de développement des emplois de proximité", n° 12, 1998.

âmbito governamental (no qual ela aparece codificada como "lei sobre a adaptação dos horários de trabalho") e matéria a ser remetida à negociação coletiva, isto é, aos "parceiros sociais". Não haveria incompatibilidade entre negociação coletiva e tempo parcial voluntário (que tem a ver basicamente com uma decisão individual), pois o exemplo de outros países[123] demonstra que ele é exeqüível e pode ser gerenciado por atores coletivos, mediante acordos por ramo ou por empresa. Nesse caso, a matéria de negociação inclui os critérios e procedimentos, tais como o espaço entre um pedido de mudança e outro, as condições de "voltar" ao tempo pleno, as condições de elegibilidade (por exemplo, a antigüidade na empresa), as contrapartidas, as margens de poder de um lado e outro, tais como as possibilidades de sanção (para prazos que se estendem indefinidamente) ou recusa por parte dos empresários, bem como os fóruns de resolução dos conflitos (tribunais ou comissões paritárias, bipartites ou tripartites).

Como se pode perceber, o que transcorre atualmente é o caso de uma real contratação coletiva que toma corpo em um ambiente onde, diferentemente do Brasil, o "contrato" por oposição à "lei" é objeto de remissão constante aos fundamentos da legitimidade dos acordos públicos. Mais uma vez, como no caso da lei sobre as 35 horas, o papel do Estado como orientador e balizador da passagem a modalidades de tempo parcial voluntário é ativo, pois a idéia subjacente é de que, após um momento inicial de incitação mais ou menos "agressiva" (com descontos fiscais), os próprios atores tomam para si a iniciativa, de maneira progressiva, da gestão de perdas e ganhos recíprocos, isto é, do que entra e do que não entra nos acordos, seu aspecto substantivo enfim. Nesse caso, a contratação se desloca paulatinamente do Estado para os atores (ou "parceiros"), tomando uma feição descentralizada a partir de uma iniciativa "de cima para baixo". Como se trata de uma regulamentação pública de realidades particulares (empre-

---

[123] De novo, a Holanda.

sas, ramos), não se faz *tabula rasa* das formas consagradas de proteção social; por outro lado, essas últimas também se prestam a objeto de acordo entre os atores, em que cada parte cede um ponto considerado até então como "adquirido". Essa é sem dúvida uma matéria delicada porque o perigo de "flexibilização" é sempre evocado e o sentimento de desestruturação de garantias conhecidas em favor de uma "aposta", cujos resultados não são ainda completamente conhecidos, vagueia todo o tempo, sendo mesmo compreensível. Nesse sentido, a proposição avançada por especialistas da área governamental inclui o cálculo *pro rata* tanto para o acesso daqueles incluídos no tempo parcial aos direitos sociais contidos no sistema público de proteção, quanto para o montante das prestações devidas por eles.[124]

3.4. OS MERCADOS TRANSICIONAIS: LUGAR PRIVILEGIADO DO TEMPO PARCIAL ESCOLHIDO

A flexibilidade associada ao tempo de trabalho — e particularmente ao tempo parcial — pode ter uma acepção positiva, segundo alguns autores. Nesse caso estão o tempo parcial escolhido e os mercados transicionais de trabalho.

Os mercados transicionais[125] foram pensados como formas institucionalmente sustentadas e socialmente legítimas de trânsito entre atividade e não-atividade. Eles permitiriam, em relação ao núcleo do mercado de trabalho (em que se encontra o que poderia ser designado como "campo" da relação salarial), movimentos de entrada e saída, o que caracterizaria justamente as tran-

---

[124] Ver G. Cette, *op. cit.*

[125] Para uma exposição da noção de "mercado transicional", ver principalmente Günther Schmid, "Le plein emploi est-il encore possible? Les marchés du travail 'transitoires' en tant que nouvelle stratégie dans les politiques d'emploi", *Travail et Emploi*, nº 65, 1995. Esse trabalho é uma referência no assunto, tendo aparecido originalmente em alemão e traduzido também em inglês em *Economic and Industrial Policy*, nº 16, 1995, pp. 429-56.

sições de uma situação a outra. Essas situações seriam então encaradas enquanto *status* em si mesmas, e não como insuficiências em relação a um modelo de base (o pleno emprego, por exemplo). Elas corresponderiam ainda a uma expectativa dos atores sociais, em vez de simplesmente uma imposição dos efeitos da crise sobre o emprego dito "clássico" segundo o paradigma fordista. Tais expectativas, por seu turno, seriam também efeito de uma mudança estrutural que se vem observando a partir de tendências de longa duração no âmbito da demografia e da família: jovens que estendem o tempo de estudo[126] e mulheres com filhos que cada vez mais procuram o trabalho assalariado.

Em relação às situações possíveis mencionadas de estatuto não-salarial, quatro aparecem como paradigmáticas: a escola ou, de forma mais ampla, a "formação"; o desemprego nu e cru; a aposentadoria e, por fim, o não-emprego. As transições operam em geral no sentido unívoco nas duas pontas da trajetória ou ciclo de vida profissional, isto é, da escola ou da formação para o emprego, e deste para a aposentadoria.[127] No "meio", as transições operam mais facilmente nos dois sentidos em cada caso, ou seja, entre emprego e desemprego ou entre emprego e não-emprego. Está claro que uma composição entre essas situações (e mesmo até de acúmulo entre elas) encontra maior acolhida na vigência do tempo parcial do que no tempo pleno, pois as passagens entre uma situação e outra tornam-se ali mais fáceis de ser feitas. O propósito original do plano é que as transições no mercado de

---

[126] Seja porque não encontram lugar no mercado de trabalho, seja porque isso faz parte de uma estratégia de buscar uma superformação a fim de entrar em melhores condições no mercado.

[127] Ainda que sejam cada vez mais comuns os "retornos" sobre a situação inicial, nos dois casos, isto é, do emprego para a escola (dado o crescente interesse na formação contínua), e da aposentadoria para o emprego, deixando em aberto o estatuto deste último. A irreversibilidade, como idéia-força de um cenário dominado por rigidez em vez de flexibilidade, aqui como em outros lugares vai se afrouxando.

Contrapontos comparativos França-Brasil

trabalho possibilitem, ao cabo, uma integração maior do trabalhador, em vez de conduzir à exclusão ou à precarização.

Ora, nesse ponto, o debate é aceso entre partidários do pleno-emprego e aqueles defensores de inovações institucionais no mercado de trabalho. A necessidade exatamente de tais "transições" aparece, para os primeiros, muito mais imposta do que voluntária, mesmo (ou sobretudo) levando em conta as mudanças na organização do trabalho que economizam mão-de-obra, e a ofensiva patronal que põe acento na diminuição dos custos do trabalho.[128] Os segundos preferem manter-se em uma posição mais realista com respeito às dificuldades de um arranjo do perfil do emprego *à la* "Trinta Gloriosos" e têm em conta mormente a conjuntura recente de desregulamentação e desemprego.

Longe de restringir-se apenas ao universo do trabalho feminino, a política do tempo parcial pode ser encarada, na perspectiva de seus defensores, como uma alternativa para toda a população trabalhadora. Assim, segundo algumas indicações oriundas de países que fizeram a experiência do tempo parcial, observou-se em alguns casos um aumento da participação do trabalho de tempo parcial masculino; em outros, ele foi percebido como uma saída para aqueles que não conseguem emprego; ou, ainda, como uma maneira quer de incorporar o tempo de aprendizagem profissional, quer de negociar uma aposentadoria antecipada. Como se pode notar, o tema do tempo parcial enquanto componente da "flexibilização" do tempo de trabalho entra como um item na pauta de negociação entre os "parceiros sociais", prestando-se a uma espécie de moeda de troca. Permanece válido, contudo, que o estado de relação de forças entre os atores coletivos fornece as margens de concessões recíprocas da pauta em questão.

---

[128] Ver Christophe Rameaux, "Stabilité de l'emploi: pour qui sonne le glas", *in Appel des économistes pour sortir de la pensée unique: le bel avenir du contrat de travail*, Paris, Syros/Alternatives Economiques, 2000, pp. 61-88.

Outro problema levantado acerca da abordagem dos mercados transicionais diz respeito à qualidade do emprego no mercado de trabalho de destino da "transição", isto é, se esse último pode ou não ser considerado como um espaço de inclusão (em vez de simplesmente um "tapa-buracos") e portanto de integração, para o que contribui essencialmente a colocação em marcha de políticas públicas de acompanhamento, que devem estar prontas a se servir de medidas complementares cada vez que for necessário assegurar uma transição não "espúria".

Transições não espúrias seriam, por exemplo, aquelas que se movem de situações de desemprego, não-emprego ou situações de formação e treinamento para situações de emprego pago (prioritariamente o emprego assalariado e o *status* que decorre daí), assim como a possibilidade de manutenção mais ou menos duradoura nessa condição. Esse seria o quadro mais próximo de uma transição, digamos, ideal do ponto de vista da integração. Como referido, os empregos de tempo parcial ou mesmo temporários são especialmente visados para preencher esse tipo de transição. Eles permitiriam mais facilmente, de igual modo, transições entre situações já estabelecidas de emprego, assegurando uma continuidade em que as alternativas vislumbradas são a demissão, um rebaixamento de *status* profissional ou de salário, ou a queda em formas atípicas de atividade, sem proteção ou reconhecimento social.

Outras modalidades de transição incluem outras formas de flexibilidade do tempo de trabalho, em geral associadas à precarização e à intensificação do ritmo ou deterioração das condições de trabalho (por isso seriam "espúrias"): trabalho noturno, semana de quatro dias, *turn-over*, turnos alternados etc. Nesse caso, assim como naquele em que os empregos de tempo parcial ou temporário constituem apenas uma pausa no interior de uma trajetória de desemprego ou de não-emprego de longa duração, não é uma perspectiva de inclusão que se apresenta mas, antes, de exclusão (modelo "tapa-buracos"). Os perigos contidos na proposta dos mercados transicionais são, regra geral, os mesmos

Contrapontos comparativos França-Brasil

atribuídos ao tempo parcial escolhido, e entre estes o mais citado é o da segmentação.

A utilização de metodologias quantitativas permite a mensuração dos fenômenos de entrada e saída das diversas situações de emprego (tempo parcial, tempo completo), não-emprego ou desemprego no tempo (análise longitudinal),[129] desenhando um quadro bastante acurado da dinâmica dos mercados transicionais ou, por outra, permitindo um acompanhamento relativamente bem controlado dessa política. No entanto, persiste a questão da compatibilidade ou incompatibilidade entre uma trajetória de mudança de situação ou de transição no mercado de trabalho devida a uma decisão ou escolha individual, por um lado, e uma lógica institucional associada a atores coletivos — firmas, setores — que induz mudanças e transições de vários tipos (constituição de mercados internos, promoção de bacias de mão-de-obra), por outro lado. A mobilização de metodologias qualitativas, como os estudos de caso, seria mais apropriada para apreender esse tipo de tensão.[130]

A combinação das duas formas de coleta de dados mencionadas estimula um tipo de análise que se centra na capacidade de os constrangimentos institucionais menos agregados e descentralizados (firma, setor ou região) exercerem um papel importante, tanto nas decisões individuais de passagens ou "transições" por situações no mercado de trabalho, quanto no plano mais amplo dos sistemas nacionais de emprego e na existência ou não de mercados de trabalho transicionais. Em outras palavras, a convivência, exclusão ou alternância entre o trabalho remunerado (regra geral considerada aqui como assalariado) e a prestação de atividade social voluntária de caráter altruísta (ou não mercantil)

---

[129] Ver J. O'Reilly, I. Cebrián e M. Lallement (orgs.), *Working time changes: social integration through transitional labour markets*, Cheltenham, Edward Elgar, 2000.

[130] *Op. cit.*, p. 12.

depende grandemente da presença e do funcionamento de tais constrangimentos em sociedades determinadas, assim como, bem entendido, daqueles de caráter mais geral, como a presença de valores familiais arraigados ou de redes de solidariedade baseadas em profissões ou *métiers*, ou ainda da cultura política baseada no republicanismo ou no liberalismo[131] (o nível de análise capaz de apreendê-los ainda se situa, na maior parte dos casos, na esfera do Estado-nação) etc.

Os sistemas de formação e treinamento profissional são um importante canal intermediário por onde passam as mediações entre o nível institucional mais agregado e o funcionamento das transições reais no mercado de trabalho, de alguma forma orientando estas últimas. Por exemplo, na Alemanha,[132] o treinamento sistemático de bancários com pouca qualificação evita a deterioração das condições de emprego dessa categoria e mitiga os efeitos de expulsão a que estão expostos em função dos imperativos de competitividade e racionalização que selecionam recorrentemente para o núcleo estável os mais qualificados. Poderíamos designar esse exemplo como sendo o de uma política ativa de emprego, a qual busca alterar a determinação férrea que opõe os mercados internos (com o seu *core*) e os mercados externos (chamados "periféricos") da força de trabalho.

Mas, conforme mencionado, as diferenças locais desempenham um papel importante na escolha de formas de inserção que se valem do tempo parcial para promover a integração e, nesse caso, o peso de soluções "pontuais", como aquelas saídas de negociações entre grupos empresariais e porta-vozes sindicais, ou no nível de fábrica entre trabalhadores e empresa, ou entre lideran-

---

[131] Para se ter uma idéia de quanto esses valores podem interferir em uma política para o mercado de trabalho, basta lembrar que na França o ministério equivalente ao Ministério do Trabalho brasileiro chama-se "Ministério do Emprego e da Solidariedade".

[132] J. O'Reilly *et alii, op. cit.*, p. 13.

ças confederais e representantes setoriais, são todas elas significativas ao mesmo tempo que indicam estilos de regulação possíveis entre Estado e mercado. Metodologicamente, elas introduzem um complicador na opção entre escolhas individuais e peso institucional das estruturas nacionais de mercado de trabalho, fazendo ver que a consideração do nível intermediário de análise, em se tratando de mercados transicionais, deve, no mínimo, ser levada em conta no momento da abordagem (quantitativa) das trajetórias ocupacionais. Uma passagem de uma situação a outra envolve sempre uma negociação "privada" (no contexto familiar, por exemplo), e uma negociação "institucional" (entre representante e representado) e a segunda sempre leva em conta a primeira, de modo que o peso impresso à ação social ali pode estar fortemente relacionado à pregnância do primeiro nível.[133]

Enfim, estudos mais aprofundados sobre as razões dos atores permitem ir mais fundo nas "transações" envolvidas nas transições, isto é, nas lógicas — individuais e coletivas — que estão por trás de entradas e saídas entre as situações-padrão descritas pela abordagem econômica dos mercados de trabalho. É essa inclinação propriamente sociológica do problema[134] que permite, entre outras coisas, enxergar custos em que aparentemente trata-se apenas de oportunidades — uma análise que termina por conduzir a uma discussão sobre a ação social,[135] o que não é o caso aqui. Além disso, ela permite problematizar a qualidade mesma

---

[133] Como no caso em que o fechamento de uma fábrica em uma região significa simultaneamente desemprego e destruição de laços de vizinhança, dada a sua implantação social.

[134] Ver, por exemplo, o artigo de Michel Lallement, "Les paradigmes de la flexibilité en France", *Mana: Revue de Sociologie et d'Anthropologie*, n° 7, 1° semestre 2000, Presses Universitaires de Caen.

[135] Uma sociologia da ação compreende um domínio mais amplo do que meramente a aplicação de princípios de uma (suposta unívoca) "lógica da ação coletiva" *à la* Olson.

do emprego, o que envolve forçosamente a sua significação para os atores: assim, nem sempre uma transição "qualificante" do ponto de vista do modelo original dos mercados transicionais é vista do mesmo modo por aqueles que efetivamente experimentam a nova situação.[136]

Tudo o que foi discutido até aqui para os mercados transicionais valeria também, em princípio, para as modalidades de flexibilidade do tempo de trabalho e os debates envolvidos em torno dela.

Haveria que considerar ainda as trajetórias de transição para populações específicas que se submetem a tais programas governamentais, o que demandaria uma consideração mais detida de casos, bem como o papel dos sistemas nacionais de emprego, em especial o Direito do Trabalho. Nada disso será feito aqui, uma vez que nos levaria muito longe. Basta marcar as movimentações em torno da instituição de um mercado de trabalho fragmentado em suas diversas situações possíveis, como atestado da deriva da classe social.

3.5. BALANÇO

A redução do tempo de trabalho faz parte de um arranjo particular entre Estado e "parceiros" sociais, isto é, o capital e o trabalho. Sem se constituir em uma iniciativa inteiramente "de cima para baixo", não deixa de ser a expressão de uma política ativa do poder público com respeito à questão do emprego. A particularidade da iniciativa está exatamente na forma como a contratação social entre os principais atores do mundo do trabalho

---

[136] O próprio exemplo alemão do setor bancário pode servir para ilustrar o que se acabou de dizer: como resultado da reestruturação interna e do treinamento, um balanceamento foi encontrado e evitou-se a dispensa de trabalhadores pouco qualificados; no entanto, o que aparece como "oportunidade" por um lado, por outro pode se revelar decepcionante, tendo em vista as condições de trabalho. Ver J. O'Reilly *et alii*, *op. cit.*, p. 14.

(sindicatos, em suas diversas matizes políticas, e associações patronais) é processada em um conjunto de normas que se vão confrontando às diferenças de ramo, porte das empresas, características do capital e expectativas subjetivas dos atores em um mercado de trabalho complexo e fragmentado. Nesse sentido, é possível enxergar no experimento uma fórmula interessante no equacionamento da disjuntiva — que freqüentemente aparece de maneira dicotômica — entre Estado e mercado, lei e contrato.

4. PRECISÕES TERMINOLÓGICAS OU ENQUADRAMENTOS CONCEITUAIS? FALAMOS TODOS A MESMA COISA OU O QUE QUER DIZER NOMEAR?

De um ponto de vista mais rigoroso, o que é referido como sendo devido ao "mercado de trabalho" tem a ver, segundo a semântica do modelo produtivo, com a relação salarial. As mudanças nas formas de regulação do mercado de trabalho são mudanças, portanto, que afetam a relação salarial.

O fato de que a organização do trabalho sofre transformações profundas em várias frentes (ou, de outro ponto de vista, o processo de trabalho, com a passagem do taylorismo e do fordismo a formas diversas de "flexibilidade") é uma opinião relativamente difundida entre estudiosos, assim como o fato de que tais mudanças afetam, por conseguinte, a relação salarial.[137] Na conceptualização regulacionista, é a norma de produção fordista, em sentido amplo — a qual contempla tanto o processo de trabalho quanto a relação salarial (*rapport salarial*) —, o que dá coerência ao modo de regulação de mesmo nome: a noção de "norma

---

[137] Ver Alain Supiot, *Au delà de l'emploi: transformations du travail et devenir du droit du travail en Europe. Rapport pour la Commission Européenne*, Paris, Flammarion, 1999, p. 110.

de produção" necessariamente dá conta dos dois aspectos mencionados, de forma que uma alteração em uma base de sustentação provavelmente se refletirá na outra: essa integração portanto é de saída suposta e não constitui qualquer surpresa.

Na abordagem centrada no "modelo produtivo", o caráter integrado dos aspectos "mercado de trabalho" e "organização do trabalho" também é suposto como ponto-de-partida da explicação. Salvo que, diferentemente da Escola da Regulação, na qual ela se inspira, é a *"relation salariale"* e não o *"rapport salarial"*[138] o objeto pertinente para a análise,[139] pois que, em vez de privilegiar a dimensão macroeconômica da regulação, ela privilegia a dimensão microssocial ou microssociológica como ponto nodal do modelo, o que inclui, além do mercado de trabalho e a organização do trabalho, bem entendido, a situação do sindicalismo, do direito do trabalho, o estado das relações profissionais, a qualificação, o papel do Estado e a empresa.[140] É o conjunto de todas essas dimensões que fornece sentido à noção de "relação salarial". Isso pode dar a impressão de que ela se encontra ao mesmo tempo em toda a parte e em lugar nenhum. A fim de evitar essa imprecisão, situa-se a relação salarial no ato imediato de trabalho, isto é, no processo de trabalho;[141] é ele que concentra ou sintetiza

---

[138] Uma tal precisão terminológica coloca problemas para o leitor de língua portuguesa uma vez que ambos os termos são traduzidos por "relação salarial".

[139] Ver J.-P. Durand, "Introduction: les modèles de relation salariale", *in* J.-P. Durand, P. Stewart e J. J. Castillo, *L'avenir du travail à la chaîne: une comparaison internationale dans l'industrie automobile, cit.*

[140] *Idem*, p. 13. Nesse sentido, os três elementos escolhidos neste capítulo para condensar o movimento de individualização no trabalho (a organização do trabalho, o mercado de trabalho e a negociação coletiva) estariam contemplados dentro da noção de "relação salarial".

[141] *Idem, ibidem*. Sobre o foco no processo de trabalho como ponto-chave a partir do qual as outras dimensões do mundo do trabalho se organi-

todas aquelas outras dimensões mencionadas. Em cada uma dessas dimensões processam-se "políticas" específicas (por exemplo, de pessoal, de produto, de produção, de investimento ou de representação dos empregados) que no entanto convergem para conformar determinada lógica, a qual encontra no contexto da produção imediata (em geral traduzido em uma unidade fabril, de montagem ou de serviços) o seu ponto de sustentação. Isso não exclui que entre essas políticas possa haver certo descompasso, em alguns casos mesmo conflito (uma estratégia participativa no âmbito dos recursos humanos que esbarra em um engajamento voltado à utilização máxima dos equipamentos e da potenciação dos materiais e processos "em curso", aumentando as cadências e deixando pouco tempo à discussão coletiva dos problemas e à busca de soluções). Mas, no fundo, a relação salarial deve guardar coerência. Se por algum motivo isso não ocorre, então pode-se esperar que o desbalanceamento advindo daí conduza à crise do modelo.

Dentre todas as dimensões passíveis de serem incluídas como partes integrantes da relação salarial, quatro podem ser discernidas como dimensões-chave: a organização do trabalho, as relações hierárquicas, o sistema de remuneração e a atitude dos sindicatos (assim como a reação a esta última). Como se percebe facilmente, todas essas dimensões podem ser circunscritas à microrrealidade da empresa. De certa forma, a relação salarial, tal como concebida pelo esquema do "modelo produtivo", torna operacional a aplicação dos conceitos regulacionistas no interior do campo de preocupação clássico da sociologia do trabalho, com os seus objetos bem estabelecidos (empresa e/ou organização, sindicatos, qualificação, mobilidade, recompensas materiais e simbólicas, poder e legitimidade no trabalho, conflito e resistência, segmentação etc.).

Retomando o fio da análise do processo de trabalho, em que

---

zam, ver ainda J.-P. Durand, "Syndicalisme et noveau modèle productif", *La Pensée*, n° 319, juillet-septembre 1999, pp. 85-96.

este é subsumido pelo processo de valorização do capital (Marx); ou à análise de Michel Aglietta em *Régulation et crise du capitalisme*,[142] em que a organização taylorista e a cadeia semi-automática explicam os enormes ganhos de produtividade, um princípio geral permeia toda a trama em que os elementos constituintes estão concretamente dispostos. Aqui o traço que corta e organiza as quatro dimensões da relação salarial (isto é, que fornece a sua coerência) é a busca tanto de eficácia do fator trabalho quanto de eficiência produtiva, de tal maneira que não se pode compreender cada uma daquelas dimensões nem isoladamente das outras, nem daquele princípio geral que as orienta.

Por outro lado, tal princípio não é um motor que caminha por si só. Pelo contrário, ele é pressuposto, mas nada assegura que o desiderato de eficácia e eficiência será bem-sucedido. Nesse intervalo estão contidos todos os espaços para a confrontação de lógicas diversas,[143] ou seja, para uma conflitualidade inerente à relação entre capital e trabalho (e que portanto não é "importada" de outras esferas da vida, mas, ao contrário, reproduzida pela própria manutenção daquela relação).[144]

Assim, na discriminação dos fatores-chave da relação salarial temos ao menos quatro pontos de apoio para enfrentar as mudanças observadas no âmbito do que se convencionou chamar de "mundo do trabalho" (incluindo aí, evidentemente, a organização do trabalho e o mercado de trabalho). São eles:

---

[142] *Régulation et crise du capitalisme: l'expérience des États Unis*, Paris, Calmann-Lévy, 1976.

[143] J.-P. Durand, "Introduction: Les modèles de relation salariale", *cit.*, p. 15.

[144] Essa é uma característica reconhecida, ademais, nas análises sociológicas sobre a modernidade, a partir de Marx e Engels. E também de autores contemporâneos, como Michael Burawoy, *The politics of production*, Londres, Verso, 1985, que postula a centralidade do processo de trabalho como chave para entender o caráter antagônico da produção capitalista e, ao mesmo tempo, de seu ocultamento.

- a organização do trabalho, contemplando a relação entre homens e máquinas;
- as relações hierárquicas, cujo cerne é o papel do contramestre ou do encarregado;
- o sistema de remunerações, focando modalidades de promoção, prêmios e outras incitações;
- a atitude dos sindicatos, centrando-se no tipo de negociações levadas a cabo a propósito dos itens listados acima.

Com base nessa cartografia elementar é que se vão perseguir algumas transformações relevantes da relação salarial. Esses pontos vão procurar estar, tanto quanto possível, presentes na análise dos estudos de caso, nos próximos capítulos deste livro.

4.1. TRANSFORMAÇÕES DA RELAÇÃO SALARIAL: A INDIVIDUALIZAÇÃO PELO LADO DO EMPREGO

Um autor como Alain Supiot situa a transformação da relação salarial (no original, "*rapport salarial*") sobretudo quanto a sua incidência na jornada de trabalho (quer seja ela contabilizada anual ou semanalmente): tanto as políticas de redução do tempo de trabalho (item 3.2) quanto a emergência do tempo parcial escolhido ou voluntário (item 3.3) são sintomas dessa transformação.[145] Concebidas originalmente em termos econômicos como mecanismos de estímulo ao emprego, essas duas formas de encurtamento do tempo despendido com a prestação assalariada — em geral largamente dominante no interior do ciclo de vida da população ativa[146] — testemunham um novo rearranjo das atividades variadas contidas no termo "trabalho". Elas racham do in-

---

[145] A. Supiot, *Au delà de l'emploi...*, *cit.*, p. 110.

[146] Ver as observações agudas feitas ainda no início dos anos 60 por Georges Friedmann *in* Georges Friedmann e Pierre Naville, *Tratado de sociologia do trabalho*, São Paulo, Cultrix, 1972.

terior a suposta univocidade daquela noção, historicamente associada ao trabalho assalariado. Aqui a diversidade de "trabalhos", demonstrada recentemente por Dominique Méda,[147] reaparece e ganha, por assim dizer, legitimidade: o tempo para si, tempo para as atividades "civis" (da cidade), tempo para o cuidado de crianças e idosos, entre outros, são desde então sancionados por lei — Supiot o demonstra muito bem — em inúmeros códigos da jurisprudência européia, tanto em termos comunitários como em termos nacionais.

Por outro lado, os mecanismos já existentes de "direitos sociais" funcionam também no mesmo sentido: eles contribuem para "desmercantilizar"[148] a força de trabalho de várias maneiras, avalizando socialmente um tempo de trabalho necessário, coletivo e individual, efetivamente menor (tornado possível, sem provocar rupturas sistêmicas, pelo aumento da produtividade do trabalho). Como quer que seja, o efeito é o mesmo do que no caso da RTT ou do tempo parcial: possibilidade de passar mais tempo em casa, junto à família e aos próximos, ou em outras atividades, remuneradas ou não, em detrimento do "tempo de trabalho". Às vezes, as duas modalidades se cruzam: se a aposentadoria é uma conquista colada aos "direitos sociais" representados pelo sistema previdenciário, o plano de estímulo à criação de empregos e de luta contra o desemprego incita à antecipação do limite de idade para a obtenção dela, a fim de possibilitar a criação de novos postos mais rapidamente.

Além da redução do tempo de trabalho, é importante mencionar outro efeito das transformações por que passa a relação salarial: a partição do gasto efetivo do tempo de trabalho em di-

---

[147] Consultar Dominique Méda, *Le travail: une valeur en voie de disparition*, Paris, Aubier, 1995.

[148] Gösta Esping-Andersen, *The three worlds of welfare capitalism*, Cambrige, Polity Press, 1990.

versos momentos e modalidades (os quais podem alternar tempo pleno e tempo parcial, assim como uma combinação desses com períodos de inatividade),[149] abalando fortemente a representação de uma trajetória ao longo de um tempo homogêneo. Fica clara a dificuldade de se pensar, a partir dessas realidades que se apresentam, a profissão ou a qualificação baseadas em uma carreira contínua. No entanto, é necessário que esse novo formato de trajetória ou de carreira que se avizinha seja complementado por uma transformação igualmente nos critérios de contribuição e de percepção da aposentadoria, pois esses últimos são calcados ainda basicamente na idéia de uma trajetória linear e descontínua, além de progressiva.[150]

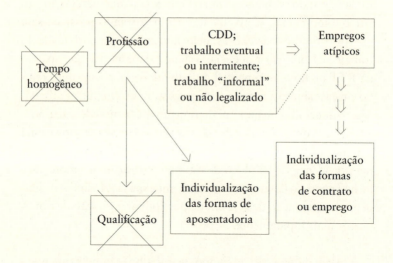

Como um dos indicadores da fragmentação do tempo homogêneo pode-se citar o número de trabalhadores com jornada

---

[149] Supiot chama-a de "pluriatividade".

[150] No caso do Brasil ao menos, com a suposição de mobilidade do trabalhador ao longo da carreira, premiando o período final (últimos cinco anos) como base para o cálculo de benefícios.

semanal irregular (variando para mais ou para menos em relação ao tempo "normal" ou "legal"). Conforme visto, esse pode ser o resultado da implementação de uma política de tempo parcial voluntário. Mas uma hipótese de tempo parcial imposto pela empresa, na qual ela escolhe os horários atípicos, não está descartada. Em geral o cenário "virtuoso", em que os horários *à la carte* são determinados individualmente, ocorre entre profissionais liberais e funcionários de administração com certo grau de responsabilidade; para os operários e empregados está reservado o cenário "vicioso" da flexibilidade não negociada. Supiot[151] menciona as fórmulas diversas de variabilidade de horários experimentadas na Grã-Bretanha: contratos de horas anuais em que o limite máximo e mínimo é dado pela variação do volume de produção (excesso de trabalho em determinadas semanas de "pico" compensado em seguida por períodos de folga ou de demanda reduzida); semana de quatro dias de dez horas cada um, ou ainda "semana" de nove dias sobre quinze.

É fácil perceber que os perigos de uma recaída em uma gestão pela precarização pura e simples (horas extras, trabalho noturno e anualização da jornada) não estão descartados. Esse perigo é tanto maior quanto ele tem convivido[152] com inovações do tipo "tempo parcial escolhido". Conforme outros autores já advertiram,[153] é preciso sempre ter em conta o contexto mais amplo do mercado de trabalho antes de emitir julgamentos sobre a validade de propostas "ousadas" e bem-intencionadas nessa matéria. Isso vale inclusive para a própria visibilidade do trabalho de tempo parcial: em países onde o grau de formalização, isto é, de incidência do direito do trabalho é relativamente bem estabelecido e socialmente eficaz, as estatísticas tendem a registrá-lo com

---

[151] A. Supiot, *op. cit.*, p. 111.

[152] Ver Jacques Freyssinet, *Le temps de travail en miettes*, *cit.*, p. 192.

[153] Ver a posição de M. Maruani, "Marché du travail et marchandage social", *cit.*

fidelidade; por outro lado, quanto maiores forem a participação da informalidade, do trabalho "negro" ou ilegal, do auto-emprego[154] ou dos empregos atípicos (como os "contratos de colaboração"), menor será a contribuição do tempo parcial, pois este pode estar misturado àquelas formas precárias de emprego, fazendo com que desapareça das estatísticas de atividade.[155]

A modulação dos horários, componente indispensável da fragmentação do "tempo homogêneo", permite, no campo da organização do trabalho, a passagem por equipes sucessivas,[156] o que termina, por seu turno, por explicitar a coerência da relação salarial e a necessidade de uma análise integrada do mercado de trabalho e da organização, impondo também um patamar de maior complexidade no debate sobre a flexibilização, a qual deixa de ser vista como uma problemática encerrada na alocação dos fatores e no ajuste entre oferta e demanda desses mesmos fatores.

Supiot é sensível às mudanças que se processam a partir da adoção dos novos paradigmas da produção;[157] à conformação de uma "nova produtividade";[158] e às transformações na solicitação do trabalho, que passaria de "quantitativo" (lógica taylorista) a "qualitativo".[159] Isso permite perceber que o tempo de trabalho contido no contrato, e que sancionava uma forma determinada de subordinação (o "compromisso fordista", tão acentuado pela Escola da Regulação), tem aos poucos transbordado

---

[154] Que no Brasil é traduzido como "emprego por conta própria".

[155] Esse parece ser o caso da Itália, segundo Supiot, *op. cit.*, pp. 115-6.

[156] Ver Alain Supiot, *op. cit.*

[157] Ver seção seguinte.

[158] Philippe Zarifian, *La nouvelle productivité*, Paris, L'Harmattan, 1990.

[159] A. Supiot, *op. cit.*, p. 112, fala de uma "implicação subjetiva do trabalhador". E quanto ao tempo (p. 95): um tempo que dê conta da "dimensão pessoal e subjetiva".

os seus limites, desestabilizando também aquela divisão já mencionada entre uma implicação que, digamos, ficava na porta da fábrica e o "mundo vivido" no seio da família, dos amigos, dos próximos.[160] Uma relação tensa se estabelece entre uma experimentação prática de subordinação (por meio da intensificação do ritmo, do tempo de trabalho que "persegue" o trabalhador mesmo após a jornada,[161] da "antecipação" fantasmática do dever da tarefa mesmo antes de ela ser colocada na realidade, em uma expressão clara de ansiedade) e uma idéia — em todo caso, confirmada pelo direito do trabalho — de ruptura ou implosão formal daquela subordinação.

Ora, é óbvio que tal descompasso entre a experiência real e a "norma" põe problemas sérios para o direito do trabalho, o qual é, do ponto de vista da análise em termos de "modelo produtivo", parte integrante do papel do Estado (mais ou menos interventor no "mundo privado" das empresas). Esses problemas são tanto maiores quanto mais o direito do trabalho vem deixando pouco a pouco de deter o controle total sobre cada realidade particular, tendo em vista as transformações a que também não está imune, na medida em que assiste à transferência de sua compe-

---

[160] Essa divisão foi tornada possível pelo papel da *Securité Sociale*, isto é, pelo sistema de proteção público que permitiu, por exemplo, que o modelo de trabalho assalariado masculino do "chefe de família" se espalhasse no universo profissional (A. Supiot, *op. cit.*, pp. 94-5), enquanto o "lar" permanecia como refúgio e integralmente feminino.

[161] Supiot chama esse "tempo" de tempo dedicado ao "trabalho reprodutivo", embora ele seja considerado muitas vezes como "tempo livre" (ver A. Supiot, *op. cit.*, pp. 101-2). Toda a armadura da argumentação do autor baseia-se, na verdade, na identificação de uma oposição bipolar perdurando desde o início do capitalismo até o fordismo entre, por um lado, o *tempo de trabalho*, associado à idéia de subordinação (e contrato) e, por outro, o *tempo livre*, associado com certeza às atividades de reprodução do primeiro (formação escolar e profissional, os deslocamentos casa-trabalho e o próprio consumo), mas também àquelas devidas ao "tempo da pessoa" (que inclui o tempo despendido com a família e os filhos).

tência jurisdicional a instâncias menos inclusivas[162] que decidem descentralizadamente (acordos de ramo ou de empresa), e por conseguinte não tendem a publicizar nem as queixas que lhes são endereçadas, nem os resultados a que chegam.

É útil lembrar ainda, por fim, que todo esse conjunto de inovações e as questões que ele suscita foram pensados a partir da realidade européia: o citado trabalho coordenado por Alain Supiot e designado no debate simplesmente por "Relatório Supiot" é originalmente um relatório elaborado coletivamente para a Comunidade Européia, não podendo ser imediatamente transferível para outros países, especialmente os não desenvolvidos.[163]

O que é importante no "Relatório Supiot" é que, na abordagem do mercado de trabalho, não se trata mais propriamente do emprego, mas do trabalho *tout court* (assim como no "Relatório Boissonat"[164] trata-se de "atividade"). As noções vão se tornando cada vez mais largas (emprego –> trabalho –> atividade) à medida que se vão desespecificando socialmente, isto é, desligando-se dos compromissos-chave e das questões cruciais que as atam às relações sociais e aos conflitos do trabalho, como, no caso, os direitos sociais.

4.2. TRANSFORMAÇÃO DA
RELAÇÃO SALARIAL: INDIVIDUALIZAÇÃO
PELO LADO DA ORGANIZAÇÃO

Duas evidências da tendência a uma individualização do conteúdo do trabalho (e portanto de suas formas de reconheci-

---

[162] O que se designa por "desregulamentação". Ver A. Supiot, *op. cit.*, p. 112.

[163] *Idem*, p. 107.

[164] J. Boissonnat, *Le travail dans vingt ans: rapport au Commisariat Général du Plan*, Paris, Odile Jacob, La Documentation Française, 1995. Trata-se de uma referência na literatura sobre os "contratos de atividade".

mento e avaliação) são perceptíveis a partir de dois ângulos de ataque: um é a emergência da abordagem centrada na competência por contraposição à qualificação; o outro é o trabalho em grupo. Uma discussão mais pormenorizada sobre o primeiro ponto já foi feita. A seção a seguir vai se dedicar ao segundo ponto.

Podem-se considerar as experiências de trabalho em grupo ou *teamwork* como uma receita para a individualização do trabalhador, embora elas apareçam como uma realização acabada do caráter crescentemente coletivo do trabalho nos novos modelos de organização. Essa aparente contradição só pode ser compreendida em contraste com o modelo produtivo fordista. Pois para além do controle e da submissão dos coletivos operários no interior da organização baseada na cadeia de montagem ou na imposição dos ritmos e cadências, não se pode desconsiderar que uma forma de solidariedade grupal se desenvolveu tanto *dentro* mesmo do processo de trabalho que buscava dividir e segmentar,[165] quanto *fora* dele, no investimento em atividades significativas que a divisão bem assentada entre fábrica e vida privada[166] sancionava.

Foi por conta desse costume social que as representações, inclusive políticas e sindicais, se construíram. O que aparece, em outra chave, como uma apropriação coletiva dos meios postos à disposição dos operários da era de produção em massa, sedimentou determinada forma social que não se pode, à força, decretar obsoleta, senão à custa de uma violência certamente simbólica, e em outros casos material,[167] em relação àqueles que são os seus supostos "beneficiários". A sedimentação dessa forma aparece de maneira bastante forte quando as fricções acerca da aplicação das novidades na organização do trabalho ganham a cena, fazendo

---

[165] Ver A. Supiot, *op. cit.*, p. 104.

[166] Ou, na acepção que lhe dá Alain Supiot, entre "tempo de trabalho" e "tempo livre". Ver A. Supiot, *op. cit.*, pp. 96-104.

[167] Salários, contrato, pensões e aposentadoria.

parecer "resistência à mudança" o que é, de fato, a mobilização do estoque disponível de sentido e de percepção ordinária de "estar no mundo", legados pela experiência. É verdade que tal experiência pode ser facilmente identificada segundo uma estratificação etária da força de trabalho,[168] mas não é menos verdade que ela deixa marcas para as gerações futuras, influenciando a maneira como estas vão organizar também a sua experiência das diferenças de poder, prestígio e dinheiro que alimentam os conflitos de classe.[169] A desestabilização dessas heranças sociais (do tipo "reengenharia total") pode funcionar muito mais como fonte de insegurança do que de oportunidade. Esse não é, portanto, um cálculo de tipo *trade-off* que possa ser estabelecido abstratamente, fora de situações sociais concretas.[170]

Tal parece ser um pressuposto necessário para enfrentar a questão da individualização na organização do tipo "trabalho em grupo", assim como em qualquer fórmula de gestão que se apresente como "moderna" por oposição à imagem pretensamente obsolescente do operário-massa.

O princípio operando no trabalho em grupo ou *teamwork* pode ser encontrado em outras experiências, diferentes apenas no

---

[168] A propósito, os trabalhos de Michel Pialoux são elucidativos acerca das categorias de entendimento que vão assumindo conteúdo diverso de acordo com os deslocamentos geracionais. No artigo "L'ouvrière et le chef d'équipe ou comment parler du travail?", *Travail et Emploi*, n° 62, esses deslocamentos são tomados com bastante sensibilidade com relação às diferenças de gênero, mas o princípio é análogo. Para os mesmos problemas, as soluções são diferentes — essa máxima é demonstrada tanto com referência à idade quanto ao gênero da população pesquisada. Contudo, outras clivagens poderiam ainda ser levadas em conta (como a participação prévia em redes de solidariedade política, por exemplo).

[169] Salvo se se está supondo que essas diferenças são impertinentes, o que não é o caso de nenhuma das abordagens que estamos examinando.

[170] Por isso, toda análise que se põe em guarda contra o "sociologismo" denota certa pretensão em se ver livre dessas "pobres" determinações...

nome: "trabalho em equipe", "grupos de trabalho", "células de produção" etc. O que está em jogo em todos esses casos é a possibilidade de autonomia do trabalhador, e da democracia no local de trabalho, dois pontos fortes da crítica ao taylorismo. Ora, uma primeira precisão (que ficará mais evidente com a descrição dos achados de campo, no último capítulo) é que o *teamwork* não abole a equipe fordista. Ambas são formas de racionalização do trabalho, embora partindo de conjuntos ou lógicas diversas, mas que podem conviver dentro de um mesmo ramo, e por vezes dentro de uma mesma empresa. Assim, qualquer idéia em termos de determinismo está descartada. No entanto, não deixa de ser verdade que uma tendência de propagação dos princípios do trabalho em grupo pode ser observada de modo crescente e consistente (da automobilística, talvez o seu "berço", para a química e o ramo de confecção, por exemplo).

Feita a precisão, o passo seguinte é se perguntar sobre o que significa exatamente a implicação do operador direto. Como "medir" tal grau de implicação? J.-P. Durand[171] propõe um quadro composto de cinco características principais, cada uma delas contendo alguns traços importantes capazes de identificar se uma empresa ou grupo, integralmente ou em uma de suas seções ou fábricas, encontra-se comprometido com o "tipo-ideal" representado pelo trabalho em grupo:

1º) a significância e a constituição dos grupos: aqui o que se quer saber é, primeiramente, o percentual relativo da força de trabalho envolvido nos *times*; em seguida, se tais times são constituídos pela direção sem consulta aos operadores ou se, ao contrário, são eleitos ou escolhidos de alguma forma (consensualmente, por exemplo, sem necessidade de sufrágio) por esses últimos;

2º) o funcionamento do grupo: as questões envolvidas aqui são, entre outras, saber se o grupo experimenta de fato uma auto-

---

[171] "Introduction" a *L'avenir du travail à la chaîne: une comparaison internationale dans l'industrie automobile*, *cit.*, p. 20.

Contrapontos comparativos França-Brasil   131

organização do próprio trabalho, isto é, a experiência[172] de uma autonomia real; o grau de polivalência e de rotação dos operadores entre os postos (algumas vezes esses termos recobrem-se mutuamente, outras não); a presença de relações hierárquicas dentro do grupo, o que pode ser traduzido como a presença de democracia interna,[173] da mesma forma que a questão da eleição ou nomeação do líder e se ele percorre a mesma trajetória dos outros operadores (por exemplo, rotação de postos);

3º) amplitude do grupo: qual o nível de domínio dos operadores diretos do seu próprio tempo (ritmos, pausas)? A amplitude nesse caso mede-se em relação à subordinação dos ritmos impostos devidos ao fordismo, ou seja, até que ponto trata-se de um verdadeiro "grupo" ou um agregado sem a menor identidade? Note-se que a remissão à "identidade" aproxima o tratamento dos times ou células de produção de uma feição comunal, mais do que societal,[174] assim como favorece (em tese) uma avaliação mais coletiva do que individual do trabalho. Também uma medida de autonomia, os indicadores práticos aqui seriam: o grau de comprometimento com a qualidade (muito diferente da mera

---

[172] O emprego desse termo não é trivial. Ele torna mais complexa (mais difícil) a avaliação da autonomia, pois inclui necessariamente uma dimensão subjetiva mesmo dentro de um coletivo, como é o caso do grupo de trabalho, do qual alguma resultante "objetiva" deveria emergir.

[173] Vale o mesmo tipo de observação da nota anterior, pois também aqui se trata de uma "experiência". Um exemplo: o fato de que pode haver democracia interna no interior do grupo de trabalho mesmo se ele comporta a convivência de representantes de linhas hierárquicas dispostas desigualmente na organização. De modo inverso, o fato de o grupo conter apenas "pares" do ponto de vista funcional ou classificatório não é garantia de maior democracia. Assim, outros determinantes que não apenas a qualificação formal dos constituintes devem ser levados em conta, se o horizonte é pensar o espaço fabril ou produtivo como um "microespaço público".

[174] Essa observação não está presente diretamente na análise baseada no modelo produtivo.

manutenção preventiva e/ou *on the job* das máquinas e equipamentos) e da lealdade (isto é, até que ponto as hierarquias podem realmente contar com os operadores para resolver um problema de produção); o grau de participação do grupo na fixação de certos padrões ou normas, como o tempo do ciclo (trata-se de se perguntar até que ponto o fluxo tensionado[175] exerce uma verdadeira "tirania" sobre o tempo de trabalho em termos de intensificação, deteriorando as condições de trabalho); o grau de participação do grupo nos objetivos da produção; o grau de intervenção dos sindicatos, por meio de influência na escolha dos membros ou, quando muito, com acesso à palavra, impedindo desse modo uma identificação direta com a empresa;

4°) a implicação do grupo enquanto membros-assalariados (portanto necessariamente centrada no indivíduo):[176] aqui entram sobretudo as variáveis da remuneração que premiam o esforço do investimento do grupo na melhoria tanto técnica quanto do "ambiente". Saber se a remuneração é baseada no posto (e nos critérios de classificação que lhe são pertinentes)[177] ou em uma avaliação individual, porém sob critérios objetivos (remetendo a um padrão de alguma forma relacionado aos critérios de classificação), bem como se o incitativo monetário compensa devidamente o interesse no trabalho, são aí os aspectos mais importantes. As perguntas nesse caso seriam as seguintes: as políticas de integração são bem-sucedidas? As sugestões, atualmente amplificadas pelas estratégias de qualidade total, TPM,[178] *KanBan* etc., de fato são recorrentes e relevantes de forma a terem alguma utilidade?;

---

[175] Tradução para "*flux tendu*".

[176] Uma vez que o contrato de trabalho é sempre estabelecido em termos individuais (o[a] trabalhador[a]).

[177] Sobre os critérios de classificação e a importância desse tópico, ver a seção *supra* "Qualificação e competência".

[178] *Total Productive Maintenance*. Em português, MPT.

5º) o papel da supervisão ou da coordenação da produção: controle taylorista de homens/mulheres pela adscrição desses últimos a tarefas precisas ou, ao contrário, civismo produtivo[179] em que não há a figura do contramestre (baseado no autoritarismo), mas de uma autoridade baseada no reconhecimento mútuo (o que não exclui necessariamente a figura do chefe)? Nesse último exemplo, um indicador seria a existência de controle estatístico da produção: quanto maior a presença dele na fábrica, maior a distância em relação à figura do tipo contramestre. Por fim, uma última pergunta seria acerca da influência e participação do grupo em assuntos importantes tais como: gestão da produção, prazos, custos.

Esses são alguns elementos que ajudam em uma apreciação empírica do trabalho em grupo e da sua contrapartida aparentemente paradoxal: a individualização.

A incidência do trabalho em grupo e a avaliação de seu sucesso devem ser considerados também em relação ao tipo de tecnologia vigente nas unidades de produção: o fato de que se trata de cadeias de montagem, onde a segmentação é a barreira maior a ser transposta, ou de processamentos contínuos baseados no controle da variabilidade de parâmetros físico-químicos, é um aspecto importante a ser levado em conta. No segundo caso, as distâncias com respeito a um formato rigidamente fordista do processo de trabalho já favorecem uma maior fluidez e conseqüentemente impõem obstáculos menores a uma comunicação entre operadores.

A seguir são apresentadas as características do trabalho em grupo propostas por Jean-Pierre Durand[180] como uma forma de enquadramento analítico do tema. Como contraponto, foi feita uma tentativa de tratar as duas empresas estudadas entre 1996 e 1997 no complexo químico, e duas no setor de confecções, en-

---

[179] De novo, a idéia de um "microespaço público" da produção aparece, de maneira implícita, como motivo para a caracterização do "civismo produtivo".

[180] "Introduction" a *L'avenir du travail à la chaîne, cit.*

tre 2001 e 2002, todas em São Paulo, procurando seguir a mesma indicação analítica. O resultado não foi muito promissor. Menos pelo enquadramento proposto e mais pelo fato de que aquele conjunto de características não estava no horizonte das preocupações sistemáticas de pesquisa quando do início do trabalho de campo. De todo modo, eles são apresentados à guisa de "mapa de questões" a ser perseguido. O detalhamento da realidade do processo de trabalho das fábricas arroladas será objeto dos capítulos posteriores.

CARACTERÍSTICAS OU TRAÇOS IMPORTANTES NA DEFINIÇÃO DOS GRUPOS DE TRABALHO/TIMES/CÉLULAS DE PRODUÇÃO CONFRONTADOS À REALIDADE DE EMPRESAS NO BRASIL: "MAPA DE QUESTÕES"

Características	Empresa química	Empresa farmacêutica	Empresas de confecção
Percentual da fábrica organizada no sistema de trabalho em grupo	Fábrica de *consumer care*	Quase todas as seções de produção	Seções de costura-embalagem
Constituição dos grupos pela direção ou por cooptação	Não é um indicador muito significativo de autonomia e/ou democracia interna		
Grau de auto-organização do trabalho	Não foi possível auferir		Ausente
Grau de polivalência	Baixo	Baixo	Baixo
Grau de rotação dos operadores[181]	Baixo	Alto	Alto
Ausência de relações hierárquicas no grupo	O que determina a "subordinação" é o processo de produção		Supervisora responsável por uma ou mais células

[181] Note-se que "polivalência" e "rotação dos operadores" pelos postos de trabalho não são sinônimos.

Contrapontos comparativos França-Brasil

Características	Empresa química	Empresa farmacêutica	Empresas de confecção
Líder: eleito ou nomeado?	Pode ser nomeado, no entanto precisa *provar* a sua liderança na prática. Caso contrário, não será reconhecido. Legitimidade[182] é fundamental para o bom funcionamento do grupo		
Grau de rotação do líder (se ele fica muito tempo só "no poder" ou se ele participa também de outras tarefas da produção)	Sim. Se o líder não "rodar", não é líder, não tem legitimidade	Sim, dentro da mesma seção	Sim
Duração dos ciclos	Variável conforme o produto		
Grau de participação do grupo com a qualidade	Alta	Média	Relacionada com o bônus
Grau de utilização de instrumentos de gestão de produção *via* computador (informação/ consulta) pelo grupo	(Não estimado)		Não
Grau de intervenção do grupo na manutenção	Sim		Não
Grau de participação do grupo na *gestação* da política de qualidade	(Não estimado)		Não
Grau de participação do grupo na fixação de *standards* (normas, tempos de ciclo)	(Não estimado)		Não
Grau de participação do grupo na fixação dos objetivos de produção	(Não estimado)		Não

---

[182] Precondição da confiança (e não o contrário).

Características	Empresa química	Empresa farmacêutica	Empresas de confecção
Remuneração dos membros a partir da cotação do posto ou da avaliação individual sobre critérios objetivos[183]	Avaliação baseada no posto "ampliado"	Avaliação baseada no posto	Avaliação baseada na performance do grupo (célula) enquanto agregado de performances individuais
Fracasso ou sucesso da política de integração por meio da qualidade total, TPM, Kan-Ban, sugestões	Sucesso		Kan-Ban e Just-in-time interno, ok; demais instrumentos de qualidade não presentes
Implicação baseada sobre o rendimento ou pelo interesse no trabalho?	Interesse baseado no trabalho é mais perceptível		Interesse baseado principalmente no rendimento
Papel da gerência e/ou da coordenação: controle dos homens e das tarefas versus autonomia real na gestão do pessoal	Limite da autonomia é o posto de trabalho		Controle
Controle estatístico da produção versus autonomia estratégica nos melhoramentos em termos de qualidade/gestão da produção/custos (se o grupo tem alguma influência sobre esses últimos itens)	(Não estimado)		Controle estatístico ausente ou rudimentar. Melhoramentos em termos de qualidade vem via sugestões ou mediante procedimentos não formalizados (relação direta com supervisor de produção)

---

[183] Na verdade, a avaliação nunca é completamente "objetiva", mas em um cenário positivo para os trabalhadores — por exemplo dentro de uma abordagem da competência — ela deve se aproximar ao máximo de uma busca de objetividade. Esta última deveria ser o resultado de um julgamento "achado" pelo próprio grupo.

4.3. Como encarar a questão da "implicação forçada" no caso brasileiro?

No Brasil, a noção de "implicação forçada" deve ser colocada tendo como pano de fundo um ambiente em que a realidade do taylorismo e da política de Estado — ao mesmo tempo contra os sindicatos combativos (reivindicativos) e contra a democracia — eram ainda recentes, de tal maneira que os movimentos sociais se socializaram na luta, seja contra a organização do trabalho, seja contra o corporativismo. Portanto, nas lutas pró-democracia o que estava em jogo era simultaneamente tanto a ordem social quanto a ordem da produção. Quando a democratização ocupa o princípio da cena, todas as esperanças se concentram a partir de então em torno de um papel ativo dos movimentos sociais — compreendidos aí os sindicatos — para afrontar as "questões de sociedade", tais como: crescimento econômico, desemprego, direitos coletivos e individuais, meio ambiente, estratégias de desenvolvimento, entre outras.

Para o mundo do trabalho, a questão era aproveitar o discurso dos direitos e os vários combates na frente da redemocratização, orientando-os seja contra o Estado — para que as centrais sindicais fossem reconhecidas como atores na negociação, no sentido moderno ou neocorporatista do termo —, seja contra o patronato — para que as comissões de empresa pudessem colocar em pauta as questões relacionadas à organização do trabalho.

Assim, no momento em que os movimentos sociais conduziam uma luta acentuando a transparência, a negociação e, por fim, tudo aquilo que orientava a ação coletiva no sentido da "publicização" dos conflitos, os métodos de gestão japoneses ou a *lean-production* faziam escola entre as gerências, sobretudo nas firmas multinacionais.

Pode-se observar claramente portanto um descompasso entre a negociação coletiva, por um lado, e a negociação individual (com um formato privado ou "privatizante") proposta pelos departamentos e áreas de planejamento das grandes empresas.

O medo de perder o emprego, como nos países centrais, representa um papel importante. Mas, contrariamente ao que ocorre nessas regiões, no Brasil o peso institucional dos sindicatos é fraco. Pode-se dizer que eles partilham dos mesmos problemas dos sindicatos do Primeiro Mundo[184] sem as vantagens desses últimos, isto é, participação na formulação de políticas públicas, como no caso do "partenariato".

Enfim, e para dizer em uma fórmula, os métodos de gestão baseados na *lean-production* reforçam uma via em alguns aspectos "pré-fordista" — uma vez que os outros componentes do modo de desenvolvimento ou modo de regulação (tais como o consumo de massa, a liberdade de associação e a adesão dos sindicatos) não estão presentes.

Pode-se, por exemplo, aproximar os ensaios de estilo *corporate welfare* nas grandes empresas do estilo de gestão tipicamente paternalista ligado à formação da República no começo do novecentos, momento esse justamente de passagem do regime de mão-de-obra escrava para um regime salarial. Mesmo o taylorismo estando bem enraizado no início da industrialização, as contrapartidas ao nível dos salários e do modo de vida estavam ausentes.

Quanto às questões atuais ligadas ao fluxo tensionado[185] e à "implicação forçada", o que se impõe é analisar as negociações — sejam elas conduzidas pelos sindicatos ou pelas comissões de empresa — das normas de trabalho, principalmente aquelas relacionadas com a avaliação individual e a natureza daquilo que é avaliado. Os sindicatos mais combativos no Brasil não se opõem à negociação das normas de trabalho nas empresas, com a condição de que ela seja regulada pelos princípios de negociação coletiva de ramo, de alcance mais amplo.

---

[184] Consultar J.-P. Durand, "Syndicalisme et nouveau modèle productif", *La Pensée*, juillet-août-septembre 1999.

[185] Ver nota 175 *supra*.

4.4. OS MODELOS DE
RELAÇÃO SALARIAL EM DISCUSSÃO
E SEUS COMPONENTES

Cinco modelos ou configurações de relação salarial se afiguram como herdeiros do modelo fordista dominante, em vigor até o esgotamento dos efeitos dos "Trinta Gloriosos", sendo que, dentre eles, três aparecem como mais incisivos. São eles: o modelo baseado na "estabilidade polivalente"; o modelo baseado na "profissão" e o modelo baseado na "flexibilidade de mercado". Dois outros modelos ou configurações começam a se esboçar como possíveis alternativas de relação salarial: um chamado "partilha dos riscos" e o outro, "implicação patrimonial".[186]

Tais configurações convivem entre si e nada está a indicar, no momento, que uma delas se sobreponha às outras de forma a constituir um "paradigma", como foi o caso do fordismo. Para que isso ocorresse, seria preciso que uma concorrência de traços no nível da firma ou do setor (formação de salários, relações profissionais, qualificações etc.) fosse compatível com determinado cenário macroeconômico (crescimento, estratégia de abertura ou de mercado interno etc.). A diversidade de formas parece ser antes a característica maior do presente e também do futuro próximo.

Mas a análise detida dos componentes de cada uma das configurações é interessante, pois ela fornece as pistas dos elementos empiricamente válidos para sustentar a coerência de cada uma dessas configurações e assim permite um tratamento menos abstrato, bem como uma aproximação com o material de pesquisa disponível sobre o Brasil.

Ela permite também a própria explicitação deles, isto é, aqui-

---

[186] R. Boyer, J.-P. Touffut e J.-L. Beffa, "Les relations salariales en France: Etat, entreprises, marchés financiers", *Notes de la Fondation Saint-Simon*, nº 107, Paris, juin 1999.

lo que o termo respectivo recobre, o que às vezes nem sempre é claro. Por exemplo, quanto à relação salarial, ela pode ser entendida tanto no seu aspecto "macro" (aquilo que dá consistência aos outros componentes) quanto no nível de ramo ou setor, ou mesmo de firma. Nesse último caso, ela se aproxima do alcance microssociológico proposto por J.-P. Durand. Assim, para tomar um exemplo, no caso da lei sobre a redução do tempo de trabalho, importa sobretudo saber como as empresas vão processar essa inovação em termos do ajuste dos demais componentes de sua regulação interna (salários, qualificações ou competências, organização e processo de trabalho etc.) e se tal ajuste, pelas características da empresa em relação à concorrência, pode se constituir em um padrão a ser imitado por outras firmas.

Vejamos agora cada uma dessas configurações em pormenor. A primeira configuração, a da "estabilidade polivalente", baseia-se — como o nome indica — na estabilidade do emprego (mercado de trabalho) e na polivalência (organização do trabalho). No campo da contratação entre os "parceiros sociais", ela é de natureza coletiva, isto é, obedece a regras gerais (lei) que regem a negociação no interior da empresa. No entanto, a formação dos salários é descentralizada — o que acarreta uma dificuldade em termos de sua agregação a outras realidades e, conseqüentemente, sua generalização. Própria a empresas industriais e de serviços (seguros, bancos, finanças em geral), ela estimula a constituição daquilo que, na linguagem dos "Trinta Gloriosos", denominava-se como um mercado interno de trabalho (por oposição a um mercado secundário, este sim, fiel aos movimentos "puros" de oferta e demanda), em que as carreiras são estruturadas segundo regras de antigüidade e de *status* (classificação). Diferentemente do fordismo, contudo, os salários não estão indexados unicamente a critérios exteriores à própria "competência".

Tal "exterioridade" seria, no mais, fundamental para entender o mecanismo-chave da progressão dos salários em uma base uniforme. Na configuração da estabilidade polivalente, ao contrário, a diferenciação salarial obedece à performance, sendo essa última associada ao "caráter idiossincrático do *métier*".[187] A formação interna é aqui muito importante.

Cumpre ressaltar que tanto a emergência do modelo clássico de relação salarial fordista quanto o seu deslocamento em direção à estabilidade polivalente são ambos produto de determinada forma institucional (diferente em cada momento respectivo no tempo) e não derivações de uma situação de mercado (de trabalho).

A segunda configuração, chamada "profissional", baseia-se no dinamismo e na inovação associados às novas profissões, tais como definidas na configuração anterior, com a diferença de que, enquanto no primeiro caso elas estão ligadas à empresa, no segundo elas são patrimônio do empregado, de sorte que a profissão é negociada por ele (em situação de mercado favorável). Simplificando, pode-se chamar às profissões do 1º tipo como associadas a competências da empresa, enquanto as do 2º tipo são associadas às competências dos indivíduos. No segundo caso, elas são transferíveis[188] (para outras empresas, para o mercado em geral); no primeiro, não. Daí não ser exato caracterizar o pessoal nessa última situação como constituindo um "mercado interno", sendo mais apropriado aproximá-los de um "mercado profissional", em que os procedimentos de contratação não são facilmente homogeneizáveis, seguindo antes as regras da profissão — tempo, avaliação, valor — capazes de impor, por conta de uma reserva de qualificação que as afasta exatamente do tipo de contratação do operário-massa, uma posição de barganha própria. Estão nesse grupo todos aqueles saberes a que funcionalmente se atribuía a designação de "profissionais liberais". Mais do que ao sindicato, é à associação profissional — por conta da identidade de *métier*[189] que sobrepassa o pertencimento de classe — que é necessário pres-

---

[187] *Idem*, p. 79.

[188] *Idem*, p. 18.

[189] *Idem*, p. 22.

tar fidelidade, porque é ela que ao fim e ao cabo organiza e sanciona os critérios de mobilidade (entrada e saída, requisitos mínimos de formação etc.) e reconhecimento (primeiramente é preciso fazer a prova entre os pares). Desse formato do "mercado profissional" retém-se sobretudo o modo de funcionamento, substituindo-se contudo os antigos conteúdos pelas novas competências fortemente dinâmicas. A interface com universidades e centros de pesquisa públicos não deve ser descartada, uma vez que tais competências não se desenvolvem apenas dentro da firma (grande empresa). Como os conhecimentos que aportam esses "profissionais" são essenciais para o desempenho da empresa (seja no domínio produtivo, seja no domínio comercial), e como as tentações centrífugas são igualmente fortes (ameaça constante de uma proposta mais compensadora por parte do concorrente; desejo de montar seu próprio negócio), o interesse em estabelecer um contrato salarial mais ou menos estável está presente, porém é mais problemático do que no caso dos "mercados internos" (é preciso levar em conta que a incidência do acicate do mercado de trabalho como um todo aqui é menos pronunciada); as margens de manobra dos assalariados dessa categoria sendo, nesse caso, maiores.

Enfim, nessa configuração — e ao contrário da estabilidade polivalente — a exterioridade em relação à formação dos salários é grande, porém não obedece aos mesmos critérios de contratação válidos para uma relação salarial de tipo homogeneizante (sustentada em convenções coletivas) e generalizável (primeiro para o ramo, depois para o setor de atividade), como a fordista.

Uma incidência que decorre dessa análise é o peso considerável de uma nova profissionalidade como sustentáculo em qualquer configuração próxima a uma relação salarial pós-fordista, excetuando-se, conforme se verá a seguir, o tipo "flexibilidade de mercado".

Essa última configuração — a de flexibilidade de mercado — é claramente aquela que conjuga, do ponto de vista dos assalariados, o "pior dos dois mundos", isto é, tanto do lado do mercado quanto da organização do trabalho. Quanto ao primeiro, o fato de basear-se em qualificações ou competências ditas *standards*,[190] ou seja, em que os seus operadores são facilmente substituíveis, deixa pouca margem de manobra. Seria, portanto, um cenário em que existe transferibilidade, porém ela se faz, por assim dizer, "por baixo" — e não "por cima", como no caso dos profissionais. Quanto à organização do trabalho, e pelas mesmas razões, ela assenta-se em um conteúdo fortemente prescrito, deixando pouca margem ao desenvolvimento de competências tendendo ao modelo da profissionalidade, sendo que o bloqueio de uma mobilidade nessa direção advém menos da fraca formação de base e mais do fato de que ela não é mesmo requerida ou necessária.[191] São em geral os trabalhadores sob essa relação salarial aqueles afetados pelos processos de externalização da produção. Percebe-se aqui a convergência de taylorização (indústrias, serviços) e ausência de contrapartidas em termos de direitos e benefícios associados ao estatuto salarial de tipo fordista.

Existem ainda duas outras configurações de relação salarial que começam a se afirmar a partir dos anos 90 em importantes economias capitalistas, e das quais é útil tentar compor o traçado.

A "partilha dos riscos" pressupõe uma aposta na incerteza, representada por prêmios, bônus ou outras formas de remuneração que traduzem o bom andamento da empresa, contra a estabilidade representada pela norma salarial institucionalizada para um nível macro. Trata-se de uma aposta sobretudo porque nada está a garantir que ela signifique ganhos para os assalariados. Se a empresa vai bem, os trabalhadores são recompensados; se ela vai mal... As margens de risco vão depender do patamar mínimo de garantias salariais a partir do qual vão ser negociados os complementos possíveis na remuneração dos trabalhadores. É impro-

---

[190] *Idem*, p. 18.

[191] Mesmo os autores colocando-se em guarda contra uma abordagem segmentacionista do mercado de trabalho, é difícil não enxergar aqui os efeitos de um possível desvio da análise em direção a essa mesma abordagem.

vável que ela fique sujeita a uma variação absoluta, e uma base à guisa de ponto de referência de qualquer forma reporia um mecanismo de indexação como garantia a favor de certa previsibilidade da norma salarial. Os autores que elaboram tais cenários de relação salarial[192] reconhecem que a "partilha dos riscos" vai se confirmando hoje como um desenvolvimento a partir da configuração da "estabilidade polivalente", mais do que como uma configuração própria.

No entanto, deve-se ter em conta que o seu componente "mercado de trabalho" não esgota todas as implicações do modelo da partilha de riscos; o aspecto "organização do trabalho" também é afetado, na medida em que a integração (e, por conseqüência, o comprometimento com os objetivos da produção) e o investimento em competências da empresa são esperados como moeda de troca daquela aposta inicial, fechando o círculo de uma espécie de microcorporativismo, ou de uma lógica de reciprocidade paradoxal porque baseada todo o tempo no contrato.

A "implicação patrimonial", por seu turno, última das configurações da relação salarial a ser posta em revista, consagra a dominância dos mercados financeiros sobre o universo da produção e é de um alcance mais radical do que a configuração anterior, pois cancela qualquer gênero de exterioridade dos assalariados não apenas porque inibe a formação de uma regra geral susceptível de funcionar como norma orientadora (como ocorre no caso "bem-sucedido" da partilha dos riscos), como desmonta a própria figura do "outro" do contrato (no caso, o contrato de trabalho), dado que o trabalhador é agora formalmente co-proprietário e portanto responsável, nesse nível formal, e juntamente com o capitalista, pela saúde de seu "negócio", devendo velar por ele, evidentemente em todos os níveis (advindo daí uma implicação máxima no nível da organização do trabalho). Os fundos de pensão, os *stock-options*, e depois os fundos coletivos

---

[192] Boyer, Touffut e Beffa, *op. cit.*

Contrapontos comparativos França-Brasil

de gestão estendidos ao conjunto dos assalariados, no domínio do mercado de trabalho, deveriam corresponder, no domínio da organização, a uma gestão também coletiva (do gênero cooperativo) do processo de trabalho.

Mas o modelo não aparece em sua forma "pura", típica-ideal, senão como adendo à configuração do tipo "profissional", em virtude da homogeneidade de formação, de competências e — por que não? — de *habitus*[193] que imperam ali.

Por fim, tanto a configuração da "flexibilidade do mercado" quanto a "profissional" partilham de algumas características em comum, porém com significados distintos, quase opostos. São elas: o recurso intenso ao *turn-over* e à variabilidade dos horários de trabalho, assim como os salários variando de acordo com a conjuntura e a situação financeira das firmas. Opostos porque enquanto os profissionais lançam mão da mobilidade e de uma jornada instável a seu favor, negociando uma melhor colocação tanto dentro da empresa quanto com outras empresas, os trabalhadores submetidos à flexibilidade de mercado experimentam aquelas características como um constrangimento.

Outro dado importante a levar em conta nessa última configuração é o fato de que são setores *inteiros* que passam a se organizar segundo esse modelo e não apenas determinadas empresas dentro de um ramo de atividade. Esses seriam setores que estariam então "condenados" ao taylorismo ou ao reforço do taylorismo (neo-taylorismo). Aí se incluem os supermercados, o comércio, as redes de alimentação tipo *fast-food* e a hotelaria, por exemplo. A modalidade de racionalização imperante nesses casos beneficia-se enormemente das novas tecnologias de informação, que desem-

---

[193] Uma ética associada à especulação, e não à poupança, não deve estar ausente na consolidação dos dispositivos sociais que permitem "legitimar" o comportamento do tipo do jogador da bolsa de valores, onde domina a lógica do tudo ou nada e que supõe uma negociação consigo mesmo mais do que com os próximos que constituem sua rede de socialização (antes de tudo, a ascendência e a descendência).

penham aí um papel preponderante[194] em relação a outras modalidades de racionalização (grupos de trabalho ou "tecnologia de grupo"), já que a natureza da racionalização concentra-se basicamente em uma gestão de tarefas previamente decomposta e definida.

Quanto à configuração do tipo "partilha de riscos", ela encontra um precedente na forma de "partilha dos lucros" lançada por iniciativa do poder público a fim de promover a colaboração entre capital e trabalho, ao mesmo tempo em que redistribui a riqueza e mantém os salários ajustados segundo a performance (e portanto os "acasos") das empresas. Atualmente, porém, ela escapa de qualquer feitio regulatório, permanecendo apenas o seu lado privado.

---

[194] Boyer, Touffut e Beffa, *op. cit.*, p. 24.

III.
PRIMEIROS INDÍCIOS:
O RAMO QUÍMICO-FARMACÊUTICO
E A AMBIGÜIDADE DO LÍDER[1]

Existe, na filosofia de gestão dos novos métodos de trabalho baseados no "toyotismo", "ohnoísmo" ou *lean-production*,
um pressuposto de base: o de que tanto as regras de contratação
quanto o conteúdo do trabalho não devem ser muito detalhados,
de tal forma a deixar a sua definição para o âmbito de uma relação direta entre gerência e trabalhadores, de preferência sem a interferência dos sindicatos.

A idéia por detrás é a de co-responsabilidade. Gerência, supervisores e técnicos, juntamente com trabalhadores, são encarados como "parceiros" que têm como arena de negociação e resolução de conflitos a própria fábrica. Nesse sentido, a remissão a
uma arbitragem externa é indesejável. Ela é encarada pela gerência de recursos humanos como uma tutela.[2] Os problemas devem
ser resolvidos "em casa". Essa seria uma exigência sobretudo de
eficiência produtiva.

Nesse caso, trata-se de um contrato de âmbito local ou lo-
calizado, em que o quadro regulatório legal (e portanto de con-

---

[1] A primeira parte do capítulo é uma versão modificada do artigo "Le
public et le privé dans les enterprises modernes au Brésil aux années quatre-
vignt-dix", aparecido em *Mana: Revue d'Anthropologie et de Sociologie*,
Presses Universitaires de Caen, 2000.

[2] Leonardo Mello e Silva, *A generalização difícil: a vida breve da câmara setorial do complexo químico, seguida do estudo de seus impactos em
duas empresas do ramo em São Paulo*, tese de doutoramento, Departamento de Sociologia da USP, 1997, p. 113.

teúdo geral ou generalizante) é afastado, em nome de uma capacidade, em tese também mais "eficaz", de processamento dos problemas/gargalos de organização surgidos com as inovações constantes no interior do processo produtivo.

1. UMA DISPUTA EM TORNO DOS LIMITES DAS NORMAS DE TRABALHO

A idéia de que pode haver um "contrato" no âmbito da empresa tem sido contemporaneamente exercitada na região do ABC paulista, berço da industrialização fordista no Brasil. Nesse caso, os contratos são mediados pelo sindicato local, como nos exemplos de negociação em torno de PLR (Participação nos Lucros e Resultados), não-demissões, investimentos, tecnologia e treinamento, entre outros itens. Trata-se de uma negociação que envolve contrapartidas, em que se cede em alguns pontos e se ganha em outros, sempre tendo como pano de fundo uma situação de desemprego crescente e ameaças de transferência de fábricas da região, o que coloca o sindicato em uma posição inicial bastante frágil.[3]

Porém, uma contratação no âmbito da empresa tem dois lados. No primeiro, pode promover uma entrada negociada na flexibilização do contrato, do tempo, do ritmo e da qualidade de trabalho prestado. No segundo, pode sancionar uma perda de identificação civil e uma indistinção entre os interesses particulares dos assalariados e aqueles da empresa.

O problema não parece residir tanto na existência ou não de um contrato em âmbito de empresa — como uma questão de princípio — mas sim na extensão da participação sindical nele,

---

[3] Veja-se, entre outros, Roberto Veras, "A ousadia da resistência: a luta dos trabalhadores da Ford contra 2.800 demissões", *Revista Crítica de Ciências Sociais*, nº 62, junho 2002, pp. 97-120.

isto é, em sua definição, acompanhamento e controle. Isso enseja a questão do conteúdo sobre o qual versam o "contrato" ou os acordos de empresa. Na medida em que não são muito codificados, eles podem dar margem a interpretações conflitantes de lado a lado. Ou seja, quando a norma é muito fluida, disputas em torno de sua interpretação são tanto menores quanto mais "integrada" for a coletividade concernida de trabalhadores e supervisores, técnicos e gerentes. Nos novos modelos de organização do trabalho baseados em grupos (mesmo que convivendo com linhas de montagem em momentos do processo de trabalho, como se verá a seguir), em vez de postos atados a cada trabalhador individualmente (uma vez que pode haver a rotação entre postos, sem levar a uma abolição destes), tal coletividade é bem traduzida justamente pelos grupos mesmos. Se eles funcionam bem, significa que poucas apelações ou reclames surgirão.

Por outro lado, como questão, em última instância, de *interpretação*, deve-se ter em conta a necessidade de grande dose de confiança ou cooperação como pressupostos à adequação regular (i.e. sem disrupções) das normas de trabalho à realidade do processo de produção. O que pode dar margem a um grau também mais largo de arbítrio no momento de decidir em torno de problemas novos (o que é comum em uma filosofia de gestão que enfatiza a inovação como parte do melhoramento contínuo) ou ainda não enquadrados segundo o hábito ou o andamento "normal" do processo. Em termos weberianos, essa margem de arbítrio devida ao mandatário aparece como o julgamento "devido ao cádi", isto é, aquele que, na falta de parâmetros tradicionais usuais, decide com base em valores desde o início vinculados à pessoa, e não a um estatuto.

Ao remeter a questão da decisão e da responsabilidade pela ordem de produção não mais a uma única fonte hierárquica de cima para baixo (supervisores, gerentes), mas agora ao líder do grupo de trabalho, reforça-se o problema da definição das normas de produção como normas passíveis de disputa em torno à sua interpretação. Cada líder de turno, por exemplo, pode interpretar determinada infração de modo diverso, e tais infrações podem estar associadas a penalidades, o que torna a querela uma questão passível de apelações. A mesma questão — problema de julgamento — reaparece a propósito da diferenciação de salários, o que é tanto mais realista e atual quanto os modelos de gestão caminham para a institucionalização dessas diferenças associadas a performance, dedicação ou simplesmente horas suplementares de trabalho: em uma empresa farmacêutica de origem francesa, esse processo se complementa na meta de individualização do rendimento.[4]

Os traços que apontam na direção da constituição de uma *sociabilidade privada* são todos extraídos dos mandamentos oriundos dos novos modelos de gestão baseados na "qualidade", assim como dos procedimentos que esses modelos põem em funcionamento. Eles podem ser perseguidos a partir da figura do "líder".

A responsabilidade do líder é repassada para os seus subordinados diretos, embora em grau menor. O coletivo terá atingido seu ponto mais extremo de completude quando todos os envolvidos alcançarem plena responsabilidade de sua função no todo, o qual é representado segundo uma hierarquia particular em que aparece, em primeiro lugar, o grupo como personificação de cada um e, em segundo lugar, a empresa como personificação do grupo, de tal forma que trabalhar para o grupo tem um "sentido" que não se encerra em si mesmo, mas fica colado ao destino da empresa.

A exigência de responsabilidade mobiliza uma atenção para com o grupo mas também para consigo próprio. Portanto, o compromisso para com o coletivo deve ser fundado (ou pelo menos *deveria* ser pensado dessa forma) em uma racionalização da ação que emana de si, não como um constrangimento exterior. Buscar a origem ou o "sentido" da ação, definida dessa maneira, deslo-

---

[4] O período do campo variou entre o segundo semestre de 1996 e o primeiro semestre de 1997.

ca de imediato o problema da esfera abstrata do contrato formal baseado no indivíduo autônomo e o encaminha para uma análise propriamente sociológica de seus fundamentos e de suas regras. Que conjunto de valores sustenta, afinal, o consentimento do trabalhador? Desse ponto de vista, as novas formas de organização e de gestão do trabalho não encerram simplesmente um controle externo sobre o trabalho (como no formato taylorista) porque as linhas de demarcação da autoridade se esfumam, e essa última aparece simultaneamente como: 1) delegada e 2) assumida pelos subordinados diretos como "dever". Assim, ao contrato cujo conteúdo é relativamente fluido corresponde também uma relação de trabalho que dissolve as referências clássicas entre chefe e subordinado, deixando aos segundos margens de decisão e de *culpa* como decorrência do esforço de achar um padrão (de conduta, da operação de trabalho propriamente dita) entre referências que combinam constrangimentos de fora (ligados à produtividade) e de dentro (ligados às normas do grupo).

Há outro aspecto que emerge com a dominância de um tipo de trabalho que mistura uma dose de prescrição (associada às tarefas do posto) com uma relativa liberdade quanto ao controle de certos parâmetros de ritmo (uma economia do tempo *de si*) e modo de operação (escolha quanto a onde e como começar, por exemplo). Esse aspecto é a conjugação de traços tradicionais em um campo dominado pelas relações de mercadoria. O efeito resultante é que a disciplina sobre a força de trabalho é reforçada, pois a dominação opera em dois registros de significado (típico-ideais) em que as contrapartidas são recusadas, em cada caso invocando-se o seu contrário. Assim, a contrapartida no âmbito das relações de confiança, comunicação e responsabilidade é negada no momento em que se invoca a reciprocidade: "mas afinal isso aqui [o trabalho] não é brincadeira!"; por outro lado, também é negada no momento em que é invocado o respeito ao contrato: "ora, mas uma greve não pode ser admitida porque justamente quebra aquela relação de confiança, você sabe...", de tal maneira que, ao desorganizar o universo de sentido da interlocução

Primeiros indícios: o ramo químico-farmacêutico

(confiança? contrato?), a gerência garante um *surplus* de controle considerável, na medida em que pode mover-se entre registros de significado distintos, lançando mão ora de um, ora de outro. As tentativas de conquistar a participação dos trabalhadores ganham assim a suspeita de má-fé, em vez de uma decisão autônoma e responsavelmente diversa. O investimento em treinamento é um bom exemplo.

Pensado para capacitar a força de trabalho com vistas ao manejo de novos instrumentos e novas tecnologias automatizadas — o que inclui o preenchimento de lacunas referentes a conteúdos elementares de matemática e ciências — esses treinamentos incorporam conteúdos muito pouco especificados do ponto de vista de um currículo técnico, tais como habilidades ligadas a comportamento em grupo, comunicação etc. Os trabalhadores desejariam, nesse item, um investimento apenas e sobretudo técnico — nada mais. A inclusão de conteúdos de difícil definição e eficácia duvidosa reforçam o sentimento de uma incursão meramente ideológica ou manipulatória.

Ainda sem ser formulada dessa maneira, é o discurso da competência que começa a se disseminar como um senso comum, infiltrando-se nas explicações prontas-para-o-uso que os interlocutores guardam como um estoque ideal sempre disponível e fácil. E isso tanto do lado do capital, quanto do lado do trabalho.

2. O TRABALHO EM GRUPO

A organização do trabalho baseado em grupos não é uma descoberta recente ou uma invenção do "modelo japonês". Desde as várias modalidades de enriquecimento de tarefas até a experiência dos grupos semi-autônomos, influenciados pela escola sociotécnica ou pela "organização por processos", passando pelos modelos de "competência", a alternativa dos grupos ou *times* (*team-workings*) de trabalho aparece sempre como um contraponto ao estilo de divisão do trabalho calcado no modelo "clássico" representado pelo taylorismo.[5] Sua conversão paradigmática está associada, no presente, à difusão da busca de flexibilidade nos sistemas técnicos — o que inclui as esferas do trabalho, da produção e de uma rede de suporte técnico e de comercialização. Por essa via, termina por constituir-se em um dos pilares da *lean-production*, a qual vem se generalizando como uma estratégia global no âmbito dos novos métodos de trabalho.

No Brasil, não é diferente, embora essa difusão seja desigual entre os ramos produtivos e principalmente entre o tamanho das firmas.

A partir dos casos observados entre empresas do complexo químico em São Paulo, algumas indicações podem ser adiantadas, valendo também — como se verá a seguir — para outros setores. Em primeiro lugar, as modalidades de trabalho em grupo estudadas não promovem uma substituição do posto de trabalho. Antes, elas o pressupõem. O que ocorre é uma divisão do trabalho menos segmentada, o que dá margem a uma circulação e gestão de competências baseadas, contudo, no posto.

O acompanhamento da figura do líder do grupo de trabalho parece ser o exemplo mais bem-acabado do funcionamento deste, enquanto oposto à rigidez da organização do trabalho taylorista. O que ele põe em pauta é a necessidade de decidir, dentro de certas margens de variação, questões relacionadas a: qualidade, planejamento da produção em termos de volume, estoques e — embora isso não fosse observado nos casos concretos mas conste da literatura de divulgação mais entusiasta — custos. As margens de decisão variam em torno a certos parâmetros, dados desde "cima", porém o que é importante é que os desafios surgidos

---

[5] Ver Roberto Marx, *Análise dos projetos de implantação de trabalho em grupo na indústria: a questão da autonomia no chão-de-fábrica*, tese de doutoramento, Escola Politécnica da USP, São Paulo, 1996. Para a caracterização do "modelo clássico" de organização do trabalho, ver Philippe Zarifian, *La nouvelle productivité*, Paris, L'Harmattan, 1990.

no cotidiano da produção, quer sejam devidos a metas propostas pela gerência, quer sejam problemas novos surgidos em decorrência de acasos e imprevistos, para os quais é preciso dar uma resposta sem recorrer a precedentes consagrados, mobilizam *acordos*, não apenas entre os membros do grupo, mas também entre o grupo e as instâncias hierárquicas superiores. Isso reforça uma prática, digamos, *procedimental* no seio mesmo do processo de produção, ali onde se carece de uma prescrição clara do "como fazer" em determinada situação.

É curioso observar o mesmo espírito no nível dos acordos de classe e das relações trabalhistas, em que uma ênfase similar é colocada quando se pensa na prática dita "propositiva".[6] Também aí, negociações e acordos passam a dar o tom no lugar de reivindicações que visam a "marcar posição" (em vez de buscar a resolução real de conflitos). Em geral, essa segunda postura corresponde a um grau importante de distanciamento e mesmo de desconhecimento em relação à realidade fabril. Sindicalistas referem-se a tal postura como própria de um "sindicalismo de porta de fábrica".

A grande discussão gira em torno de se o modelo negocial e propositivo tende ou não a obscurecer a natureza conflitual e mesmo contraditória das forças coletivas em disputa, isto é, em resumo: se ele camufla ou não a natureza de uma luta pelo *poder*, fazendo passar a idéia de que os "parceiros" sociais estão em um mesmo nível de equivalência de acesso a recursos materiais e simbólicos. Se, na visão gerencial, a luta "comum" pelo cliente vem superar uma "luta pelo poder", isso não quer dizer que o significado da participação e apoio a acordos entre capital e trabalho seja o mesmo também na visão dos sindicatos, isto é, que tais procedimentos desloquem o problema do poder envolvido aí. O fato de haver convergência sobre certos itens da pauta de uma política setorial não significa imediatamente o recalque do anta-

---

[6] Ver a propósito Veras, *op. cit.*

gonismo de classe. Pode, ao contrário, significar o seu explicitamento, ao enunciar os pontos sobre os quais se está de acordo e aqueles sobre os quais não se está.

Assim, o papel dos acordos, tanto no nível "macro" da esfera de regulação (relações trabalhistas, contrato de trabalho), quanto em seu nível "micro" (relações de trabalho em uma firma em particular), ganham um novo significado.

Para perseguir os pontos tanto de interdição (limites) quanto de tolerância (transgressão) dos acordos, é preciso deter-se em seu funcionamento. É por isso que o texto vai se debruçar a seguir em uma descrição de certos aspectos do trabalho em grupo como índice de uma nova postura entre capital e trabalho, e que estariam como que fornecendo as "bases sociais" daqueles acordos.

3. O LÍDER: O ESTATUTO AMBÍGUO DO ASSALARIADO

Uma característica importante da figura do líder é que ele nasce de dentro do grupo. Anteriormente, dentro de uma seção, o líder era recrutado fora do grupo. Hoje ele é aproveitado "de dentro". Em uma grande empresa química de capital alemão tem sido assim já há uns cinco ou seis anos.[7] O líder se distingue do simples chefe porque ele atravessou as diversas etapas de classificação interna de postos e funções da empresa: entrando como ajudante, passando por operador de produção em seus níveis I, II e III, além de seguir estágios, treinamentos e cursos promovidos por agências de formação externas (Senai). O operador III é o patamar máximo da trajetória de operador. A conformação de certo mercado interno de trabalho, contudo, é mais importante pela revelação de um "sentido de carreira" que legitima o espaço "interior" na medida em que premia a diligência e a busca de mo-

---

[7] Entrevista, segundo semestre de 1996.

Primeiros indícios: o ramo químico-farmacêutico

bilidade por parte dos operários.[8] Com isso, ele reforça o sentimento de pertença, primeiro ao próprio grupo, depois à empresa: o líder traduz a sua conquista como devida ao "esforço de cada um": "é só esperar o tempo certo que vem a colocação; teve casos que demorou mais, outros foi mais rápido mas... se concluiu".[9] O grupo de trabalho, para dar certo, precisa preencher uma demanda de justiça que passa, em primeiro lugar, pela permanência no emprego — pressupõe-se portanto certa estabilidade da força de trabalho interna — e, em segundo lugar, pelo reconhecimento do trabalho concreto.

O reconhecimento do líder pelos pares indica bem o estilo de gestão de grupo em que os laços sociais mesclam requisitos formais (competência técnica e profissional, ligada à qualificação do posto) e atributos pessoais: sentido de eqüidade, sensibilidade para antever os distúrbios em razão das "relações humanas" envolvidas no grupo, franqueza e exemplaridade, isto é, o líder é moralmente investido do dever de agir conforme as regras pelas quais ele é encarregado ao mesmo tempo de distribuir e de zelar. Mas o modo como é feito o balanceamento entre aqueles requisitos e esses atributos é amplamente dependente de um "achado" que os recursos humanos, na falta de uma designação mais precisa, chamam de "clima" da seção. A competição entre trabalhadores, considerada desejável pela gerência como forma de contribuir para o "melhoramento contínuo", e por tabela a flexibilidade, encontra no "clima" a contrapartida para um ajuste harmônico. Dessa forma é o próprio grupo que funciona como modelador da emulação entre seus membros, tendo no líder uma figura central para esse propósito. Este último é, pois, encarregado de fazer a gestão do grupo, isto é, de delimitar a parte que cabe a cada um; em ou-

---

[8] Esse fato é tão mais significativo quanto as taxas de *turn-over* na indústria brasileira são bem altas.

[9] Entrevista, segundo semestre de 1996.

tras palavras, de achar um equilíbrio que seja ao mesmo tempo eficaz e "comunitário".

No entanto, esse papel é ambíguo. Do ponto de vista das gerências, tal papel "comunitário" pode dar margem a certa proteção ou favorecimentos do líder em relação aos seus subordinados. É preciso então instaurar regras precisas e maior transparência, o que é feito pela valorização exatamente dos aspectos formais do treinamento, aqueles que indicam a progressão do aprendizado de acordo com parâmetros válidos — e sobretudo visíveis — para todos, a fim de que não haja dúvida em relação ao mérito: em uma fábrica de medicamentos de capital francês, localizada naquela ocasião na região sul de São Paulo,[10] são realizados exames sistemáticos versando sobre as competências técnicas (ou ditas "profissionais") do posto, a fim de avaliar a possibilidade de promoção, na escala de rotação de postos. O resultado é publicizado — quadros visuais identificam a situação individual dos operadores diante das avaliações a que se submetem. Nos "quadros de treinamento", em cada seção, há a fotografia das pessoas e uma bandeira com uma cor correspondente à situação de cada um, localizada abaixo da foto: a bandeira de cor verde significa que o candidato está completamente apto para o posto (média acima de 80%); a bandeira azul significa que ele está "em treinamento", ou seja, não passou pelos testes ainda (em geral refere-se a pessoas novas no posto ou função); a bandeira amarela identifica um desempenho insatisfatório ("o pendente"). A exposição tem justamente o propósito de tornar o processo de avaliação menos "subjetivo". Com isso, tenta-se eliminar as margens de poder dos supervisores: em um ambiente "fechado", "secreto",[11] os prêmios podem não aparecer como decorrência do desempenho.

---

[10] Primeiro semestre de 1997. Desde então, essa fábrica sofreu um processo simultâneo de fusão e deslocamento para outra região da cidade.

[11] Gerente industrial. Entrevista, maio de 1997.

A convivência entre prescrição, relacionada às tarefas do posto de trabalho, e talento para lidar (mais do que "administrar") com o coletivo mescla padrões de ação que oscilam entre uma ordem baseada no reconhecimento e outra baseada no mérito impessoal e na observância de adequação a regras definidas do exterior. Com isso, inadvertidamente, os novos métodos de gestão reencontram certos traços clássicos da *cordialidade*, apontados por uma abordagem culturalista da formação social brasileira: o relevo de certa *proximidade*, traduzindo alguma fluidez das normas sociais — o que pode ser observado na relação entre supervisores e liderados —, a ojeriza às distâncias e ao "ritualismo", de que nos fala Sérgio Buarque de Holanda,[12] cabem aqui.

O trabalho em grupo facilita a operação de transmutação do indivíduo em pessoa porque o trabalho, seu conteúdo, também oscila entre tarefa e "dom". Primeiro porque algumas qualidades associadas ao *savoir-faire* são vistas como irredutíveis e incomparáveis (da "natureza" da pessoa); segundo, na medida em que perfeccionamentos ao processo de trabalho são permitidos, em que um espaço de deliberação é reconhecido e, às vezes, estimulado pela gerência. A prescrição, que em tese estaria abolida nas equipes que enfatizam o trabalho em grupo, continua a existir como decorrência das exigências de produtividade. Ela pode não ter como objeto o *como-fazer* (o "método", na acepção do *the one best way*), mas sim os resultados. É o que ocorre com respeito ao atingimento das "metas" de produção, expresso pelo

---

[12] Sérgio Buarque de Holanda, *Raízes do Brasil*, São Paulo, Companhia das Letras, 1997. A versatilidade e a "flexibilidade" de nossa força de trabalho são mesmo explicitamente invocadas como um elemento positivo para o sucesso dos novos métodos de gestão em nosso país.

Veja-se um artigo como o de José Roberto Ferro, "Aprendendo com o 'Ohnoísmo' (produção flexível em massa): lições para o Brasil", *Revista de Administração de Empresas*, São Paulo, 30(3), jul.-set., 1990, pp. 57-68, o qual menciona mesmo o "jeitinho" como "capacidade criativa de adaptação" (p. 67).

programa de manutenção produtiva total (MPT) da fábrica de *consumer care* da empresa química.

Nesse caso, a contrição e a recusa do exercício da participação terminam por ser reenquadradas pela organização, tendo em vista as metas e os resultados. Como é exigido um "envolvimento" diuturno da força de trabalho, a indiferença não é muito bem tolerada. Isso pode ser percebido de várias maneiras. Uma dessas maneiras pode ser a ativação de uma *lógica da mobilização*,[13] orientada para a consecução de determinadas normas de produção, observada na fábrica de medicamentos. Ali vigora uma estratégia baseada na "mobilização permanente" que chega a lembrar um verdadeiro esforço de guerra. A "missão", relatada na propaganda do programa de qualidade total, é reencontrada enfaticamente no discurso dos participantes das células de produção, nas quais o tom é o de um dever de sacrifício para com o coletivo:

> "*Aqui é uma equipe. A equipe trabalha junta* [...] *onde se desenvolve o trabalho juntas* [trata-se da linha das máquinas automáticas Nikka] *sempre uma ajudando a outra, porque uma equipe, para desenvolver um trabalho e conquistar esse trabalho, eu sempre falo: eu tenho que morrer e nós* [a célula] *temos que viver. É um conjunto, tem que trabalhar sempre em conjunto*" (Operadora da máquina Nikka na seção de Injetáveis).

Mas a tentativa de dissolução de uma relação instrumental com a atividade do trabalho, introduzindo um padrão próximo do organicismo (no caso das células) — no limite quase da *militância* (como no exemplo citado) — tem outras facetas e diferentes modos de aproximação. Em outra empresa, uma multinacional

---

[13] Que já foi observada como uma característica dos Círculos de Controle de Qualidade no Japão. Veja-se Helena Hirata, "Receitas japonesas e realidade brasileira", *Novos Estudos Cebrap*, vol. 2, 2, julho 1983, pp. 61-5.

Primeiros indícios: o ramo químico-farmacêutico

americana, líder do ramo de cosméticos, também parte do ramo químico, a organização em células de produção[14] vai de par com um apelo que reproduz traços de sociabilidade da vida doméstica: os recursos humanos pedem que os trabalhadores realizem seu trabalho "com muito amor e carinho", o que é tanto mais interessante quando os produtos destinam-se a uma clientela feminina. A feminização do discurso sobre o trabalho sanciona uma familiarização das relações sociais na fábrica que envolvem as transformações no estilo de gestão, segundo o discurso dominante, de um padrão autoritário e conflitivo para um mais flexível — mesmo que o coletivo operário seja composto tanto por mulheres quanto por homens, sendo que o principal contingente feminino que tem seu nome associado à empresa encontra-se na comercialização dos produtos.

Os sistemas de remuneração das empresas também consagram a quebra de um padrão coletivo no tratamento da força de trabalho, pela via de uma avaliação individualizada dos operadores e empregados em geral. É nesse diapasão que se pode compreender a crítica ao padrão isonômico estabelecido em lei: o preceito de "trabalho igual, salário igual". Para a gerência industrial da fábrica de medicamentos de origem francesa, volta à cena o argumento da irredutibilidade: "as pessoas não são as mesmas... vinte operadores de máquina são vinte pessoas diferentes, no sentido do engajamento, responsabilidade e comprometimento".[15]

Curiosamente, o trabalho organizado em grupos (células) convive com a avaliação e a "consideração à pessoa". O solidarismo coletivo não é, nesse caso, incompatível com a individualização do desempenho. A performance passa a ser premiada em dois níveis: no plano de carreira e na remuneração por competência, ambos relevando a *diferenciação* no interior do coletivo de trabalho.

---

[14] Primeiro semestre de 1996.

[15] Entrevista, maio de 1997.

4. O TEMPO DE TRABALHO: ONDE COMEÇA E ONDE TERMINA?

Esses exemplos sugerem duas coisas. Primeiro, que a investida flexibilizante no domínio das relações industriais no Brasil parece ser "sistêmica", isto é, incide tanto na relação salarial (contrato de trabalho) quanto no processo de trabalho (rotação entre os postos de trabalho; grupos ou células em torno das linhas, com instrumentos mais automatizados) e na organização do trabalho (gestão incitando à participação e ao envolvimento dos operadores diretos). Segundo, que ela é tanto mais eficaz quanto mais se observa um verdadeiro *déficit de participação* no interior das empresas. Até há bem pouco tempo, a palavra das gerências era quase absoluta. A disseminação de organizações por local de trabalho é restrita a algumas regiões, quase enclaves de combatividade operária, como no caso de São Bernardo.

No segmento químico-farmacêutico, o sindicato tem pouca penetração, embora se trate de grandes empresas. Assim, qualquer chamada à participação aparece imediatamente como uma possibilidade de afirmação da vontade e de opinião. Como a participação não se confina ao espaço fabril, mas chega até o espaço doméstico (por meio da "ferramenta" do *house-keeping*, por exemplo), ela sugere uma completude de fato "sistêmica", pois propõe uma explicação coerente para a situação no mundo do trabalhador, diferente da partição entre público e privado consagrada no fordismo.

Na mesma empresa de cosméticos, por exemplo, não há impedimentos à contratação de casais para funções de produção; ao contrário, isso seria mesmo estimulado. Não se trata apenas de uma transposição de práticas do universo produtivo e instrumental para a família — um bom exemplo é a inculcação da preocupação com o desperdício: válido para a seção, válido para as tarefas caseiras — mas, mais amplamente, de *trazer a família* para a fábrica. Uma via de mão dupla que obscurece, dificulta e sobretudo torna descartável a afirmação de práticas que promovam uma mediação entre esferas que parecem cada vez mais indiscerníveis.

Primeiros indícios: o ramo químico-farmacêutico

É nesse sentido que as novas estratégias de gestão promovem um encurtamento do social, entendido como domínio da socialização salarial, ao mesmo tempo em que transfere o *locus* da socialização para o interior da empresa. Assim, o longo caminho de modernização das relações de trabalho no Brasil, recalcado por décadas de corporativismo estatal, parece mais uma vez render-se à *cordialidade* para a qual convergem a emotividade e uma relação direta[16] e pessoalizada, em vez da abstração que consagra o distanciamento e a constituição do espaço "íntimo" de cada um. Pode haver algo mais próximo ao coração do que trabalhar... "com muito amor e carinho"?

As margens de diferenciação entre o trabalho que é realizado na fábrica e aquele que é realizado em casa — onde começa um e termina o outro — tornam-se menos estanques. A preocupação com o desperdício, parte integrante da filosofia da qualidade, insere-se na própria casa com a economia nos gastos de água e de luz — conforme relatado pela esposa de um trabalhador da empresa fabricante de cosméticos.[17] Na verdade, "trazer o trabalho para casa" não significa qualquer preocupação ou obsessão com o conteúdo dele, no sentido da resolução de um desafio técnico ou organizacional que o processo produtivo impõe ao operador — o que aproximaria a atividade, naquele caso, mais da "obra" do que do "labor", na acepção harendtiana. Trata-se, ao contrário, de uma prática cuja força está em sua repetição, sem questionamento dos contextos nos quais ela deva ser aplicada: seja em casa, seja no trabalho.

A naturalização do comportamento reforça a sua obviedade para os praticantes; ademais, toda a racionalização da gerência contribui para aproximar as "boas práticas"[18] veiculadas na em-

---

[16] A relação direta entre gerência e trabalhadores é reforçada pelo "enxugamento" de quadros hierárquicos intermediários.

[17] Primeiro semestre de 1997.

[18] As "boas práticas de manufatura" constituem certas normas de

presa de um padrão civilizatório válido para a vida em comum, na sociedade.

A conversão de uma "economia do tempo", devida à seção fabril, em uma prática da economia doméstica consuma a invasão do espaço privado entendido como casamata da *privacy*. Por outro lado, o espaço doméstico mesmo parece encurtar, em função das horas extras, item quase obrigatório para a suplementação salarial das famílias. Embora a legislação tente inibir as horas extras, elas são muito comuns aos sábados. Os turnos também contribuem para a indisponibilidade física dos dias. Muitas vezes, no interior de uma família trabalhadora, o casal tem poucos momentos de encontro durante a semana.

A indisponibilidade física é experimentada subjetivamente como "falta de tempo" para dedicar-se a problemas "do mundo" (o que inclui a convivência com o noticiário, sobretudo escrito), o que atesta a predominância acachapante do tempo produtivo sobre o ciclo da vigília diária.

Enfim, somente levando em conta esse pano de fundo é possível entender a participação nos grupos, células ou times de trabalho como alternativa aos assuntos públicos, o que incluiria a própria necessidade da representação sindical e, por fim, de negociações quer de âmbito setorial, quer de âmbito de classe. É o corporativismo de empresa que ganha peso como mundo apartado do mundo comum.

O corporativismo de empresa desloca de fato as fontes consagradas de proteção e de bem-estar, quer sejam oriundas do Estado ou da Igreja. De matriz americana, pré-estado keynesiano, ou de matriz japonesa, no estilo *kigyoshugi*[19] — uma solidarie-

---

produção consagradas para a certificação de qualidade na indústria farmacêutica. Em inglês elas são conhecidas como *Good Manufacturing Process* (GMP).

[19] Ver Anthony Woodiwiss, "Globalização, direitos humanos e direito do trabalho na Ásia do Pacífico: o início de uma viagem interior?" *in* Fran-

dade baseada na empresa —, os alicerces do corporativismo de Estado ficam seriamente abalroados com os novos paradigmas da "qualidade".

Assim, a desnecessidade do sindicato aparece na medida em que as empresas se desincumbem relativamente no oferecimento de certos benefícios, pagam salários mais elevados do que a média do setor e possibilitam certo grau de autonomia na operação concreta do processo de trabalho, pela via das células ou grupos.

BENEFÍCIOS CONCEDIDOS
PELAS EMPRESAS DO RAMO QUÍMICO[20]

Benefícios	Nº absoluto	%
Convênio médico[21]	24	96
Cesta básica	16	64
Vale-refeição para restaurante dentro da empresa	13	52
Clube esportivo	7	28
Transporte de funcionários	7	28
Vale-transporte	7	28
Vale-refeição com percentual de desconto	5	20
Convênio para material escolar	5	20
Cooperativa de crédito	4	16
Bolsa-estudo[22]	4	16

cisco de Oliveira e Maria Célia Paoli, *A construção democrática em questão*, Petrópolis, Vozes, 1999.

[20] Inclui os setores farmacêutico, plástico, de higiene, limpeza e cosméticos. Agradeço à Secretaria de Formação do Sindicato dos Químicos do ABC pela elaboração e cessão dessas informações, coligidas durante atividade da Escola Sindical da CUT. Dados de maio de 2001.

[21] Gratuito (100%). Apenas em um caso a cobertura não é integral, com a empresa arcando com 60% do custo do convênio (empresa do setor farmacêutico).

[22] Em uma empresa (farmacêutica), a bolsa está assim distribuída: 90% para produção; 80% para o pessoal administrativo; 50% para o pessoal em pós-graduação ou mestrado.

Cooperativa	3	12
Seguro de vida em grupo	3	12
Convênio odontológico (gratuito/descontado)	2	8
Farmácia (convênio)	2	8
Prêmio de férias[23]	2	8
Sorteio de brindes	1	4
Prêmio de tempo de casa	1	4
Auxílio-creche	1	4
Bolsa-estágio	1	4
Total de empresas	25	100

Some-se a isso o fato de que as chamadas "organizações por local de trabalho" são muito fracas ou quase inexistentes nas fábricas do complexo químico em São Paulo e tem-se a explicação para a não-existência de quaisquer lembranças ou resquícios da esfera pública dentro do espaço fabril. Esse conjunto de fatores é o que explica também o fato de que a única lembrança da existência do sindicato apareça somente em momentos de violência ou de conflito aberto, isto é, de greve.[24]

5. DESTRINCHANDO A SOCIABILIDADE: TRADIÇÃO SOCIOLÓGICA E TRADIÇÃO POLÍTICA

A trajetória das mudanças nos sistemas de produção descrita convive com um período que vai de um conflito acirrado nas re-

---

[23] Inclui férias em dobro.

[24] As mobilizações operárias nas três fábricas estudadas são raras nos anos 90. Em todas elas encontram-se iniciativas de trabalho em grupo. Nos anos 80, que foram anos de reconstrução do movimento sindical, as greves incorporaram-se como parte da memória recente das relações entre capital e trabalho no setor.

lações entre capital e trabalho até uma postura chamada por alguns autores de "negocial" ou "propositiva",[25] coincidindo com uma nítida extroversão da economia e o aumento do desemprego, o que reservaria aos sindicatos pouco poder de manobra. Isso é muito importante para a estrutura do argumento desenvolvido a seguir, uma vez que a democratização do sistema político, aumentando o grau de tolerância estatal em relação a greves e manifestações coletivas, pareceu desembocar em um estágio à primeira vista mais "avançado" e "civilizado" de democracia, com os atores buscando resolver suas questões em mesas de negociações ou fóruns de caráter tripartite, em vez do método da reivindicação e da recusa. Assim, a luta por um espaço público democrático, protagonizada pelo movimento sindical no final dos anos 70, pareceria ser reforçada por experiências de concertação social (como as câmaras setoriais), ou ainda por experiências mais pontuais de negociação, expressas por meio de inúmeras iniciativas em áreas como saúde e segurança do trabalho, participação nos lucros e formação profissional, entre outras.

No entanto, contrariamente a um alargamento do espaço público, os novos modelos de gestão das organizações encaminham a relação entre capital e trabalho para um cenário de estreitamento desse mesmo espaço, uma vez que as transformações internas às empresas operam uma alteração considerável na produção de interlocutores supostos a aparecer na arena de negociação em situação de autonomia e, sobretudo, de diferenciação. Tais modelos consagram exatamente tanto a indiferenciação (entre empresa e trabalhadores) quanto a prescindibilidade daquela autonomia, não tanto pela demonização ou repressão do conflito (muito menos pela crítica às liberdades formalmente estabeleci-

---

[25] A mesma trajetória pode ser vista como a passagem de um período de "resistência" para um período de "contratação": Luís Paulo Bresciani, *Da resistência à contratação: tecnologia, organização do trabalho e ação sindical no Brasil*, São Paulo, CNI/SESI, Série Indústria e Trabalho, 1994.

das pelo estado de direito), mas antes pela destruição dos laços de mediação e de representação entre o coletivo de trabalho e o "mundo" fora da fábrica.

A via escolhida para acompanhar essas transformações foi o estudo de algumas iniciativas de "trabalho em grupo" ou "células de produção". Duas características, entre muitas possíveis, foram tomadas para explicitar o tom da organização do trabalho, que mescla prescrição e fluidez: a figura do líder e a constituição de uma identidade coletiva de grupo.

5.1. UMA INTERPRETAÇÃO *AGÔNICA*[26] PARA O TRABALHO EM GRUPO

O trabalho em grupo, mesmo que encarado de forma crítica, ou ainda como atualização do taylorismo, como é o caso do

---

[26] Certamente uma interpretação *à la lettre* da obra de Hannah Arendt identificaria uma impropriedade na equivalência de um atributo associado à *ação* junto a uma esfera do *trabalho* (ou do *labor*). Como se sabe, os três tipos de atividade (ação, trabalho e labor) têm significados distintos e intransitivos. No entanto, a possibilidade de tomar as características da atividade no espaço público para explicar o funcionamento de outra atividade (no nosso caso: pensar o trabalho com as referências da *polis*) encontra acolhida em alguns intérpretes contemporâneos, como Seyla Benhabib ("Models of public space: Hannah Arendt, the liberal tradition, and Jürgen Habermas" *in* C. Calhoun [org.], *Habermas and the public sphere*, Cambridge/ Londres, The MIT Press, 1992, pp. 73-98). Nessa autora, contudo, a operação parte de dois pressupostos: primeiro, uma separação entre um modelo "agônico" (relativo a uma concepção "antimoderna" da política, e na qual as virtudes da cidadania são incompatíveis com a extensão social dessas mesmas virtudes) e um modelo "associacional" (relativo a qualquer *lugar* — uma sala de jantar, um parque ou um prédio — desde que esteja preenchido o requisito de "uma ação comum coordenada por meio do discurso e da persuasão"). O segundo pressuposto é distinguir entre um "essencialismo fenomenológico", que delimita um conteúdo substantivo para o diálogo público, de uma postura procedural para o tratamento de questões coletivas, em que a agenda e os termos da conversação não são predefinidos, mas postos

teamwork,[27] encerra uma ambigüidade de base que é difícil de decantar simplesmente em aspectos "positivos" e "negativos". Por um lado, significa constrangimento e observância mais estrita aos imperativos da produtividade. Por outro lado, significa possibilidade de autonomia e, em certa medida, de direito à palavra. Essa situação ambígua tem sido descrita por alguns autores como uma situação de "autonomia controlada".[28]

Mesmo concordando, em linhas gerais, com este último diagnóstico, penso que é necessário explorar o significado que têm para os agentes — no caso, os trabalhadores diretos — termos como envolvimento, participação e responsabilidade. A hipótese é de que tais termos são tão mais constrangedores quanto mais eles incidem em esferas do "mundo vivido" dos agentes, e que deveriam estar, em princípio, ausentes da experiência fabril. Nesse sentido, não seria o caso simplesmente de "medir" ou, por outra, de construir um gradiente de autonomia a partir da observação de indicadores tais como: tempo dedicado a reuniões do grupo; se elas são realizadas no interior ou à margem da jornada de trabalho; se os líderes são eleitos ou não; se o sindicato tem presença ativa na negociação do funcionamento dos grupos ou, ainda, acerca da taxa de aproveitamento de sugestões e sua

---

à medida que novos atores entram no debate, redefinindo o próprio conteúdo. A autora sugere uma leitura que recupera o modelo "associacional" e a postura procedural em Hannah Arendt. Esses dois elementos estão contidos desde o início na proposta do texto em pensar o trabalho em grupo de maneira "agônica", não se confundindo esse último termo, portanto, com aquele primeiro modelo proveniente da separação efetuada por Benhabib. A sua manutenção se deve a um propósito deliberado de marcar as diferenças com a linhagem sociológica (no fim, da sociologia do trabalho).

[27] Veja-se J.-P. Durand, P. Stewart e J. J. Castillo, *L'avenir du travail à la chaîne: une comparaison internationale dans l'industrie automobile*, Paris, La Découverte, 1998.

[28] J.-P. Durand, "Introduction" a *L'avenir du travail à la chaîne: une comparaison internationale dans l'industrie automobile, cit.*

respectiva contrapartida material e simbólica por parte da direção e gerência.

Conquanto esses indicadores sejam de relevância, o trajeto que se vai tomar é o de, a partir das falas dos trabalhadores diretamente envolvidos, explorar o dispositivo propriamente *ideológico* do trabalho em grupo, isto é: se por um lado eles fazem passar os interesses empresariais, por outro eles preenchem uma série de demandas de reconhecimento que aparecem em primeiro lugar como individuais, e não como coletivas. Para que essas demandas aparecessem como coletivas, elas teriam de, necessariamente, perder justamente a sua força no apelo à "pessoa", ao "envolvimento" e à "amizade" com os colegas. Em outros termos, elas teriam de ser confrontadas com um antagonista coletivo que fosse capaz de deslocar ou repropor a agenda, ressemantizando aquelas mesmas demandas. Por exemplo, diante da constatação de uma falta de participação nas escolhas e nas decisões sobre o desenrolar do processo de trabalho, o papel de tal antagonista seria o de demonstrar que essa situação se deve a uma lógica mais ampla, e não simplesmente a uma "necessidade humana" abstrata que o trabalho em grupo viria preencher. Seria também, do ponto de vista do analista, o de historicizar aquela demanda. Em suma, oferecer uma explicação e um conjunto de argumentos que retirassem a plausibilidade de uma "queda subjetivista" nos termos em que as questões são apresentadas.

Entretanto, a análise não pode ficar prisioneira dessa "falta", à espera do surgimento de uma força antagonista que venha a ressemantizar os conteúdos que são hoje veiculados como o supra-sumo de uma democracia no local de trabalho pela via da *lean-production*. A própria forma como aparece o trabalho em grupo, isto é, como uma possibilidade de preenchimento de carências ligadas a atributos universais que todos os seres humanos, enfim, partilhariam, já é, ela própria, indicativa do terreno das posições sociais no debate e nas relações de força entre as classes.

Em vez de deplorar a inexistência de um antagonista que reponha o "mundo de cabeça para cima", o que se vai propor é o enfrentamento dos desafios que a realidade dos times de trabalho coloca, isto é, a interpelação dos sujeitos em suas "privatividades". A hipótese é de que essa interpelação é real, ou seja, ela "cala fundo"; não é, por isso mesmo, nem um engano, nem um erro.

O trajeto inicia com a consideração, muito difundida pelos entusiastas do *teamwork*, de que os times ou grupos constituídos em torno do fluxo de produção têm a possibilidade de "pensar sobre o próprio trabalho". Uma decorrência do que precede é que esse produto do pensamento, quer seja uma idéia ou uma sugestão que implique melhoramento e aperfeiçoamento do fluxo, deve ser compartilhado. Porém, para ser compartilhado, uma condição é que os colegas próximos não vão se apropriar privadamente do "produto". Uma condição prévia é, portanto, uma igualdade ou companheirismo do grupo, a fim de funcionar como antídoto a um comportamento interessado do tipo *free-rider*.

Se a competição entre grupos ou times pode ser tolerada e até mesmo estimulada, dentro do grupo tem de vigorar uma identidade tendendo à "comunidade". Isso enseja imediatamente o problema da liderança ou do "chefe". Na terminologia do *teamwork*, trata-se do "líder". A autoridade do líder pode ter duas grandes fontes: o medo (punição) ou o reconhecimento. Supondo que a primeira fonte seja debitária de um estilo de organização do trabalho mais próxima do modelo taylorista-fordista, vamos nos debruçar sobre a segunda fonte, o reconhecimento.

De uma norma de produção que é externa (o *quantum* e o *como* atingir esse determinado *quantum* já são dados de antemão) para uma norma de produção que é interna, a qual deve ser estabelecida pelo próprio grupo, mesmo que a margem de liberdade seja restrita, os operadores têm de achar uma medida comum que possa pautar a sua atividade laborativa. Por sua vez, tal indeterminação abre-se para uma possibilidade de julgamento; em outras palavras, para uma possibilidade de diferenciação segundo critérios ao mesmo tempo particulares (estéticos, inclusive) e gerais (relativos ao processo de produção e sua lógica interna). Muito se tem falado — mesmo no discurso gerencial — a propósito dessa situação como sendo uma ocasião em que se mesclam critérios "objetivos" e "subjetivos".

Na construção de uma medida comum do grupo, o reconhecimento entre pares (e, depois, destes em relação ao líder) é fundamental.

5.2. O CHEFE E O LÍDER: QUALIFICAÇÃO E COMPETÊNCIA

Do ponto de vista interno ao grupo, o poder do chefe é desconhecido; tem uma origem remota ou indiscutível, anterior à sua formação. Ele manda, e só. O que se perde em sendo chefe é, na radicalidade de um espaço entre cidadãos, a possibilidade de estar entre iguais. É o temor dos subordinados que permanece como última instância. A responsabilidade da posição exige e marca a hierarquia que atravessa a sociabilidade do grupo, que o chefe não partilha, mas pela qual ele pode apenas zelar. Nunca participar. O chefe está de fora do jogo.

O líder, por sua vez, nasce de dentro do grupo. Ele é produto da ação e dos atos dos trabalhadores; é quem se destaca. As formas de legitimação desse poder podendo variar, o que importa é que, qualquer que seja a forma, o líder não pode dissimular, uma vez que a atividade de trabalho concreta é a provação diária pela qual ele tem de passar. Ao contrário do chefe, os subordinados (trabalhadores) conhecem o trabalho do líder; de uma forma ou outra já passaram, ou estão passando por isso. Em geral, o líder tem de passar por vários "estágios" na carreira.

Em uma grande empresa química sediada em São Paulo, o trabalho em equipes está mais desenvolvido na divisão de produtos de consumo (*consumer care*), onde o estilo de gestão baseado no grupo tem o seu ponto mais alto. Ali é possível acompanhar certos processos, como a "carreira" do líder de produção.

Vejamos o exemplo do líder J.: entrou como ajudante, há 17 anos, passou a operador de produção, pelos três níveis (operador I, II e III), com estágios, treinamentos, cursos feitos pelo

Senai, até chegar a líder. O operador III é o patamar máximo da "carreira" de operador. Antigamente se pegava o líder de fora. Hoje ele é aproveitado de dentro. Já há uns cinco ou seis anos tem sido assim.

> *"Pelo esforço de cada um, ele chega lá. É só esperar o tempo certo que vem a colocação. Teve casos que demorou mais, outros foram mais rápidos mas... se concluiu"* (líder J.).

O líder deve ser, pois, reconhecido pelos pares;[29] um reconhecimento antes de tudo de sua competência técnica (qualificação). Além da boa formação técnica, profissional, o líder precisa também possuir certos atributos... pessoais. Quais são essas características pessoais que o líder precisa ter para comandar os outros? Para ser líder?

> *"Uma das partes é saber trabalhar em grupo, e não deixar só a critério das pessoas trabalhar, mas o líder também tem que trabalhar um pouco e conhecer um pouco de 'humanas' também..."* (idem).

Por exemplo?

> *"Vamos supor: ter um comportamento igual para todos, e um comportamento bom que não gere um clima de rivalidade. Tudo isso é uma característica do líder: ter um pouco de 'humanas', de 'relações humanas'"* (idem).

---

[29] C. Dejours e E. Abdoucheli, "Itinerário teórico em psicopatologia do trabalho" *in* C. Dejours, E. Abdoucheli e C. Jayet, *Psicodinâmica do trabalho: contribuições da Escola Dejouriana à análise da relação prazer, sofrimento e trabalho*, São Paulo, Atlas, 1994, p. 135.

E o que o líder não deve ser?

"*O líder deve fazer o que ele fale, ele mesmo.* [Que] *ele dê exemplos, e não só fale: 'faça isso, faça aquilo', que ele carregue nele mesmo os exemplos para que torne visível para as pessoas, para que as pessoas percebam que ele leva a sério aquele serviço. Se ele não der exemplos do objetivo dele como líder, ele não é um bom líder*" (idem).

O líder deve dar o exemplo. Mais do que isso, o que se exige do líder é que ele saiba ser equânime. O que se atribui como característica "pessoal" do líder é na verdade determinada capacidade de julgamento.

Cada um observa (e admira), na operação devida a outro, o que o colega faz bem-feito, buscando apropriar-se daquilo que falta em si mesmo. Como é possível alguém resolver tão bem um problema? Com que rapidez, com que zelo, com que cuidado... As qualidades do outro aparecem como dom, como algo que é "devido" ao outro, como algo que é constituído internamente, da "natureza" dele(a), isso é, que não se pode aprender, enfim.

Por outro lado, a atividade do trabalho é exatamente a negação do dom, de um poder sobrenatural que emana do céu para a terra: o trabalho é justamente um problema "prático", isto é, *deste mundo*, o qual envolve repetição, ensaios, tentativas e erros. Esses dois elementos constitutivos da admiração pelo trabalho de outros (dom e experiência), tendo sido recalcados pela relação salarial vigente no capitalismo — sobretudo na fase chamada dos "Trinta Gloriosos" — encontram-se instigantemente liberados e valorizados de maneira simultânea na gestão do trabalho em grupo. São dois elementos contraditórios porque representam linhas-de-força antagônicas, e que convivem no mesmo coletivo de trabalho, quando não no interior de um mesmo trabalhador, isto é, em um mesmo sujeito.

Senão vejamos: os elementos de admiração relativos ao "fa-

Primeiros indícios: o ramo químico-farmacêutico

zer automaticamente", a "não pensar muito na operação"[30] por causa da "arte", do "dom", "devido à pessoa" — são todos elementos negadores do "trabalho", o qual requer justamente o contrário, isto é, requer um acordo sobre uma qualidade material, produtiva, de *coisa* (mesmo quando se refere a um serviço). Ora, a posição dos operadores em um coletivo de trabalho que os toma como equivalentes a cidadãos na *polis* (um "microespaço público") exercendo admiração recíproca, é como que um certificado, antes de tudo, da disponibilidade desses trabalhadores, e, portanto, como seres dotados de vocação, no sentido weberiano.[31] A vocação e a cidadania se opõem à repetição. A repetição é a marca da reprodução dos campos de força que orientam os comportamentos miméticos visando ao sucesso ou ao fim projetado. A repetição é o esconderijo da responsabilidade; a invisibilidade, a defesa contra o risco. Assim, a repetição pode ser um processamento individualizado (uma estratégia de defesa) contra o sofrimento (ansiedade) advindo da pressão (por resultados, por boas idéias) que alimenta a valorização do homem e da mulher comuns, ordinários, justamente aqueles sem "vocação". Nesses casos, o aparecimento — ou por outra, a publicização — parece ser mesmo fonte de angústia. A autoconfirmação de um comportamento de massa não é uma decorrência aqui do caráter serial e homogêneo dos processos de trabalho: a suspeita é de que se trata do contrário.

Devemos, pois, ter um pouco de paciência com a repetição, entender o seu sentido oculto, em vez de simplesmente demonizá-la como uma atitude não-cooperativa. A repressão da admiração

---

[30] Aqui trata-se exatamente do elogio do "automatismo", porém com uma acepção completamente diversa, isto é, enquanto economia de esforço: como capacidade, arte ou talento.

[31] A disponibilidade como atributo da vocação do político está em "Política como vocação", de Max Weber, *Ensaios de sociologia*, Rio de Janeiro, Zahar, 1979, pp. 105-6.

e a recusa da vocação e do exercício autônomo (aqui lido na chave da cidadania clássica) aparecem assim como medo diante de um espaço público irreconhecível como tal.

No entanto, é preciso ir com cuidado na interpretação, observar os exemplos. Nos processos de trabalho que demandam uma ordem de produção, ainda que não no sentido taylorista, os parâmetros de produção dão os contornos e definem uma norma. A prescrição, que parece à primeira vista abolida nas equipes que enfatizam o trabalho em grupo, continua a existir, como decorrência das exigências de produtividade. Ela pode não ter como objeto o procedimento (o "método", na acepção do *the one best way*), mas sim os resultados ou "metas". Isso fica bem evidente em uns casos (no ramo de confecção, visto em outra parte deste trabalho) e menos em outros (a empresa do ramo químico tomada como objeto do presente comentário).

Nessa última, é um dos integrantes (entusiastas) do time de trabalho instaurado como parte do programa de reestruturação na fábrica de produtos de consumo quem explica o atamento com a temporalidade do mercado. Vamos chamá-lo de C. C. trabalha com o líder J.:

> "*Aqui na empresa existe uma meta, em que a gente tem que produzir 90% da capacidade nominal do equipamento. Como o J. falou, a gente pega as oito horas* [tempo da jornada de trabalho], *vezes 60, dá 480 horas, multiplica pela velocidade da máquina, né? Aí vai sair um valor total; então multiplica novamente pela porcentagem de 90%, aí vai sair um valor nominal que a gente teria que produzir. Pra isso foi feito um trabalho de MPT,[32] de melhoria dos equipa-*

---

[32] Manutenção Produtiva Total. A sigla em inglês, tal como é conhecida no universo gerencial como uma "ferramenta da qualidade", é TPM (*Total Productive Maintenance*).

Primeiros indícios: o ramo químico-farmacêutico

mentos, pra que atingisse essa meta. Primeiro foi 80%; alguns equipamentos andou atingindo isso. O processo do MPT continua e algumas máquinas ainda estão abaixo disso mas a tendência é chegar, e alguns equipamentos já estenderam até 90% a eficiência do equipamento. Esse rendimento também serve para mostrar o rendimento global" (operador C.).

Nesse caso, a contrição e a recusa (repressão) do exercício-cidadão (da "participação", por exemplo) deve ser reenquadrada pela organização. Isso pode acontecer de várias maneiras. Uma dessas maneiras pode ser a ativação de uma lógica da mobilização, que, como no caso precedente, orienta-se para a consecução de determinadas normas de produção mas que, diferentemente daquele, atua à guisa de "missões". É o que pode ser observado no estilo de gestão de uma fábrica moderna de medicamentos: uma estratégia que chamamos de "mobilização permanente".

5.3. O ARDIL DA RESPONSABILIDADE

No trabalho em grupo, os operadores são chamados a "tomar a responsabilidade" (Philippe Zarifian), o que pressupõe investimento na atividade de trabalho. O líder não precisa dizer o que deve ser feito, pois que, no limite, o que deve ser feito (isto é, o conjunto de tarefas arroladas para um posto ou vários postos de trabalho) de certa forma é buscado, almejado quase como "dever", na medida em que o seu não-enfrentamento é tomado como falta, ou então como culpa. O trabalho aparece como um atributo que requer candidatos mais do que "preparados" (diploma e experiência anterior no mercado); na verdade, requer candidatos vocacionados.

Vejamos um pouco mais de perto quais são as formas que a responsabilidade (ou "responsabilização") assume. A análise quanto a esse ponto varia grandemente. As controvérsias *grosso modo* giram em torno de uma apreciação positiva ("tomar a responsabilidade") e de uma apreciação negativa ("responsabilização") que enfatiza, esta última, sobretudo o fardo e o estresse resultantes. De um lado temos autonomia e reconhecimento; do outro temos heteronomia e racionalização do trabalho intelectual. Essas formas podem ser encontradas entre as empresas em processo de qualificação para a certificação de qualidade, as quais, por isso mesmo, buscam redimensionar o seu *environment* organizacional. É o caso da empresa química de capital alemão, a qual vimos acompanhando. Talvez a passagem por casos concretos possa oferecer pistas para uma compreensão menos normativa. É na apreciação do conteúdo da "responsabilidade" e do "envolvimento" que se encontra um dos desafios maiores para o juízo sociológico sobre as atuais mudanças na organização e na gestão do trabalho.

5.4. O "ENVOLVIMENTO"

O "envolvimento" na verdade não se cria artificialmente. Ele pode ser, no máximo, ativado, produzindo uma energia social difusa com o trabalho coletivo, o qual pode estar mais ou menos sancionado pela organização. Uma divisão do trabalho muito estrita cancela, por definição, as possibilidades daquela mobilização. À pergunta — aliás, bem justificada — sobre o que, afinal, é ativado, pode-se dar muitas e variadas respostas. Alguns autores responderão que são os "valores".[33] Outros lembrarão as relações de companheirismo que dão suporte à situação em que as pessoas se sentem "envolvidas". Em qualquer diapasão que seja, ganha direitos de existência uma explicação eminentemente social para os fenômenos ligados ao envolvimento — ou à busca do envolvimento.

Se o social não é uma *coisa* que ata umas às outras as consciências individuais, então é preciso desde já afastar uma suposta

---

[33] Veja-se Yves Schwartz, "Trabalho e valor", *Tempo Social*, São Paulo, 8 (2), outubro 1996, pp. 147-58.

anterioridade em relação a tais consciências individuais e dizer que a sociabilidade se forma com os atos (práticos) das pessoas nas situações concretas de interação, levando em conta a história dessas interações.

Portanto, para voltar à questão do envolvimento e ao substrato social de sua eficácia, inclusive para a própria produtividade, evitando também um encerramento circular do problema, é necessário se perguntar sobre os mecanismos pelos quais as pessoas se sentem concernidas pelos assuntos que circulam no lugar ou espaço de trabalho, mobilizando sua atenção, seu interesse e seu esforço cognitivo e físico.

Ora, existe um acúmulo considerável dentro da tradição acadêmica da sociologia do trabalho relacionado ao trabalho em grupos ou equipes, desde Elton Mayo e a experiência pioneira na Western Eletric Company, consagrado no famoso efeito *Hawthorne*.[34] Sem entrar diretamente nessa literatura — a qual hoje pode novamente experimentar uma sobrevida, justamente pelo objeto a que se dedica — o lugar de trabalho, espaço da produção, vai ser tomado, na interpretação que segue, segundo aquele significado recuperado em Dejours e Abdoucheli (1994), isto é, como um *espaço público interno*, espaço de negociação e de política. Dessa forma, a resposta à pergunta formulada passa, antes de tudo, pelos mecanismos mediante os quais as pessoas se sentem concernidas pelos assuntos da *polis*. É tal "sentido", nesse entendimento do problema, que torna a manutenção da ordem coletiva, pensada para os grupos de trabalho, um fato, ou um achado, socialmente estável. Note-se que tal interpretação não se refere

---

[34] Tal experiência é paradigmática, e serviu como contraponto a toda uma corrente crítica e humanista, em especial francesa, cujo marco foram os trabalhos de Georges Friedmann, especialmente o seu *Problèmes humaines du machinisme industriel*, de 1947. Veja-se ainda G. Friedmann e P. Narille, *Tratado de sociologia do trabalho*, São Paulo, Cultrix, 1972. Para uma recensão contemporânea, ver Pierre Desmarez, *La sociologie industrielle aux États-Unis*, PUF, 1985, pp. 31-58.

restritivamente ao formato dos grupos ou células de produção, mas antes a qualquer ambiente de trabalho. No entanto, sua incidência naquele tipo de organização do chão-de-fábrica parece mais do que pertinente, dado o caráter desde o princípio coletivo do trabalho (diferente, por exemplo, da organização taylorista).

Assim, é a partir dos interesses dos membros do grupo, entendidos como patrimônio da esfera privada de cada um, que os participantes fazem valer a sua atenção e o seu envolvimento. Porém o "interesse" nada tem a ver com a acepção que lhe dá a economia política, a qual avaliza, ao fim e ao cabo, uma concepção naturalizada do "indivíduo". Aqui é necessária uma explicitação dos pressupostos que estão por trás de uma afirmação desse tipo, para o que vai ser preciso uma remissão à fonte básica das idéias que se desenvolvem a seguir, quais sejam, os capítulos d'*A condição humana* em que Hannah Arendt discute o conceito de "esfera privada". Ali, a "propriedade privada" é entendida, em sua significação original, como "privatividade", portanto não como propriedade material de bens, mas como propriedade daquilo que é "seu" (dele/dela), insubstituível, íntimo, o que lhe (dele/dela) é mais caro. Em uma palavra, a casa. Não por acaso, demonstra a autora, as diversas acepções do "privado" estão ligadas à noção de "lar" — um lugar onde se é "resguardado contra o mundo" (*op. cit.*, p. 68) — e de "muro", que remete à circunscrição de um espaço, o qual por sua vez encontra sua razão de ser na delimitação com um espaço comum, público.

Se a esfera privada, em primeiro lugar, é vista como "privação" do espaço público, e portanto como privação de uma relação "objetiva" com os outros (*idem*), por outro lado ela é condição para a manutenção do próprio espaço público, de sorte que o desaparecimento do segundo não assegura a sobrevivência da primeira (*op. cit.*, p. 70) com o mesmo caráter de um refúgio (o "calor do lar", *op. cit.*, p. 68). Assim, "o caráter privativo da privatividade" (*op. cit.*, p. 69) esconde muitos significados e, por conseqüência, se o "interesse" é definido dessa forma, então muitos aspectos podem estar envolvidos nessa definição, o que amplia o sentido restrito que lhe está associado com a captura pela economia política, a partir do que sua acepção encontra-se colada à acumulação de riqueza em escala ampliada. Riqueza e "privatividade" não são termos equivalentes. A propriedade privada não é também, imediatamente, equivalente de riqueza, entendida em sua acepção moderna (acumulação), de maneira que pode seguir convivendo com o espaço da "privatividade", e por contraponto à existência da *polis* (*op. cit.*, p. 70). Em uma palavra, a propriedade pode também ser lida, assim, como uma estaca de determinado "lugar no mundo" (*op. cit.*, p. 72):

> "Originalmente, a propriedade significava nada mais nada menos que o indivíduo possuía seu *lugar* em determinada parte do mundo e portanto pertencia ao corpo político, isto é, chefiava uma das famílias que, no conjunto, constituíam a esfera pública. Essa parte do mundo que tinha donos privados era tão completamente idêntica à família à qual pertencia que a expulsão do cidadão podia significar não apenas o confisco de sua propriedade, mas a destruição de sua própria morada" (*op. cit.*, p. 71, grifos meus).

A propriedade como "casa", como um "lugar que lhes (os antigos) pertencesse" (*op. cit.*, p. 72), ao mesmo tempo condicionava o exercício da cidadania (*id.*, *ibid.*). Mas há também outro aspecto envolvido no campo de significados da morada, da casa, do lar, do lugar, do muro: é o caráter sagrado da privatividade, que, como nos lembra a autora, "assemelhava-se ao caráter sagrado do oculto". O lar, esfera do nascimento e da morte, devia ser escondido da esfera pública, já que o que ocorria em seu interior eram "coisas ocultas aos olhos humanos e impenetráveis ao conhecimento humano", a propósito das quais a própria palavra — porque "dom" das coisas comuns — sofria interdição. O tabu, na qualidade de indizível, opunha-se à palavra. Assim, o misterioso e o sagrado envolvem, como uma extensão de seu significado, a propriedade, nesse sentido que lhe é atribuído pela retomada da concepção *agônica* da política.

No entanto, para todos os efeitos, o que importa é que a partir dessa abertura de sentido e dessa contextualização, a ação movida pelos "interesses" provindos da "privatividade" ganha um conteúdo socialmente forte.

Hannah Arendt vai afirmar que foi exatamente a emergência do "social" o que permitiu a obsolescência da esfera pública, assim como promoveu o enfraquecimento da distinção entre esta e a esfera privada. Sem precisar refazer o trajeto dessa argumentação, é suficiente ter em conta que se trata de acepções diferentes para o "social": num caso, é o registro da "questão social" (acepção tomada por Hannah Arendt); noutro caso, é o registro das formas possíveis de sociabilidade por meio de um ponto de partida ao mesmo tempo material (o lar, a família, a terra) e simbólico (o sagrado). Em outras palavras, o social como sinônimo de "vida em comum".

Uma visão que aproxime o espaço de produção, ou o coletivo de trabalho, de um "microespaço público", teria de conseqüentemente tomar os aspectos que estão envolvidos nessa última acepção.

Dito de outra maneira, é preciso, em primeiro lugar, que o envolvimento — para voltar ao ponto inicial — afete o interesse ligado às coisas da "intimidade", da "casa", onde habita o sagrado e o indizível. Mas, para que se complete a trajetória da auto-representação de si, é preciso também, por outro lado, que ela se confronte com outros, a fim de "ganhar" essa auto-representação mesma. Por tal via, isto é, pela via do reconhecimento em um espaço público, toca-se então no nervo da subjetividade, uma demanda que emerge, paradoxalmente, não de uma iniciativa de pesquisa teórica, mas da própria difusão dos movimentos "da qualidade", como exigência atual da organização do trabalho.

Em segundo lugar, pressupõe-se que esteja já resolvido o problema da posição "social" do operário, isto é, o fato de que ele ganha a vida enquanto assalariado, com a venda da força de trabalho. A ação "interessada" que o envolvimento rouba para si, isto é, para a empresa, pressupõe que o interesse em sua acepção moderna, isto é, como interesse de um grupo social, interesse de classe, já esteja posto. Esse é o momento clássico da irrupção da questão social, que tem como seu índice mais elementar o assalariamento. Daí por que um padrão público de identificação, ligado a esse último processo, isto é, da questão social, encontra-se do lado de uma socialização salarial — ou socialização pela relação salarial — enquanto que o padrão em direção ao qual caminham as formas de inclusão das empresas modernas com respeito aos seus empregados está, também no registro da "questão social", do lado de uma socialização privada.

Do exposto decorrem dois pontos:

- o problema do envolvimento está ligado a uma lógica privada (da empresa) — mas também "privativa" (intimidade), sendo que o que confere todo o caráter ambíguo à condição assalariada no interior dos tipos de gestão do trabalho ditos pós-fordistas, na atualidade, é exatamente a assimilação dos dois termos;
- tal lógica vai de par com um *estreitamento do social*, entendido este último no sentido devido à socialização salarial.

Com efeito, "envolvimento" e assalariamento aparecem como termos que encerram destinos divergentes. O primeiro pressupõe engajamento e interesse; o segundo ratifica a indiferença da força de trabalho, reduzindo-a à sua posição contratual. Há tanto obstáculos quanto virtualidades em cada uma das escolhas, as quais podem ser escolhas no âmbito da gestão do trabalho, como também escolhas no âmbito do contrato de trabalho — sendo que é comum a primeira transbordar na segunda, por exemplo: as políticas de envolvimento da força de trabalho refletirem-se em propostas de flexibilização da relação salarial. Em geral, uma ênfase "positiva" é dada à primeira escolha ("envolvimento") — em especial pelas empresas — simultaneamente à recusa da segunda escolha ("assalariamento") como rigidez ligada a uma era datada da produção industrial. Ora, a socialização salarial — ou o assalariamento como destino — tem aspectos muito importantes, que se relacionam, conforme nos lembra um autor,[35] com o veio contraditório da própria modernidade, qual seja, a possibilidade de recusa pela invocação do geral, do abstrato e do comum, como garantias contra o conforto de uma sociabilidade algo "forçada"; e, por outro lado, a possibilidade de produzir surpresa, o que é uma característica dos encontros sociais modernos — eles permitem a experiência do "choque" a partir do encontro com o diferente, ao passo que os encontros em ambientes tradicionais reproduzem laços já conhecidos, sendo, por esse lado, confortantes. A dinâmica da modernidade, para o sujeito-trabalhador, é mais desafiante, nesse sentido: cada novo emprego é quase um novo nascimento: novas pessoas, novas preocupações, novas descobertas: não se sabe quem se vai encontrar do outro lado, no trabalho que se inicia.[36] Ao passo que, reproduzindo laços de pertença anteriormente já sociais (a família, a vizinhança, o grupo religioso etc.), o trabalho não traz nada de... novo. Quando é livre de determinações, ele pode ser uma arma para mudanças; quando não o é, pode tornar-se um peso muito forte para desvencilhar-se. Esse seria o seu lado positivamente moderno. Ou a sua dívida para com a modernidade.

Voltando, contudo, à pergunta inicial que motivou o escarafunchar de noções e tradições de pensamento tão distantes, pode-se adiantar que — supondo agora ser essa a escolha que efetivamente dá o tom do movimento das empresas em reestruturação — o que é ativado, nos processos de envolvimento (a gestão pela qualidade é a sua tradução operacional; por sua vez, ela condensa

---

[35] Ver Yves Schwartz, *op. cit.*

[36] Evidente que essa é uma associação muito elementar entre assalariamento e modernidade; na verdade ela simplesmente associa a experiência do emprego a um vínculo social não dominado por laços de sociabilidade tradicionais.

uma série de instrumentos com várias denominações, todos, contudo, seguindo a "filosofia" maior da qualidade), é uma convivência social daqueles que trabalham, à guisa de habitantes da *polis*. Em síntese, o envolvimento pressupõe que o espaço da produção, como *locus* de sociabilidade, faça sentido. Para isso, é como se a operação de transporte da "casa" — tomando esse termo enquanto uma concentração dos interesses privativos dos trabalhadores — para a fábrica tenha sido bem-sucedida. Se assim é, algumas iniciativas dos operadores passam a ser mesmo esperadas, como uma decorrência dessa identificação.

A primeira e mais imediata é a responsabilidade. Portanto, a responsabilidade com os instrumentos, com as máquinas, com o próprio trabalho e os colegas, depende de uma experiência durável de envolvimento, a qual se manifesta simbolicamente (já que os símbolos são como que os atestados da vigência da sociabilidade).

A responsabilidade decorre do sentimento de pertença. Quando os trabalhadores *convivem* socialmente, quando se vêem reciprocamente como habitantes da *polis*, projetada nesse caso preciso pela empresa, e quando a auto-representação de si e de seu trabalho confirmam essa projeção, então a ação produtiva faz sentido, e é exatamente por isso que eles agem/produzem.

Em seguida, a capacidade de julgamento, ou de discernimento. Não se deve esperar o alheamento do trabalhador "envolvido". Pelo contrário, ele deve saber tomar decisões.[37] E "decisão" aqui entendida não apenas como decisão técnica mas como escolha de um caminho — uma decisão política, portanto — da mesma forma como o filtro dos interesses do grupo de que se faz parte orienta o juízo sobre as resoluções e a intervenção dos

---

[37] Esse quesito é muito enfatizado por estudiosos de processos de trabalho contínuo, em que o controle de parâmetros do fluxo da produção é a principal característica do trabalho dos operadores responsáveis pela seção (ou seções). Mas vale também para a produção manufatureira organizada sob a *lean-production*.

membros dos grupos políticos: saber, por exemplo, distinguir uma intervenção infeliz de uma intervenção virtuosa. Só um cidadão "envolvido" — porque *faz parte* da coletividade — possui tal "capacidade". O desalento conspira contra o envolvimento. Por isso, a constante necessidade de mobilização das energias do grupo de trabalho.

Agora, se a chave do "envolvimento" está razoavelmente circunscrita, é preciso passar para o passo seguinte e perguntar-se pelo "como?". Enfim, de que maneiras, por meio de quais procedimentos, se pode verificar empiricamente a existência de uma sociabilidade fomentadora dos processos de envolvimento no trabalho?

Quando um par, um companheiro, cobra mais atenção, menos indiferença, e quando se percebe — pelos gestos, e mesmo pelo movimento do olhar — as divagações centrífugas, então o que se lamenta é a "perda" do (envolvimento) outro. E quando o outro se envergonha de tal alheamento seu, ele percebe imediatamente a sua falta. Há, pois, aí um vínculo de cobranças e um sentimento de dívida que remetem a *déficits* de reciprocidade freqüentando tacitamente o ambiente. Pode-se dizer que o social faz a prova de sua existência por essa via.[38] O tipo de identificação devida a uma ordem coletiva que funciona como microespaço público é uma precondição para a discussão e o exercício dos interesses "privados" (ou privativos) de cada um. É ela que permite a admiração, ao passo que esta última pressupõe, por sua vez, a diferença representada pelo *outro*. A *polis* já significa um esforço de pôr de lado o sentimento imediato de identificação e tomar o outro como vazio de determinações subjetivas, porém digno de ser também *considerado*: este é o típico cidadão, a matéria a partir da qual se

---

[38] Tal percepção acerca do funcionamento dos grupos de trabalho que remete ao "clima" ou "ambiente" em que sensações como as descritas são reguladas foi-nos relatada por um executivo responsável pelos sistemas de qualidade. Conquanto vagas e imprecisas, elas têm sido objeto de um tratamento positivo por parte das empresas, denunciando assim a importância desses aspectos.

tece o reconhecimento da alteridade. Mas é preciso mais. É preciso que o outro, de quem se lamenta a perda (nos casos de divagação centrífuga), seja alguém por quem se tem "simpatia". Não são todos indiferentemente invocados como motivo de lamento por não compartilhar de um mesmo sentimento comum. A simpatia também orienta o caminho do envolvimento, uma vez que incide naqueles elementos que são parte da "propriedade" de cada cidadão (sua casa, sua família, seus próximos): a construção dessas pequenas definições de pertença significa justamente uma demarcação de terreno, em que está em jogo o que deve e o que não deve habitar o lado de cá dos muros que se ergueram.[39] Ela, a simpatia, só pode estar contida no microespaço público do grupo (espaço público que, por definição, baseia-se na distinção entre uma lógica da identificação e uma lógica da política) porque este permite a consideração também dos interesses privados ou "privativos" do sujeito.

5.5. EM BUSCA DA MEDIDA DO TRABALHO: A ARTE DE FAZER DISTINÇÕES E A ADMIRAÇÃO

É possível, talvez, perseguir os elementos que soldam a sociabilidade por meio de algumas sendas de sentido. Por exemplo, a senda da admiração de um colega pelo outro, colega esse que carrega como qualidade o fato de saber fazer distinções. Porque as distinções entre privado e público se embaralham na fábrica, admirado passa a ser aquele que detém a arte da medida entre uma e outra esfera, garantindo assim uma proteção contra a imissão da segunda pela primeira, em vez da indiferenciação, que é naturalizada pelas "políticas de qualidade".

Porque o trabalho *continua* em casa, já que ele não tem mais um lugar fisicamente delimitado, passa a ser uma estraté-

---

[39] Hannah Arendt, *op. cit.*, p. 73.

gia importante lutar contra o fluxo, por uma espécie de "operação-zelo" temporal auto-infligido. Com a importância cada vez maior atribuída ao tempo de preparação (*set-up*) das máquinas, isto significa que as margens entre a atividade propriamente (a tarefa) e os entornos relacionados à origem e ao destino da atividade de trabalho (partes, componentes, matéria-prima e todo o investimento ligado ao chamado "produto em processo") tornam-se menos nítidos, isto é, ocorre uma desassociação relativa entre o espaço da produção e os limites da tarefa, juntamente com um alargamento da definição mesma da atividade (não mais uma "tarefa" na acepção devida ao modelo clássico de organização do trabalho). Os efeitos de tal alargamento fazem-se sentir em uma carga muito mais cerrada de investimento e/ou *pensamento sobre* a referida atividade, a qual não se circunscreve com tanta precisão ao local de trabalho apenas (a seção), mas inclui também as seções anteriores (fornecedoras) e posteriores (clientes).

No entanto, tal prerrogativa é ainda de poucos: incide sobretudo nas funções mais técnicas, de preparo e planejamento. Dentro do coletivo de trabalhadores, em que o mesmo processo poderia ser reproduzido, contudo, a divisão do trabalho costuma ser mais rígida: em uma empresa química, o acesso ao terminal de computador, mesmo para o simples ativar do empenho, é vedado aos operadores; cabe apenas ao líder.

> *"A gente já recebe o material que chega na produção, [porque] é função do líder fazer o pedido por meio de uma Ordem de Fabricação: ele recebe daqui do PCP [Planejamento e Controle da Produção], uma Ordem de Fabricação para produzir — vamos supor — 50 mil unidades de aerosol. Esse material está à disposição no sistema e é feito um empenho, eles fazem um empenho desse material. Quando esse material chega na produção, aí a gente confere esse material, identifica todo esse material com sua determina-*

da Ordem de Fabricação, para que não haja possibilidade desse material ser misturado com outro.

Nós, da produção, operadores, é que estamos à disposição para que possamos estar trabalhando com ele [líder]. *Agora, o que cabe a nós, operadores, é pegar esse material, colocar no processo, e os acontecimentos durante essa produção, tipo: fazer os pesos, registrar nos livros; o equipamento parou, a gente tem que anotar porque nós temos oito horas programadas para trabalhar...*" (operador C.).

Trata-se basicamente de um trabalho de acompanhamento, típico de um processo contínuo:

"*Exatamente. É o que nós fazemos. Agora, esse processo assim, via terminal, não é função nossa, é função da liderança, entendeu?*" (idem).

Cada um sabe o seu "lugar" no desenho da divisão do trabalho da empresa, que é, assim, mantido, mesmo com a chamada à responsabilidade e a mobilização constante do empenho subjetivo nas tarefas mais comezinhas (porque esse empenho é a garantia-base da qualidade). Contudo, o elemento novo em relação à divisão do trabalho muito prescritiva fica por conta do controle disciplinar, que muitas vezes se misturava ao controle técnico das operações. O líder, agora, é uma figura muito mais importante. Ele é "admirado" e não temido. Já os operários de fabricação passam a contar, a partir dos novos constrangimentos impostos e também auto-impostos, com a necessidade de um equilíbrio entre as preocupações que são transferidas da fábrica para casa (limpeza e asseio, economia e desperdício) e as preocupações não-produtivas ou devidas a um cuidado-de-si; em resumo: entre o privado (devido à empresa) e o privativo (da casa). Portanto, se cada um tem de achar o seu "lugar" no espaço de produção (e a divisão do trabalho, como se viu no exemplo anterior, acaba facilitando isso), também na esfera doméstica a distinção entre o tempo para si e o tempo que carrega preocupações da empresa passa a ser vista como uma arte; a arte de separar as esferas da vida e do trabalho. As costureiras que trabalham no sistema de células, por exemplo (como será visto em outra parte deste trabalho), diante da questão de se continuam a discutir assuntos da firma com as colegas de célula, após o serviço, responderam categoricamente que não!

Assim, existe como que um desafio recôndito posto intimamente, que é a capacidade de achar esse equilíbrio, essa medida, que é pessoal a cada um, entre as demandas de reconhecimento que vêm da empresa (elas interpelam um elemento importante desse reconhecimento, que é a qualificação) e os assuntos da vida — achar o "seu lugar", subjetivamente estruturado, na tensão entre o que ninguém mais, diretamente, vai impor. Longe de ser apenas uma preocupação das profissões de classe média, essa agora é uma preocupação candente também do trabalho industrial. Esse é o outro lado — o lado dos seus efeitos enquanto carga de trabalho — da "relação de serviço".

O líder é, entre outras coisas — ou seja, outros atributos —, também aquele que achou essa medida para si, e a expõe praticamente para os outros. O grupo vê o líder como espelho; há um evidente processo de identificação, mas não da "pessoa" imediatamente, senão do trabalho que ele executa ou tem sob sua responsabilidade.

Isso não é tudo, pois o grupo também admira quem resolve satisfatoriamente o problema da adequação material no mundo, o que quer dizer exatamente: quem é "eficiente", quem está "no mercado" e, portanto, quem tem performance. Ora, como a atividade de trabalho, pela via da venda da força de trabalho — ou por outra, da relação salarial — é o que dá o acesso ao mundo mercantil, ao reconhecimento do "sucesso", então a admiração pelo colega ou pelo líder não está apenas na sanção do achado ou equilíbrio subjetivo, mas de "achar-se" também no mundo real das trocas, do mercado, do dinheiro. O objeto da admiração é sim-

Primeiros indícios: o ramo químico-farmacêutico   191

plesmente a capacidade de "viver como os outros", compatibilizando as duas vias: a da estabilização e a da performance. Isso enseja o problema da alienação. O que é admirado é aquilo que, no fim, reproduz o estado de coisas do grupo social. Assim como a estabilização psíquica é explorada pela empresa, no sentido dejouriano, a admiração nos outros do "achar-se um lugar" é também uma forma de conjurar o perigo de "perder o pé", reagindo contra isso com a máxima interior de "ser como os outros" (pessoas comuns), resvalando, por essa via, em uma forma de sancionar a normalidade social.

Se o "custo" de se alcançar tal normalidade encontrava-se relativamente regrado com a relação salarial de feitio fordista, ele aumenta, em termos subjetivos, com a desorganização desta última e o advento da fábrica *difusa* que pode "continuar" mesmo além (ou aquém) do tempo produtivo fisicamente delimitado.

5.6. UM CASO: UMA CONVERSA
ENVIESADA SOBRE O FUNCIONAMENTO
DE UM GRUPO DE TRABALHO

As formas assumidas pelo trabalho em grupo são ambíguas e um juízo definitivo sobre ele é temerário porque estão envolvidos ali aspectos que não podem ser facilmente desagregados da identidade pessoal e profissional (por exemplo, a vontade de aprender) do trabalhador. É justamente essa ambivalência que explora o modelo da competência. Além disso, tal ambivalência desloca completamente qualquer tentativa de vincular o trabalho em grupo a uma determinação de tipo tecnológico ou organizacional. É o que se vai ver a seguir, ainda de acordo com a mesma fonte, extraída do setor químico.

Na contramão das células de produção na indústria de confecção,[40] uma dúvida intrigante começa pela explicação de certo

_____

[40] Consultar o capítulo IV deste livro.

comportamento solidarista, não competitivo, no grupo de trabalho. Os trabalhadores não agem "individualmente", sancionando assim um comportamento típico da sociedade de mercado (integração funcional). E também não agem, por outro lado, como classe, negando a integração no sistema e usando as identidades individuais contra um "inimigo comum" (o patrão, o gerente, o superior hierárquico). O que enseja essa aparente ausência de conflitos?

> *"No passado — eu não estava aqui na época mas, segundo as pessoas falavam — cada um sabia pra si, entendeu? O que eu sabia, ficava pra mim, outro colega que chegava com o mesmo equipamento... muitas vezes, cada um tem uma habilidade a mais do que o outro, né? Aí cada um acabava tirando mais produção do que o outro. Hoje não. Hoje é uma equipe"* (operador C.).

O que faz com que um trabalhador "abra" a sua informação para o outro? Por que mecanismo de dom essa passagem é feita, de tal forma a funcionar ao mesmo tempo como regulagem das diferenças de habilidade?

A resposta é, à primeira vista, esquemática: "vontade de crescer". Mas, do ponto de vista individual, o que se ganha em compartilhar esse saber, da mesma área, com o colega?

> *"Isso é importante, nos dias de hoje, quando a gente trabalha em equipe [...] Pelo fato de estar trabalhando num equipamento, e treinar outro colega, eu não tenho medo de perder a minha posição pra ele, porque sei que se eu sair daquele equipamento, vou ter oportunidade em outro, entendeu? Então, estou passando meus conhecimentos pra ele, que aí vai ajudar o setor — a linha de produção — e vai ajudar o colega, e também vai me ajudar. Então, com o fato de passar meus conhecimentos pra meu colega, estarei crescendo com isso e não perdendo a minha posição pra*

ele, como era o pensamento no passado, segundo as pessoas mais antigas aqui" (idem).

Ou ainda, no relato de um líder de grupo que percorreu toda a trajetória de mobilidade no nível operacional da empresa — desde ajudante —, em que o contraste com o comportamento egoísta fica claro:

> *"Se é uma coisa que eu procuro valorizar é os acontecimentos. E é gostoso quando a gente acompanha mudanças. É muito bom. Tinha no começo aquele modelo imperativo do 'só eu faço, só eu sei e você faz o que eu mando'. Isso aí existia, na nossa caminhada foi assim também. Então, se passou um longo tempo: ajudante, né? A batalha... mas a vontade era de crescer. Então veio o período que era da parte 'operador'. Mas, como 'operador', você tinha que conviver com quê? Com essas divergências de um operador para com outro. Seria divergência de um [tipo]: 'eu vou deixar a máquina um pouquinho desregulada porque o outro vai entrar e ele não vai tirar produção'. Havia essa rivalidade assim, essa coisa toda"* (líder J.).

Evidentemente, existe uma pressuposição prática para todo esse cenário: a valorização, pela organização, da polivalência. Supondo, portanto, que tal valorização seja real, o que é interessante são as razões apresentadas para tomar esse caminho. Por exemplo: passar a informação sem ficar com medo de perder a vaga.

> *"A pessoa que pensa dessa maneira é a pessoa polivalente, ela busca esse objetivo: ao mesmo tempo que ela está passando, ao mesmo tempo ela também tem vontade de aprender em outros equipamentos. Isso é o que aconteceu hoje com a maioria dos líderes que chegaram ali, também eles tiveram que ter esse conhe-*

cimento. A maioria já passou por Formulação[41] e tantos outros setores, como Embalagem... vem desse trabalho também. Foi buscar o quê? A polivalência, não só ficar bitolado num lugar só. Mas no passado, quando se falava... porque a pessoa era um operador, ele achava o seguinte: se ele perde aquele local pra outra pessoa, ele ia fazer o quê?" (idem).

Era o perigo de perder o emprego...

"Era um perigo que se pensava na época. Mas aquelas pessoas na época também pensavam: pôxa vida, mas no dia que essa firma precisa de três operadores, ela só tem dois, e daí? Como que deve fazer? Na época, quando começou as mudanças, começou por aí. Treinamento, já começava o treinamento nas máquinas. Mas aí teve gente que pensou dessa maneira, como o C. falou, de treinar mais pessoas. Por exemplo, tem o operador e esse operador se doava para treinar outros operadores. E ele também, com esse treinamento... além do operador ficar treinando os outros, o treinamento serve para ele também, porque parece que ele também aperfeiçoa mais os conhecimentos dele. [Ao passar para o colega], ele aperfeiçoa mais ainda. Muitas vezes... quando a gente é aprendiz, pouco se aprende; mas quando a gente é professor, a gente acaba aprendendo mais ainda. Como aluno, a gente não aprende tanto" (idem).

O estilo de trabalho em grupo de fato força a um *pensar sobre* o trabalho. Nesse sentido preciso, força uma tomada de responsabilidade.

---

[41] Uma das seções da fábrica de *consumer care* da empresa química.

"*Então, esse é o objetivo daqueles que pensam* [que] *o conhecimento não é uma coisa que tem que ficar segura. E hoje, mesmo com as instruções de trabalho que tem, não dá para ficar preso. Porque se a pessoa hoje for uma pessoa esperta e gostar de ler, ela chega ao objetivo. Porque hoje, tudo que se faz de nível operacional nas linhas, tá escrito como deve ser feito. Logicamente, se ele tiver um acompanhamento de um operador que tenha boa vontade também, rapidinho ele já é um operador. Isso é que acontece nos dias de hoje*" (idem).

Um operador, hoje, tem mais facilidade em aprender o processo do que antigamente; já está tudo "escrito como deve ser feito". A entrada em operação de máquinas mais automatizadas estreita a margem de manipulação direta do trabalhador, deixando pouca deliberação para decisões técnicas (o que confirma a tendência de racionalização), mas a mudança mais significativa está na postura diante do instrumento de trabalho, seja ele moderno ou antigo.[42] A demissão do controle do instrumento e da matéria é compensada por atribuições diferentes do posto original (o que é designado na organização como "polivalência"), que são mobilizadas pelas exigências de certificação de qualidade (as normas ISO), assim como pela padronização do uso dos equipamentos (instruções de trabalho). Pode-se "rodar" por outros postos exatamente porque a base está racionalizada e o trabalhador pode reconhecer as operações devidas em qualquer máquina em que ele for alocado. Onde essa possibilidade de racionalização encontrar obstáculos técnicos (como na fábrica de cuecas, conforme se

---

[42] Os novos operadores que chegam — no nível de ajudantes — pegam tanto as máquinas novas quanto as velhas (as segundas predominam). Há instruções de trabalho distintas, para operar uma e para operar outra. Entrevista em 5/11/1996.

verá no próximo capítulo), o treinamento é mais demorado e mais sofisticado.

"*A facilidade que é hoje para o que era antes é que, antes, quando uma pessoa estava aprendendo um equipamento, ela estava ouvindo da pessoa que estava ensinando pra ela e sinalizando pra ela o que ela teria que fazer para determinada posição da máquina, né? O que tinha que fazer. Hoje, existe uma instrução de trabalho para cada máquina, na qual está escrito do primeiro passo até o último passo como que você faz para ligar um equipamento, e como você faz no sentido da segurança do equipamento, quer dizer, todas as instruções de trabalho de operação de um equipamento está escrito em 'instruções de trabalho', que fica junto à linha*" (operador C.).

5.7. AINDA A CONVERSA ENVIESADA:
A PASSAGEM DE TURNOS E A
DESNECESSIDADE DA PALAVRA

Assim como no caso do treinamento para o trabalho em grupo, no qual termina ocorrendo um ajuste das habilidades dos operadores, pode-se observar o mesmo mecanismo de regulagens recíprocas no momento da passagem de turno. A passagem de turno sempre foi um momento delicado do processo de trabalho, pois significava uma ruptura do fluxo produtivo: ruptura de ritmo, de estilo, de linguagem do grupo que ficava responsável pela seção ou máquina. O pessoal do turno seguinte não sabia exatamente onde o pessoal do turno anterior havia parado, o que podia significar ter de começar tudo de novo. Com isso perdia-se muito tempo. Tanto é assim que a fábrica instituiu um intervalo, variando entre cinco e quinze minutos, para que se efetuasse a transição dos turnos, uma transição que permitisse na realidade uma comunicação (supostamente eficiente) entre eles.

Primeiros indícios: o ramo químico-farmacêutico

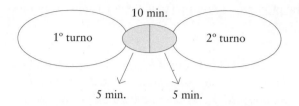

"*O turno que entrar, no caso, o operador, entrava cinco minutos antes já pra ver onde o outro parou. Se o outro tivesse uma boa vontade... — às vezes parava até antes*" (líder J.).

Uma das maneiras de atacar o problema da comunicação entre os turnos foi instituir um sistema padronizado de checagem. Enquanto as "instruções de trabalho", no caso do grupo de trabalho, tiveram por efeito facilitar a operação e terminaram por disponibilizar seus componentes para outras atividades ("polivalência"), no caso da passagem de turnos, a padronização confirma o sentido da racionalização e afasta as possibilidades de artifícios dissimulatórios — por motivos os mais diversos; motivos... humanos.[43] Em resumo, torna supérflua a palavra.

"*No caso aqui, vamos supor, eu passo para o outro líder onde eu estou, mas, no caso, se eu não passar, ele tem condições de checar. Porque nós trabalhamos com aquilo que eu fiz durante o dia. Logicamente que eu vou contabilizar, vou passar para o sistema. Então, se ele chegar e consultar, ele já sabe onde eu parei, entendeu? Não precisa nem tanto estar falando: 'eu parei aqui e tal'. Logicamente, ajuda* [se ele falar] — *em muita coisa é no sentido de agilizar. Tudo que é*

---

[43] O líder que recebe o bastão não depende mais da "boa vontade" do colega do turno anterior, por exemplo.

feito é registrado: há livros de registro, nos quais está registrado o número da ordem de produção; a quantidade já feita já está registrada, tudo, tudo é registrado. Chegando, olhou no livro, então não tem como dizer assim... não existe mais essa coisa de linguagem diferente. Porque é um padrão, já existe um padrão de trabalho, existe um padrão de registro em que todas as coisas são registradas da mesma forma, não tem como registrar de outra maneira" (idem).

O companheiro de grupo confirma:

"Existe a comunicação verbal porque há pessoas que se comunicam, não é? Na saída de um grupo pra outro, e passa o trabalho. Agora, se caso ele não passar esse trabalho, não vai ter problema porque ele vai ter condições de saber onde ele parou, o que falta para ele fazer, entendeu? O J. por exemplo, todo dia ele passa o trabalho verbal para o outro companheiro" (operador C.).

Mas se não passar...

"No caso, foi ontem: eu tava numa reunião, quando eu cheguei para produzir, que produzi pouco e já tava quase no final do turno, o outro turno que ia entrar foi à reunião. Então, quando eles chegaram eu já tava praticamente em casa. Eles chegaram e tocaram porque é só analisar: ver os livros. No mesmo caso: eu chego de manhã, no primeiro turno, não tem ninguém pra passar o serviço, mas, consultando os livros, já me dá condição de tocar o barco que não vai ter problema, porque eu já sei onde parou" (idem).

O sistema de trabalho em grupo move-se no interior de uma ambigüidade desconfortante: por um lado, abre possibilidades enormes de exercício das vontades, dos arbítrios e dos juízos parciais no encontro com outras vontades, isto é, abre a possibilidade de escolhas e do achado de uma medida do coletivo — isso o torna um empreendimento até certo ponto "misterioso". E também passível de uma resolução "estruturante" (Dejours), ou funcionando como um "espaço público", onde a "boa vontade", a simpatia ou, ainda, a admiração podem exercer uma influência legítima. Por outro lado, essas possibilidades são canalizadas (instruções de trabalho, checagem na passagem de turnos) pela lógica férrea da economia, na qual se insere a empresa. A padronização obedece a essa lógica, sendo então muito importantes os instrumentos de normatização (como os já mencionados), e também os de contabilização, como as chamadas "ordens de fabricação" (OF). É inegável, contudo, que o conteúdo do sistema de trabalho carrega elementos liberadores, vinculados àquele caráter "misterioso". Eles são apropriados desigualmente pelos operadores. Dele tiram vantagem sobretudo aquela geração que vivenciou o modelo impositivo (a "batalha" e a "vontade de crescer" do líder J.) como uma "evolução", um progresso da gestão do trabalho.

Tal apropriação é tanto mais forte quanto faz esquecer os pontos problemáticos do sistema, um pouco no registro das estratégias de defesa estudadas por Dejours. Um ponto problemático forte, por exemplo, é o ritmo que a padronização impõe ao trabalho. Nesse caso, o problema é sobrepassado pelas virtudes contemporâneas do sistema técnico: a maior fluidez (menor número de paradas e quebras) dos equipamentos, tornada possível pela educação (no discurso gerencial, o "treinamento") do cuidado com a máquina, a limpeza etc., é o que interdita a enunciação do problema da intensificação do ritmo de trabalho. O ritmo seria mais intenso *se* não tivesse havido a substituição de máquinas manuais por máquinas mais automatizadas, o que imediatamente afasta o problema de saber se o ritmo hoje *é* intenso ou

200   Trabalho em grupo e sociabilidade privada

não. Recalcando a remissão a uma situação anterior, o treinamento — e os programas de qualidade, em geral — promove o efeito sociologicamente conhecido de amnésia da origem, que, no caso em tela, "explica" a racionalização da própria intensidade do trabalho:

> "*Todos estando treinados, sabendo o que vai fazer mesmo, não aumenta o ritmo. Se o equipamento tá trabalhando normal, sem quebra, sem essas coisas todas, isso aí não afeta. Se* [houvesse] *mais quebra, afetava mais, aí você vai ter que trabalhar mais pra melhorar esse equipamento.*
>
> *Nas linhas manuais, pode afetar. Mas, supomos, uma máquina como a Velma* [Produtos Líquidos]: *ela já tem um padrão de trabalho, ela tem determinada velocidade. Se, logicamente, passar dessa velocidade, é claro que afetaria, mas essas pessoas treinadas com a velocidade de 130 min., elas estão capacitadas para trabalhar com aquela velocidade, né? E o rendimento dessa máquina, tá com aquela velocidade de 130, o cara não pode aumentar de 130. Ela é calculada para 130*" (líder J.).

Se o operador tentasse uma "gambiarra" para aumentar a produção, ele estaria usando de má-fé. Nesse caso, o líder, como controlador das condições de produção, vela para que o operador aja com prudência. O líder funciona como peça-chave na regulação do sistema técnico em sua interface com os trabalhadores. No caso, a prudência envolve a incorporação de procedimentos de prevenção, de cuidado — mas sobretudo de cuidado para com o instrumento, ou seja, para com os meios de produção. Na verdade, uma economia de custos *via* incorporação das funções de manutenção no trabalho ordinário do operador.

A norma de produção sancionadora dos 130 minutos acaba restringindo qualquer possibilidade de flexibilidade individual

Primeiros indícios: o ramo químico-farmacêutico

no uso dos equipamentos: por exemplo, uma estratégia de compensação do próprio tempo.

"Essa filosofia já teve muito no passado: por exemplo, o equipamento quebrou e você quer recuperar, você acabava quebrando de novo o equipamento, forçando o equipamento para compensar. Vamos supor, a máquina marca 130 e eu vou rodar 135 para compensar algumas paradazinhas que vai dar, intermediárias, durante o dia. Mas você acaba prejudicando o equipamento porque a capacidade dele é pra rodar naquela velocidade, e ele rodando naquela velocidade, vai ser mais útil, isto é, vai quebrar menos" (idem).

No entanto, o bom andamento do trabalho da equipe pode sacrificar a norma, em nome de uma modulação virtuosa das capacidades operativas dos participantes. Essa margem aparentemente é tolerada pela organização.

"Se a gente tem pessoas na linha que no momento ainda não chegaram ao estágio que a linha realmente necessita, se houver necessidade, a gente baixa até a velocidade do equipamento. Porque, quando estão chegando pessoas novas na linha, com certeza elas não têm a mesma habilidade daquelas pessoas que já estão ali, mas quando é época de temporada,[44] aí aumenta o quadro de funcionários, justamente, então distribui aquelas pessoas, o que é o quadro efetivo pra

---

[44] A produção de produtos de consumo da linha de inseticidas, formicidas, aerosóis, bronzeadores etc. segue determinada sazonalidade que combina a estação do ano de "pico" de vendas com o período de férias escolares. O emprego de trabalhadores temporários encontra aqui a sua fase montante.

determinadas linhas. Chega linha de ficar apenas com três efetivos e com quatro temporários, então aqueles efetivos são pessoas capacitadas, treinadas, com condições de treinar os outros colegas, e dentro de uma ou duas semanas, ali já está rodando com capacidade nominal, normal. Logo no início, acontecem casos — no caso da Velco mesmo — de baixar a velocidade. O que não pode afetar é a qualidade final do produto. Porque nós estamos trabalhando com 130 p/min., seria a velocidade da linha: pessoa bem treinadinha, vai normal. Se há pessoas na linha que ainda não estão acompanhando o ritmo, aí existem muitos casos de abaixar até a velocidade da máquina porque trabalha no ritmo da pessoa e ela vai pegando a prática até realmente, no prazo de uma semana, até duas semanas, já tá acompanhando normal" (operador C.).

"É preferível parar o equipamento do que fazer errado. E dá pra produzir, dá pra conciliar as duas coisas [...]" (líder J.).

Os trabalhadores podem admirar a prudência do líder, o qual passa essa disposição para os subordinados (prudentes com a máquina). Ele sabe por quê (ser prudente). Mas, nesse caso, o atributo é completamente vincado pelos requisitos da produtividade, o que torna muito evidentes as bases de sua sustentação: qualquer força antagônica poderia facilmente desnudar a fragilidade de um atributo como esse enquanto uma exigência "vinda de cima", e portanto como um produto da mera posição que ele (líder) ocupa. Ao não se atar facilmente com uma disposição "natural" ou pessoal (isto é, do próprio sujeito) que se traduza em algum "talento" na atividade de trabalho, a identificação se enfraquece e não é capaz de tecer uma relação de admiração *forte*. Quando se alia saber profissional e visão de oportunidade ou experiência (sabedoria) na situação de trabalho — como no caso

Primeiros indícios: o ramo químico-farmacêutico

do líder —, temos o alimento da competência. A admiração forte seria o índice de sua existência.

Mas não se devem perder de vista as linhas de força mais permanentes, que digerem as margens de tolerância em relação à norma de produção. O sistema técnico padroniza a disposição da jornada, fechando as possibilidades de pequenas regulagens[45] no exercício do trabalho direto. Os ciclos e ritmos convergem para uma padronização que tem a sua correspondência na intercambialidade dos operadores, em que cada um pode, teoricamente, tomar o lugar do outro. Nessa arquitetura, é a tarefa que dá a inteligibilidade da rotação e da troca de postos: é preciso manter o padrão (velocidade/tempo), caso ele venha a ser ameaçado por um ritmo não sustentado ou "fraco" em razão de um ou mais operadores.

> "Como as pessoas são treinadas e vão ficando cada vez mais dinâmicas, há pessoas capacitadas no equipamento que podem cobrir o lugar de qualquer pessoa que possa sair; ele não é obrigado a ficar o dia inteiro ali, só ele vai fazer aquilo ali — por exemplo, embalando — não é preciso que ele fique o dia inteiro ali. Nós já trabalhamos também, no caso de linhas aqui, no sistema de rodízio, pra não ficar uma pessoa só; uma pessoa trabalha aqui nesse ponto, mas ela pode pegar outro ponto e aprender em outro ponto,

---

[45] Ver F. Daniellou, C. Teiger e F. Laville, "Ficção e realidade do trabalho operário", *Revista Brasileira de Saúde Ocupacional*, n° 66, vol. 17, out.-dez. 1989, pp. 7-13, e C. Dejours, *A loucura do trabalho*, São Paulo, Oboré/Cortez, 1991, p. 32. Nessa obra, Dejours pensa os achados ou a "inventividade" dos modos operatórios operários diante da Organização Científica do Trabalho, a qual busca combater exatamente aquela *variabilidade*, como uma reação antes de tudo do organismo (isto é, do corpo), mais do que um "valor moral" (p. 38). O nexo com a saúde, assim, é antes de tudo um ajuste do corpo.

isto é, pode haver uma troca de pessoas, pra não ficar cansativo" (líder J.).

No final do dia, o que conta não é o rendimento do operador (soma das linhas em que ele efetivamente trabalhou, ou a soma das intervenções no revezamento dentro de uma mesma linha). O rendimento que conta é o do equipamento, que é mensurado por meio de um "cálculo do rendimento diário":

> *"Eu trabalhei numa firma que eram várias máquina que produziam. Várias máquina produzindo, lá no final dava-se como se uma máquina só trabalhou, porque existia uma linha do lado e cada uma produzia, era embalado e passava-se uma esteira de um lado e chegava lá se juntava, não tinha rendimento daquela máquina. Hoje você faz o rendimento da máquina, entende? Não é um rendimento total de todas as máquinas que estão ali. Você faz um rendimento daquela máquina, daquele setor. Mesmo num setor, se há duas ou três máquinas, tem capacidade de ver o rendimento de cada equipamento. Porque, no caso, se for haver uma melhoria, faz daquele equipamento"* (idem).[46]

O nome de cada pessoa que trabalha em determinada máquina está registrado no livro, junto a uma folha de rendimento. Cada linha controla as pessoas que passaram por ali. O rendimento do equipamento é composto de diversas intervenções individuais nele, ao longo da jornada ou ao longo de um tempo estipulado de aferição. A identificação ou nomeação dos operadores é

---

[46] Ao segmentar e desagregar o processo de trabalho, tornando muito mais preciso o rendimento das máquinas, involuntariamente demonstra-se a aproximação do estilo de controle da produção da fábrica de produtos de consumo com a racionalização predominante nas indústrias de série, e não nas indústrias propriamente químicas.

na linha. E é na linha que se organizam os grupos de trabalho, isto é, onde se dá a gestão do grupo. Uma característica importante que se deve registrar é que as trocas se dão no âmbito da linha, o que revela uma limitação da integração interfuncional. O operador é obrigado a estar lá, como operador da linha. Ele pode trocar de ponto, dentro da mesma linha, como no caso de revezar com o colega em outro ponto onde possa se esforçar menos, ou simplesmente "cobri-lo". Mas o registro é feito sobre o operador de linha; ele é o responsável; ele é que é "destacado".

> "*Logicamente, se tiver uma pessoa numa linha que não corresponda àquilo que a linha precisa... basicamente, no começo, essas coisas acontecem, quando a pessoa entra. Até ele ser treinado e pegar habilidade, essas coisas acontecem. Mas, com pouco tempo, a pessoa pega o ritmo e 'vai embora'*" (líder J.).

Na medida em que o trabalhador é responsável pela linha e o outro, se trabalhar menos do que ele, vai responsabilizá-lo no final do dia, esse processo acaba educando os integrantes da equipe para o trabalho em grupo. A responsabilidade reproduz o trabalho em grupo, confirmando, no mesmo movimento, o seu traço ardiloso.

> "*Justamente. A linha roda bem na empresa hoje, e de um modo até agradável que você entra numa linha de produção hoje e percebe, você entra de fora e percebe que todos estão envolvidos com o processo. Antes era um chefe, o chefe era quem mandava em tudo, tinha que fazer o que ele quisesse. Mas hoje eles têm autonomia; têm autonomia até de parar o equipamento. Tá dando alguma coisa fora lá, eles vão e param o equipamento. Então, quando cada pessoa, em uma linha de produção, se sente mais responsável pelo processo, se torna uma maneira mais gostosa dela trabalhar, isto é,*

ela vai sentir, no seu interior, que é capaz de manipular aquela linha, sem que ninguém esteja dizendo: 'faça isso, faça aquilo'. Ela mesma, por condições próprias, vai fazer — por meio daquele treinamento" (idem).

A iniciativa de troca é do próprio grupo:

> *"Se precisa de alguém se trocar, eles mesmos comunicam e trocam: 'vamos trocar', porque é justamente para isso que eles são treinados. Por isso que quando o temporário entra, também fica treinado, justamente pra isso: pra que as pessoas comecem a trocar de posição"* (operador C.).[47]

Note-se que o treinamento tem um papel fundamental no acesso para a aquisição de novas capacidades, como aquela que dita a lógica da substituição dos operadores em função da realização da tarefa-padrão. Funciona do mesmo modo nas fábricas do ramo de confecções (capítulo IV), assim como em outras do próprio complexo químico-farmacêutico.[48] Os "temporários" (pessoal terceirizado), tanto quanto o pessoal efetivo, preenchem o fundo comum da provisão com vistas às exigências do processo produtivo (polivalência). Por outro lado, a intercambialidade fica mais fluida quanto maior a automatização dos equipamentos:

> *"Existem poucas linhas — no caso, a* [linha] *Velco, que seria uma linha mais crítica, nesse caso, né? Mas as outras linhas, a maioria é automática, as pessoas não*

---

[47] O operador C. é Operador II no quadro de classificação da empresa.

[48] Ver a respeito Leonardo Mello e Silva, *A generalização difícil: a vida breve da câmara setorial do complexo químico seguida do estudo de seus impactos em duas grandes empresas do ramo*, São Paulo, Annablume/Fapesp, 1999, pp. 234-42.

Primeiros indícios: o ramo químico-farmacêutico

pegam peso... Vamos supor, temos a linha Parmazol, que produz 130, 140 p/min., e as pessoas não pegam peso. As únicas pessoas que pegam peso... não é bem 'peso'... é na ponta da linha, onde as caixas de 24 tubos, de 300 ml cada tubo, o cara pega de uma caixa, de duas caixas, e as demais pessoas, sem pegar peso nenhum. A linha Velco..., não é que é pesada, é um pouco corrida né? É a linha mais manual que existe" (idem).

O exemplo concreto aqui analisado serve para pontuar as observações iniciais sobre o líder, sua vinculação a determinadas disposições subjetivas, e, por fim, a admiração, como produto da valorização (social, isto é, pelo grupo) dessas disposições. O trabalho em grupo, ao enfatizar a responsabilidade, dissolve certas atribuições do líder, as quais passam a ser até certo ponto compartilhadas por todos: todos passariam a ter "um pouco" do líder, nesse estilo de gestão do trabalho.

O foco no grupo não deve contudo eludir o terreno de constrangimentos dentro do qual ele se move. Outras características da organização do trabalho da fábrica de produtos de consumo (*consumer care*) compõem o desenho daqueles constrangimentos. Elas dizem respeito a:

- uma relação salarial fracionada, em virtude da utilização sistemática de mão-de-obra terceirizada;
- a elevação do patamar mínimo de escolaridade na absorção de novos trabalhadores, inclusive do pessoal "temporário";
- a incerteza quanto à promoção entre os três níveis de operador (I, II e III): a passagem de nível — e de salário — não é tranqüila;
- a aditividade de funções e de tarefas com racionalização dos postos: o operador faz o trabalho que antes era só do líder etc.

No último caso, ocorre a mesma coisa que na padronização. A soma da manutenção com a produção (lida como "crescimento da capacidade operacional do equipamento") aparece como uma conquista de autonomia, antes do que uma "multitarefa" que sobrecarrega e intensifica o trabalho.

> *"Uma das coisas que hoje levaram ao crescimento da capacidade operacional dos equipamentos e dos operadores, e o crescimento produtivo do setor na implantação do MPT, é que antes... um parafuso que soltava do equipamento, o operador não poderia colocar a mão, tinha que chamar a manutenção, tinha que abrir um documento ali, chamando a manutenção — o MPT acabou com isso [...] Todos nós aqui hoje, quadro efetivo, somos treinados em limpeza, lubrificação, inspeção do equipamento, entendeu? São vários cursos, vários treinamentos que foram dados. Hoje, qualquer uma das pessoas que aqui estão sabe como fazer uma limpeza, inspeção e uma boa lubrificação. E hoje existe caso de se trabalhar duas, três semanas, ou até mais, sem precisar de um mecânico: não é que um equipamento não dê pequenos problemas, deu pequenos problemas, só que o operador, o líder foi treinando e ele já tá com conhecimento adquirido do equipamento [...] ele já tá fazendo pequenos serviços que antes a manutenção fazia e hoje o operador já faz"* (idem).

Existe portanto uma racionalização do operador para o trabalho *acrescido*. Porém, mesmo dessa visada, digamos, crítica (multitarefa, sobrecarga, intensificação), um ponto sensível é tocado: a implicação com a própria atividade enquanto prazer de seguir um caminho próprio, vendo os obstáculos sendo transpostos, o que, segundo Dejours, é uma expressão de *epistemofilia*.[49]

---

[49] Dejours e Abdoucheli, *op. cit.*, p. 134.

Primeiros indícios: o ramo químico-farmacêutico

"[...] Esse sistema [MPT] dá condição do operador que gosta... que a maioria dos operadores que parte com a parte operacional mesmo do equipamento, ele passa a gostar do equipamento. Então ele começa a gostar mais quando ele mesmo começa a resolver alguns consertos desse equipamento. Se ele começa a resolver alguns consertos, quer dizer, ele se sente com mais autonomia, tem mais gosto por aquilo que faz. Basicamente, é isso aí" (líder J.).

Ainda de acordo com Dejours, a possibilidade que é desatada com aquela implicação diz respeito ao "registro da identidade".[50] Ele, trabalhador, passa a gostar.

"Numa linha de produção, você pode ter algum tipo de problema, mas o que é mais gostoso é você ter condição de resolvê-lo. Se você falar que numa linha de produção não vai ter problema, é uma coisa que é difícil de acontecer. O que tem hoje é condição de você resolver esses problemas. Isso é que se tornou a coisa mais fácil. Hoje, eu acredito que a pessoa sinta prazer naquilo que faz, com essas condições que foram dadas, né? Condições dele solucionar, como o C. falou, o equipamento: o parafuso que soltava, e ele vai lá e não precisa chamar o mecânico pra fazer isso, ele vai perder menos tempo. E, além disso, ele tem ferramenta no setor — quadros de ferramenta, em que ele vai lá e pega a ferramenta e possa fazer o serviço. Esse tipo de autonomia é que gera satisfação no trabalho das pessoas. Nós, da parte da liderança, logicamente que devemos reconhecer: muita coisa melho-

---

[50] "Aquilo que torna este trabalhador um sujeito único, sem nenhum igual". *Idem*, p. 135.

rou *por causa disso: pela condição dada dos operado-res trabalhar.*

[...]

Aqueles que gostam mesmo do equipamento, eles gostam de pegar na ferramenta e fazer alguma coisa também. Isso gera satisfação. E outros problemas que vão acontecendo, você ter condições de ir solucionando..." (idem).

Mas... por que fazer? *Fazer*, desse jeito, guarda dois significados básicos.

Primeiro: auto-realização ou "gosto".

"*A satisfação vem de você gostar daquilo que faz. Faz porque gosta daquilo. Agora, se aquilo que você gosta de fazer, falta algo pra que você concretize aquilo, que torne a coisa concreta mesmo, logicamente vai gerar insatisfação: é daí* [a insatisfação], *de você não realizar aquilo que você pensa num equipamento. Desde a hora que você realiza aquilo que você pensa — vamos supor, um operador fala pra um líder: 'eu não terminei a limpeza e a lubrificação do meu equipamento'. Se eu falo, 'não, mas deixa do jeito que tá. E sai, vamos pra outro'. Logicamente que ele não está concretizando a parte dele. Voltando* [a] *esse equipamento outro dia, ele não vai se sentir a mesma pessoa*" (idem).

Segundo significado: reciprocidade.

"*Você sente prazer porque alguém depositou confiança em você* [porque] *nós trabalhamos em sistema de turno e cada turno passa o equipamento pra o outro colega limpinho. Então, ele gostaria de receber limpo. Quando um líder chegar a falar aquilo* [o exemplo

Primeiros indícios: o ramo químico-farmacêutico

acima, de deixar um equipamento para o próximo turno sem efetuar a limpeza] *pra mim, que hoje é raro acontecer isso — não é porque estamos aqui, não — mas até isso é importante: hoje, os operadores — não só os operadores como qualquer pessoa — ele tem assim dentro dele uma força pra poder... o que ele tiver de falar... não é porque está na frente de determinado chefe ou um líder, ele ficar com ressentimento de falar, não, claro, a gente se sente aqui como uma família, né? Então, a gente sempre que precisar falar, a gente fala, claro"* (operador C.).

Cada turno passa o equipamento para o outro colega receber limpo. O significado desse "cuidado" é o ponto heuristicamente mais espinhoso. Aparentemente o conflito não freqüenta as relações sociais no trabalho, de modo que, nesse coletivo, a palavra fica desimpedida de constrangimentos. O grupo trabalha no setor que é um lugar onde circulam *iguais*.

"Então, nesse caso aí, se ele [o líder] *chegar pra mim e falar: 'olha, precisamos ir pra outra linha e o equipamento não deu tempo de limpar', com certeza eu vou ficar chateado, e o meu colega que vai entrar realmente vai ficar chateado"* (idem).

O que é enigmático (Dejours), ou "misterioso", é o processo que faz com que cada operador tome o problema do outro como um problema afeito a si. Seria o ápice do trabalho em grupo; sentir o problema dele(a) como se fosse meu. Além disso, o operador que interpela o líder confirma um procedimento calcado em uma consideração entre iguais, entre cidadãos:

"Há muitos setores que estão assim, aquela coisa pegajosa, que não tá muito à vontade. No caso do C. [operador], *[...] ele sente alguma coisa... o C. pode*

*fazer uma avaliação minha, do meu setor: 'J., você po-
de melhorar nesse ponto'. Ele tem a liberdade de falar isso, ele pode falar isso aí"* (líder J.).

Existe também um aspecto interessante, muitas vezes difícil
de definir, e que está no domínio da percepção. É o "clima" da
seção. Carente de indicadores positivos, ele é no entanto cada vez
mais levado em conta na avaliação presente e futura[51] do desempenho do grupo:

> *"Se você desce na produção, a qualquer momen-
> to, você percebe, só em você entrar... eu já ouvi pes-
> soas chegarem no setor e dizer assim: 'puxa vida, mas
> como a coisa aqui mudou!'. Porque percebe: o grau de
> maturidade, grau de envolvimento de cada um. E, se
> tem um grau de envolvimento, é porque alguma satis-
> fação tem em fazer aquilo, você entendeu?"* (idem).

5.8. OS GRUPOS DE TRABALHO

A morfologia dos grupos de trabalho vigente na fábrica em
tela discrimina dois tipos de grupo:
1) o grupo "de linha", permanente e obedecendo ao fluxo
do processo de trabalho;
2) grupos que se formam de acordo com determinados "al-

---

[51] A responsável pela implantação dos sistemas de qualidade em uma
grande indústria de medicamentos referiu-se à necessidade de medir, avaliar
ou quantificar o "ambiente" ou "clima" das células de produção, tanto para
reverter qualquer queda de performance, quanto — e isso parece ser o mais
importante — aumentar o *empowerment* dela. Alguns exemplos citados ilu-
minam as formas de observação desses aspectos: 1) quando se percebe pela
postura, pelo corpo, que uma pessoa está incomodada, ou 2) quando a pessoa fica tão quieta que se presume que ela tem algum problema. Entrevista
em 8/5/1997.

vos", em geral gargalos do processo. Por exemplo, alguns grupos são: "acidente zero", "perda zero", "máquinas não quebram", "participação no trabalho".

O segundo tipo de grupo é formado dividindo-se o pessoal do setor em determinado número de grupos. Em geral, é formado por cinco, seis ou sete pessoas. Reúnem-se fora do horário da jornada. O grupo "perda zero", por exemplo, de que faz parte o operador C., reúne-se duas vezes por mês. Sua adesão é voluntária, o que já enseja a pergunta sobre os critérios de auto-alocação dos trabalhadores pelos grupos. Mas o que importa é que, como é "espontâneo", os laços de cobrança recíproca passam a ter uma tintura compreensiva.

> "As pessoas que escolheram: eu quero entrar em grupo tal, grupo tal; não é que falou: 'você vai fazer etc'; se as pessoas por acaso não tivessem interesse em participar do grupo, não participavam, entendeu? Foi uma coisa assim: o grupo existiu mas foi espontâneo. Então, se caso uma pessoa dessa não colocar lá [o material ou instrumento utilizado para alguma tarefa] e você chegar nele: 'olha, você colocou o material aí de forma irregular aí'. Aí ele vai lá, volta lá e corrige. E não lhe diz nada. Estão tão preparados que não criam nenhum tipo de atrito" (operador C.).

O silêncio resignado do trabalhador compreensivo, que "não diz nada" diante da falta reconhecida por ele mesmo, opõe-se ao silêncio daquele que é chamado a participar e não se expõe. São duas atitudes diferentes. No grupo, a igualdade é "cobrada" pela participação e sobretudo pela exposição, isto é, é preciso que os integrantes se mostrem, falem. O contrário soa como um comportamento de quem está "escondendo o jogo". A solidariedade que os trabalhadores investidos dos valores do trabalho em grupo cobram dos outros só pode se realizar pela via da comunicação. Por isso o silêncio é intolerável.

"[...] *Há aquelas pessoas que chegam, ficam o tempo todo e não dão uma palavra na reunião*" (operador C.).[52]

É possível, inclusive, participar "de fora" do grupo, isto é, sem comparecer às reuniões. Nessa acepção, mesmo sem o saber, os operadores desvelam o sentido mais largo da comunicação, no qual aqueles que não estão fisicamente diante dos outros ajudam pelas "informações" que disponibilizam. Estão assim, nesse sentido, *disponíveis* como agentes de socialização do trabalho produtivo.

"*Às vezes, não participar do grupo, com suas idéias... mas, um grupo pra dar certo, precisa de outras pessoas de fora também. Agora, essas pessoas com informações de lá* [lá fora do grupo], *elas ajudam também esse grupo, entendeu?*" (líder J.).

Mas só a comunicação não basta. É necessário um empurrãozinho de "incitamento", no sentido que lhe atribui Coriat.[53] Trabalhar, lapidar, "forçar a mente" para os objetivos predeterminados da empresa...

"[...] *porque isso é coisa que tem que ser trabalhada, entendeu? Isso muitas vezes tem que forçar a*

---

[52] Para os operadores "envolvidos" e seguindo a terminologia do programa ao qual estão submetidos, essas pessoas são codificadas como "desmotivadas".

[53] Benjamin Coriat, "Ohno e a escola japonesa de gestão da produção: um ponto de vista de conjunto" *in* Helena Hirata (org.), *Sobre o "modelo" japonês*, São Paulo, Edusp, 1993. Essa visão está mais amplamente desenvolvida em Benjamin Coriat, *Penser à l'envers: travail et organisation dans l'entreprise japonaise*, Paris, Christian Bourgois, 1991.

Primeiros indícios: o ramo químico-farmacêutico

mente. Tem gente que não gosta desse tipo de coisa. Mas ela acaba te ajudando de outro modo. Então, hoje, se for analisar: há pessoas que ajudam mais, há pessoas que evoluíram mais, sim, se a gente for ver por esse modo, há pessoas que têm percepção maior do que outras; ela já saca e já parte para o objetivo. Tem outras que demoram um pouquinho, precisam ser melhor lapidadas" (líder J.).

Não se trata, portanto, de uma *escolha* de participação no grupo que tenha a ver somente com o sentimento difuso de que "vale a pena" estar com outros naquela situação. Tem a ver igualmente com móveis materiais que estão amalgamados aos móveis simbólicos. No caso do ramo de confecção, como se verá, isso é muito claro.

O primeiro tipo de grupo não é fixo. Isto quer dizer que os operadores podem experimentar tipos de trabalho relativamente diferentes, já que membros de um grupo num dia podem estar em outro grupo noutro dia.

Os membros do segundo tipo de grupo circulam por entre as várias "linhas"[54] de produção. Por exemplo, o grupo "máquinas não quebram" pode realizar os seus objetivos — isto é, propor treinamentos, organizar calendários para a lubrificação e limpeza das máquinas, procurar reduzir a queda dos equipamentos etc. — em várias linhas, com seus equipamentos respectivos. Já os membros do primeiro tipo se organizam em torno de produtos: eles vão operar determinada "linha", em um dia qualquer, podendo intercambiar, conforme se viu. Os grupos "da linha" são aqueles propriamente orientados para a produção. Os dois tipos de grupo podem eventualmente se sobrepor, caso em que todo um grupo dedicado a um problema ("perda zero", "máquinas não

---

[54] A "linha" é entendida aqui como sinônimo de "produto". A linha do aerosol X, do raticida Y, ou do bronzeador Z.

quebram" etc.) se concentra, por exemplo, em uma única linha, ou seja, em um único produto.

No padrão de trabalho taylorista, a homogeneização do coletivo era uma decorrência direta da estandardização da produção, da fixidez em postos de trabalho, das tarefas esquadrinhadas pela gerência e do controle estrito de cima para baixo. A ausência de comunicação e de escolha era um dado incorporado à experiência da geração de trabalhadores da era fordista. Aqueles que traziam experiências em modos de socialização tradicionais sofriam o impacto da racionalização em grau extremo das fábricas taylorizadas. Esse processo está muito bem descrito na figura do operário-massa. Agora, como antes, indivíduos de origem tão diferente devem converter-se em trabalhadores com um padrão de trabalho igual. Porém muda completamente o significado desse "padrão", ou da medida do trabalho coletivo: todo mundo ajudando todo mundo. Nos dois casos, trata-se do mesmo movimento — a passagem do *diferente* para o *igual* — com a ressalva de que, no segundo caso, a conformação do companheirismo do grupo de trabalho permite, dentro de certas margens, escolhas, julgamentos e o cultivo de regras internas de funcionamento, mesmo que, em última instância, sejam elas exploradas para as finalidades de produtividade da firma. A pergunta, que na forma poderia ser feita também para os processos tayloristas, mas que, quanto ao conteúdo, é muito diferente, continua: como fazer dessas pessoas tão diferentes um *grupo*, cuja homogeneidade estaria no acordo quanto a como trabalhar em comum?

"Isso é um trabalho de longo tempo" (líder J.).

Assim como existem certos atributos e disposições individuais/pessoais que são incitados (e explorados) pelas empresas, isto é, processados produtivamente,[55] existem também aqueles que

---

[55] É o caso do modelo da competência.

são adquiridos dentro das empresas e levados para fora, passando a fazer parte, a partir daí, de uma "propriedade" dos trabalhadores individualmente. Portanto, trata-se de um movimento de mão-dupla, tendo como eixo central a empresa: o primeiro em um sentido centrípeto (trazer as qualidades de *fora* para *dentro*); o segundo em um sentido centrífugo, o qual não consegue impedir a apropriação dos conteúdos dos treinamentos "para o mundo", isto é, para esferas fora do âmbito da empresa em particular, quais sejam: para o mercado (outras empresas),[56] ou para o mundo privado e a intimidade: a família.[57] Dessa forma, decorre a percepção de que treinamento, ensino e procedimentos de racionalização formam um conjunto de aquisições que passam a fazer parte do trabalhador, não do trabalho realizado na empresa. Em uma palavra, passa a fazer parte de um patrimônio pessoal daqueles que se submetem aos programas de reestruturação organizacional:

> "[...] *ele também está trazendo um resultado pra ele próprio, e tá obtendo conhecimento pra ele próprio, que amanhã ou depois vem a sair da empresa. Ele tem um conhecimento e uma bagagem que ele não vai sentir problema lá fora. Isso também é um lado que a pessoa pensa muito*" (líder J.).

O que é aprendido na fábrica é levado para outras experiências, inclusive outros empregos. A passagem pela empresa torna-se uma chancela de garantia das capacidades do operador diante de outros empregadores. É mesmo um *valor*:

---

[56] Caso precípuo do *turn-over* dos trabalhadores entre empresas do mesmo ramo (ou de outros ramos).

[57] Este último recobre o *ethos* civilizador da reestruturação produtiva em curso: fazer em casa o que se faz na empresa: assepsia, economia, diligência etc. Consultar o relatório de pesquisa "Trabalho e Qualificação no Complexo Químico Paulista", Finep/Cedes-Nedic/USP, 1997.

"Há exemplos de colegas que saíram da empresa e estão trabalhando em outras firmas. Tem até mesmo na função de líder, que falaram: só o fato de ter trabalhado na empresa, já arrumei, porque muitas firmas fora sabem do trabalho que a empresa está fazendo com as pessoas e sabem que um funcionário da empresa treinado tem um valor muito grande. Ele tem um valor muito grande, em termos de conhecimento. Você chega numa firminha pequena dessa aí, ele sacode ela pra cima porque ele tem uma mentalidade bem maior. Se você vai numa firma pequena, você vê a maneira de trabalhar... a gente percebe: então, uma pessoa com a mentalidade de treinamentos que ela teve, de evolução, ela é uma pessoa preparada para o mercado (idem).

5.9. O MUNDO "EXTERNO"
NÃO É UMA FISSURA DO MUNDO "INTERNO":
HEGEMONIA QUE NASCE DA FÁBRICA

Os laços com o "lá fora", o mercado, o "outro mundo" em relação ao mundo integrador da empresa — mesmo naquele nó firme que diz respeito à identidade de classe, isto é, o salário — são também balizados por um sentido de prudência e de comedimento, denotando uma disposição para a contenção e o comportamento analítico. Evidente que aqui a pressão do mercado de trabalho conta muito. A combinação entre crise do emprego e iniciativas de envolvimento produz um efeito, do ponto de vista das disposições para a ação e do terreno do conflito, que merece ser marcado.

A empresa passa a ser focada pelos seus trabalhadores de maneira "compreensiva", isto é, ponderando meios, fins e as razões de lado a lado. Trata-se de uma tensão entre uma identidade assalariada e um pertencimento circunscrito à empresa, preso ao sentimento de lealdade que as técnicas de envolvimento oriundas dos programas de qualidade instilam entre os seus participantes. Ou seja: a chance de valorização e de reconhecimento dos trabalhadores em sua atividade cotidiana é forte o suficiente para fazer passar a reivindicação salarial quase como "traição":

"[...] *Isso trouxe satisfação pra todos... A gente pensa em crescer* [e] *quando a gente vê — em termos salariais — o mercado, o fator mercado e não só o fator empresa X* [nome da empresa], *a gente vê a dificuldade da coisa e a gente não sabe bem onde a coisa tá errada. Só sei que muitas vezes, sim, a gente, se for pensar em termos de salário, a gente pensa por exemplo que poderia ser um pouquinho melhor. Mas a gente analisa o mercado. Porque hoje, a pessoa tem que comparar as coisas, né? Não é só aquilo: vou falar, vou desabafar porque estão acontecendo aquelas coisas comigo. Mas, no caso, você faz uma análise do momento e do que tá acontecendo no contexto geral, não só ali, naquele meio*" (líder J.).

Paradoxalmente, a maior fidelidade aos destinos da firma não significa um alheamento maior da orientação pública (o que está acontecendo "no contexto geral").[58] Diferentemente de um esconderijo representado pelo mundo da produção relativamente aos assuntos comuns a todos os cidadãos, estes últimos tenderiam a confirmar, na fábrica, a aposta em uma ética racionalizadora que se faz ali dentro, porque essencialmente mercantil (o "fator mercado" faz par com a necessidade de "comparar as coisas", na fala do informante).

---

[58] O que relativiza as observações, no mais bastante interessantes, de Yves Clot acerca do amálgama entre móveis financeiros da empresa (que aparecem como uma abstração) e o trabalho concreto laicizado, secularizado, dos operadores: "Le travail comme source d'étonnement", *Futur Antérieur*, nº 16, Paradigmes du Travail, Paris, L'Harmattan, 1993.

Qualidade, competitividade, colocação dos produtos no mercado mundial como elementos constituintes de uma política industrial, só são assuntos "públicos" se entendidos no registro de uma "política da qualidade da empresa X". Por essa via, isto é, da empresa, se chega aos demais assuntos (inclusive mediante o jornal, um dos mecanismos clássicos de formação do moderno espaço público): assim, o emprego é atado ao investimento, que por sua vez é atado às "dificuldades do mercado", que por sua vez explica a mobilização interna com respeito à produtividade e sua correspondente ética racionalizadora:

> "Nós não estamos discutindo aqui problemas governamentais, essa coisa toda. Mas quando se fala da qualidade, tá ligada uma coisa com a outra: por que a firma quer implantar a ISO-9000? Ela quer a maior garantia dos seus produtos" (líder J.).

> "Nós sabemos também daquelas dificuldades das empresas que, se elas não conseguirem reduzir seus custos, reduzir perdas, não conseguir certificação... não vão conseguir sobreviver no mercado. Então, elas vão perder concorrência... então, a gente tá ciente disso, que hoje em dia, adaptando bem ao trabalho da empresa, procurando ajudar a empresa nesse sentido, nós também estamos nos ajudando, nesse caso. Se a gente tá empregado hoje, a gente sabe que a empresa pode ter dificuldade hoje ou amanhã ou depois, caso não atinja as exigências do mercado. Aí a gente faz com que a gente nos une, trabalhamos em grupo, aceitando as metas que a empresa nos propõe e, junto com ela, a gente vai seguindo o barco pra frente" (operador C.).

O fio que vincula a firma ao "progresso do país" (líder) é a "qualidade". Isso explica a ausência de preocupação com qual-

Primeiros indícios: o ramo químico-farmacêutico

quer "informativo do que se passa no Congresso, essa coisa toda... essa coisa assim, não" (líder). A tematização de assuntos como o Mercosul entra nas reuniões dos grupos de trabalho pelo mesmo crivo:

> "[...] *se a empresa não se ligar nessas coisas* [competição no mercado], *ela não vai ter como sobreviver. Se a empresa, em termos empresariais, não pode ter o seu produto mais barato, com qualidade, ela não vai poder competir. Como é que ela faz esse produto mais barato? Aí tem todo esse recurso: fazer certo da primeira vez, fazer bem-feito da primeira vez, não ter retrabalho — são tantas coisas que tem pela frente que vai reduzir custo*" (líder J.).

Além do conteúdo de formação profissional, o treinamento possibilita uma aquisição que tem vocação extrovertida também em outro sentido, a que se fez referência como "*ethos* civilizador".[59] Por exemplo: fazer em casa como se faz na empresa (preocupação com a limpeza, com a segurança, com a economia etc.). O aprendizado com o treinamento deve servir para a vida social. O espaço fabril como farol civilizador chega até a traçar uma linha histórica (evolutiva), em que a trajetória individual reconhece o momento presente como culminância e superioridade:

> "*Vamos supor hoje: eu sou pai de quatro filhos. A gente acompanhou a evolução das coisas. Então, quer dizer, ninguém melhor do que eu para formar a minha família e falar pra ela o objetivo que ela deve atingir, se ela quer acompanhar esse mercado. Isso não só serve pra mim, aqui dentro da empresa, serviu pra*

---

[59] O treinamento serve para "mudar a mentalidade das pessoas" (líder).

222   Trabalho em grupo e sociabilidade privada

minha família também: pra incentivar meus filhos: precisa cursar... 'olha, se você não atingir esse ponto, minha filha, vai ser difícil, vai ser mais difícil pra você'" (idem).

A evolução ou destino da empresa em condições de crise no emprego assalariado e de políticas de envolvimento reforça a referência da empresa como destino do trabalhador empregado nela. O "funcionalismo econômico" que vale como munição para a negociação salarial — e que ata os dois mundos: um "externo" (dos assuntos da *polis*) e outro "interno" (dos assuntos relacionados à sua sobrevivência enquanto empresa) — é aqui tomado em toda a sua força. A empresa não é apenas uma instituição no sentido formal, onde os trabalhadores entram e saem, segundo um comportamento racional. O paradoxo é que, alimentada e vivendo em um mercado, ela parece esforçar-se em fazer esquecer essa condição — ou essa "esfera", que é a do interesse e da economia.[60] Muito provavelmente, o estilo de empresa do tipo "espaço de socialização" é mais adequado ao (e, portanto, mais freqüente no) panorama de busca de novos paradigmas de produção do que no período áureo do fordismo, em que a empresa fazia a contraparte "instrumental" com os sindicatos,[61] ambos atuando em um campo dominado pela ação-racional-com-respeito-a-fins.

Por fim, um esclarecimento sobre o *viés* mencionado no título da seção. O líder J. é "exemplar". Ele, juntamente com o companheiro C. (nome fictício), foram escolhidos pela gerência da fábrica de produtos de consumo (*consumer care*) de uma grande empresa química alemã sediada em São Paulo para conceder a entrevista (na verdade, uma conversa). Portanto, outros líderes talvez apresentassem uma apreciação menos otimista, mais crí-

---

[60] Fez-se referência a esse processo como de "encurtamento do social".

[61] Veja-se a propósito as reflexões de Pierre Rosanvallon em *La question syndicale*, Paris, Calmann-Lévy, 1988.

Primeiros indícios: o ramo químico-farmacêutico

tica. Como quer que seja, a esperança do líder J. (e do operador) é intrigante.

Em sua apreciação "positiva" do sistema de trabalho e do modelo produtivo que lhe dá suporte estão contidos elementos desafiadores para um juízo ponderado daqueles: é que os "modelos", numa análise sociológica — sobretudo quando ativam energias devidas, em última instância, ao caráter *social* do grupo —, tornam-se vazios sem a consideração dos atores que lhes dão vida. Isso desafia os pesquisadores a decifrar o conteúdo e o funcionamento dessas experiências, seja cavando no panteão da disciplina, seja buscando uma definição aberta a outras formas de constituição da sociabilidade, como foi o caso do breve comentário das passagens em torno de Hannah Arendt, em uma abordagem que põe acento no conteúdo político dessas formas.

IV.
O FLUXO TENSIONADO
DOS NOVOS SISTEMAS DE PRODUÇÃO:
AS CÉLULAS OU GRUPOS
NO RAMO DE CONFECÇÕES

Grande parte da literatura sobre mudanças organizacionais dentro da tendência de reestruturação produtiva das empresas a partir dos anos 80 reza que as células de produção são uma alternativa à lógica do posto de trabalho. "Célula" e "posto" remetem a dois modelos ou paradigmas de organização do trabalho distintos, cada qual com a sua coerência própria: por um lado, a lógica seguida pela produção japonesa ou "ohnoísta" (toyotista); por outro, a lógica da produção taylorista-fordista, estando esta última imediatamente identificada à linha-de-montagem. Nos casos que serão relatados a seguir, e adiantando já a conclusão, o que se observou foi a convivência entre elementos desses dois modelos ou "paradigmas".

Se fôssemos representar as duas configurações possíveis, em termos extremos, nas quais se divide a organização celular, encontraríamos uma que se aproxima da ruptura com o modelo clássico de organização do trabalho (taylorista-fordista) e outra que convive hibridamente com aquele modelo, ressaltando o quadro que veremos a seguir.

Vale guardar esse quadro como uma referência ideal-típica. Os seus elementos constitutivos, bem como os contrastes entre eles, serão abordados à medida que os casos forem sendo apresentados, isto é, à medida que forem ganhando uma dimensão historicamente situada.

Células de produção. "Polivalência" espúria	Trabalho em grupo. Polivalência real
Qualificação	Competência(s)
Mudança de *lay-out*	Autonomia. Decisão sobre: –> o que produzir? –> como produzir?
Com ou sem rodízio	Com rodízio
Posto de trabalho	Polivalência
Tecnologia de grupo	Grupos semi-autônomos
Com supervisor	Sem supervisor
Com sindicato	Sem sindicato
Societal	Comunal
CCQs; "modelo japonês"	⌃

1. MAIS TRABALHO NA SOCIEDADE DO "TEMPO LIVRE" OU OUTRA HISTÓRIA PARA O "DECLÍNIO DA SOCIEDADE DO TRABALHO"

A intensificação do processo de trabalho nos novos métodos de organização industrial é atestada pelo tensionamento da linha de produção, possibilitando o engajamento simultâneo de várias tarefas em uma mesma unidade de tempo. Esse engajamento pode ser observado tanto no que se refere à função de manufatura, que mobiliza um conjunto de operações prescritas e até certo ponto não muito diferentes do processo de trabalho clássico, isto é, *em linha*, quanto ao que se refere à preparação, teste e simulação das operações propriamente ditas, nas quais se despende um tempo não negligenciável.

O arco da mobilização de saberes operatórios e de planejamento[1] cobre portanto todo um feixe que vai do trabalho material ao imaterial, empenhando uma força de trabalho integrada que ata trabalho direto e indireto. Isso não quer dizer que, do ponto de vista social, a distinção entre trabalho operário e as funções de escritório deixe de existir: os primeiros de macacão, e os segundos de roupa social. No entanto, é certo que o fluxo contínuo e simultâneo da produção *just-in-time*, potenciado pela tecnologia microeletrônica que permite um acompanhamento em tempo real das matérias, produtos acabados e processos, aproxima o ritmo da supervisão e do controle — tanto técnico quanto gerencial — do ritmo do chamado "chão-de-fábrica".

Não são as características do trabalho operacional de transformação da matéria que se transferem para o trabalho indireto, mas o ritmo ou o tempo do processo de trabalho dos primeiros que contamina os segundos. O trabalho destes últimos consiste em zelar pela continuidade do fluxo, em cancelar as porosidades na passagem de uma tarefa à outra, de um produto a outro. É preciso sobretudo evitar os desperdícios e os tempos mortos.

Nos fluxos tensionados de produção, também o trabalho humano se move em meio a um equilíbrio tenso entre linhas de força contraditórias. A solidariedade assalariada encontra no trabalhador coletivo mobilizado em cada unidade produtiva uma fonte de energia, mas essa fonte logo se dissipa em vista da rigidez das posições de *status* que reproduzem as diferenças de origem e destino: quem "cai" no grupo operário não espera muita coisa além do repertório limitado da classe; quem é "alçado" às funções mais elaboradas e tecnicamente mais sofisticadas pode almejar uma saída ascensional. As trajetórias deste último tipo parecem ser principalmente individuais, raramente coletivas: trata-

---

[1] "Planejamento" não é um bom termo. Ele indica tão-somente que o tipo de intervenção do trabalho processa-se menos no nível da repetição e mais no nível da reflexão sobre a atividade que se vai efetuar.

se de alguém que se destaca no grupo e que passa a ser alvo do investimento da administração, às vezes de maneira nem mesmo validada formalmente — é o caso, por exemplo, de quando a gerência aposta em um trabalhador considerado promissor (geralmente jovem...), com respeito ao qual se entrevê o desenvolvimento não muito distante, trazendo benefícios evidentes à empresa.

De toda forma, segue sendo verdadeiro que funções de supervisão e controle aproximam-se do trabalho operário, enquanto funções tipicamente operárias aproximam-se dos trabalhos de administração e de gestão, desde os seus aspectos produtivos (compatibilização e balanceamento de operações) até os comerciais e de logística. No primeiro caso, o empuxe representado pelos métodos japoneses obrigou os engenheiros e técnicos a uma "volta" à produção, para que pudessem (re)aprender com os operadores diretos; no segundo caso, a preocupação com a qualidade (oriunda também da mesma fonte) fez com que novos conhecimentos e novas tarefas tivessem de ser adicionadas à operação de base do trabalhador, aumentando de fato a sua carga de trabalho. Novos "conhecimentos" podem implicar na aquisição de saberes contíguos à especialização que está associada a sua classificação no sistema de cargos e salários das empresas (por exemplo, quando a organização do tipo cliente-fornecedor obriga a uma implicação com as tarefas dispostas *antes* e *depois* do posto de trabalho em questão) e nesse sentido podem ser bem-vindos pelo operador concernido por essa nova "carga". O aspecto ambíguo da "polivalência" que com certeza emerge daqui será discutido em outro lugar. Já, por outro lado, quando se fala de "novas tarefas", a associação com adição de "mais trabalho" é quase imediata.

Permanece o fato de que o trabalho aumentou, e não diminuiu, no novo modelo produtivo. A percepção subjetiva, respaldada na implicação cognitiva dos agentes dispostos nos processos de trabalho de vários setores de atividade em que a organização foi de alguma forma afetada (a célula de produção, os círculos de controle da qualidade, a gestão por objetivos e outras são manifestações dessas mudanças), atesta o grau de agregação de tarefas que incide no posto original de cada operador ou trabalhador de escritório. Independente do entrecruzamento de funções de "colarinho branco" com funções de "colarinho azul" ou macacão, isto é, da desorganização da estrutura de posições de classe baseadas na segmentação industrial característica da grande indústria fordista, a carga de trabalho (não considerando aqui as dificuldades de uma caracterização objetiva dos componentes dessa "carga") é hoje percebida como muito mais constrangedora, mesmo se o tempo da jornada individualmente se contrai.

Além da agregação de tarefas ou "esforços" (uma vez que tais esforços ou dispêndios de energia com um fim produtivo podem não estar circunscritos formalmente a tarefas) por parte de cada um, há a economia de trabalho vivo, evidente nos mecanismos automatizados que são introduzidos, quer na manufatura, quer nos serviços. A agregação de tarefas de quem fica, juntamente com o confisco da atividade daquele que sai, são fenômenos complementares porque faces de uma mesma moeda: o ataque do capital ao trabalho não anula ou nega este último, mas o desloca para cantões onde ele se refugia aderindo às funções que ainda não foram "tomadas", isto é, racionalizadas. Quando as funções operativas já estão, nesse sentido, mais ou menos esgotadas, ele se movimenta em direção ao consumo ou ao "cliente", que é uma função irredutível porque realiza a própria razão de ser (o "uso") do trabalho. O exemplo do *cash-dispenser* nos bancos é o mais certeiro porque fácil de visualizar: cada vez mais o usuário realiza o trabalho que antes era efetuado pelo caixa do banco ou outro funcionário de apoio, também ele bancário.[2] As tarefas destes últimos não desaparecem mas deslocam-se, portanto.

---

[2] Quando o usuário retira dinheiro do caixa eletrônico, é ele quem confere os valores sacados. Quando solicita o pedido, é ele quem tecla o maquinário. Essas eram as funções do bancário. Devo essas observações ao professor Francisco de Oliveira.

2. O *JUST-IN-TIME* (JIT) E SEU SIGNIFICADO PARA A AÇÃO COLETIVA

O sistema de implicação do JIT é interior e exterior à unidade produtiva. Trata-se de um ambiente coerente que articula o processo de trabalho e a organização do tecido industrial, além da organização interna à própria firma. Os comentadores brasileiros do modelo japonês enfatizam que o seu elemento persuasivo é que ele é um conjunto que abriga um relacionamento novo, em referência ao padrão "ocidental" de relações industriais, em três níveis: nas relações de trabalho, nas relações intrafirma e nas relações interfirmas.[3] O JIT atravessa, na verdade, essas três dimensões e portanto é muito mais do que uma mera inovação na organização do processo de trabalho.

Nesse sentido, ele é muito mais "sistêmico" e abrangente, em comparação com outras modalidades de organização do trabalho, como o modelo sueco, por exemplo, que se limita ao rearranjo das linhas de produção.

De toda forma, a implicação denota um valor de cooperação mais do que de conflito. Se o conflito faz parte da sociabilidade baseada nos interesses e portanto no mercado, a cooperação aproxima-se de uma semântica não contratual, mobilizando valores comunitários mais do que societários. A implicação carece de uma norma que possa funcionar como medida para balizar o comportamento dos atores; ao contrário, ela supõe um conhecimento prévio ao encontro "puro" dos contratantes, conhecimento esse que resvala para o "entorno" societal que envolve o momento da troca: nesse jogo, o arbítrio convive com a proximidade e com o "calor", perseguido em indicações tais como: o prenome antes do sobrenome, a sem-cerimônia antes da formalidade, o arranjo antes do documento escrito, num tipo de bar-

---

[3] Helena Hirata, *Sobre o "modelo" japonês: automatização, novas formas de organização e de relações de trabalho*, São Paulo, Edusp, 1993.

ganha que inclui também a palavra de velhos conhecidos, sancionada pela tradição e pelo hábito.

A implicação tem esse lado de dependência, que cancela o direito de cidadania, entendendo esse direito como o direito à diferença em relação ao coletivo. O elemento de dependência conjuga-se nas várias situações, na organização e fora dela, onde o modelo JIT se aplica: o trabalhador passa a depender da empresa para obter os benefícios que fazem aumentar o seu rendimento salarial. Por outro lado, muitos argumentam que as empresas também dependem dos operários para obterem uma produção de qualidade, mas a simetria é apenas aparente, pois os recursos de poder, em um caso e noutro, são muito desiguais.

Proceder-se-á agora à observação das células em situações concretas, extraída de visitas em momentos diferentes do tempo. Os expedientes do JIT, de uma forma ou de outra, estão presentes nessas descrições, uma vez que as células incorporam, embora às vezes de forma não articulada e não sistemática, a mesma filosofia de base, que tem sua origem na *lean-production* ou "toyotismo", e que aqui se está considerando simplesmente como "novo modelo produtivo".[4]

3. A FÁBRICA DE CUECAS: POLIVALÊNCIA DE TODOS, MAS É A QUALIFICAÇÃO QUE CONTA

O primeiro caso é de uma confecção de porte entre médio e grande (no momento do campo, ela contava com 600 empregados, sendo 450 na produção) especializada na produção de cuecas e detentora de marca bastante conhecida no mercado, chegan-

---

[4] Para o "novo modelo produtivo", consultar J.-P. Durand (org.), *Vers un nouveau modèle productif?*, Paris, Syros, 1993; e Robert Boyer e J.-P. Durand, *L'après-Fordisme*, Paris, Syros, 1993.

do mesmo à fixação de um poder metonímico como no caso de outros produtos em outros ramos (Gillette, Super-Bonder etc.).[5]

Ali, a lógica do posto não foi abolida. A própria célula é definida pelo posto. Nesse caso, um conjunto de operações necessárias e relacionadas estreitamente ao tipo de máquina, associadas por seu turno a um tempo e um ritmo sincronizados em função de uma seqüência de operações a montante e a jusante, define a qualificação. O processo de produção é o seguinte:

1) Bojo (overlock) –> 2) frente-dois-lados (overlock): o lado da cueca –> 3) overlock vista: a bainha da frente –> 4) overlockfundo: une a frente com o traseiro da cueca –> 5) overlock volta com etiqueta: fecha a lateral com dois tipos de etiquetas (interna e externa) –> 6) colocação de elástico galoneira com anel –> 7) bainha do elástico galoneira com anel –> 8) corte dos fios e revisão (controle de qualidade) –> 9) embalagem –> Produto acabado (cueca).[6]

As operações de 1) a 5) formam uma "ilha", que está disposta espacialmente do seguinte modo:

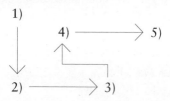

A qualificação, portanto, é bem uma qualificação do posto. Essa característica por si só limita já fortemente o grau de autonomia dos operadores, em dois sentidos importantes: 1) a capacidade de circular por entre diferentes posições dentro da célula[7],

---

[5] O momento do primeiro contato, e que ensejou uma série de visitas posteriores, foi em novembro de 2001.

[6] Agradeço essas informações a Maria de Fátima Ferreira Queiroz.

[7] Não há rodízio de funções dentro da ilha e tampouco entre as ilhas,

e 2) a capacidade de influir em algum grau, de maneira integrada e organizada, sobre as especificações do produto. Como a qualificação confina o operador ao posto de trabalho (e à máquina correspondente), o significado da célula também se restringe, de um ponto de vista produtivo. De um ponto de vista social, contudo, isso não é necessariamente verdadeiro, isto é, os ganhos com a reprodução de uma sociabilidade ativada e mantida pela célula (ainda que não tenha sido essa a intenção inicial)[8] não precisam sofrer os efeitos daquela restrição. Apenas há que se ter claro, nesse caso, que o patrimônio conquistado com a sociabilidade permitida pelo funcionamento de um tipo de trabalho mais coletivo não se traduz necessariamente em uma autonomia *produtiva* do trabalhador direto. Aquele ganho social pode inclusive estimular um tipo de comportamento que reforce mais os móveis relacionados à qualificação do que aqueles relacionados à competência.

No caso dessa fábrica em particular, o elemento "virtuoso" dos novos métodos de trabalho, aquele que mistura diligência produtiva e comportamento, implicação no trabalho e fora dele, não parece ter sido aplicado em toda a sua radicalidade, como nas grandes indústrias químicas e farmacêuticas, por exemplo. Tudo leva a crer que a situação da empresa, "a meio caminho" entre um grande grupo econômico integrado e uma unidade produtiva especializada no "velho estilo", tenha conduzido também a uma espécie de compromisso entre as exigências dos novos ares modernizantes quanto à gestão do pessoal e um hábito há muito estabelecido do tipo "cada um no seu lugar", em última instância:

---

mesmo havendo a capacitação de algumas costureiras. O único momento de deslocamento ou troca é na ausência de uma operária, que é substituída por outra em treinamento, ou então quando cessa o serviço de uma máquina (por falta de pedido) e a operária responsável é alocada para o controle de qualidade (mesmo em outra célula) ou outra função que no entanto não demanda o conhecimento de operação de outras máquinas.

[8] "Geralmente o grupo procura manter aquelas mesmas pessoas porque elas se conhecem, já sabem as manias de cada uma" (Gerente de RH).

O fluxo tensionado dos novos sistemas de produção

cada um no seu posto de trabalho, sem exigências maiores de escolaridade e polivalência, apesar de as outras células já funcionarem há dez anos, desde o momento da visita. É essa ambigüidade que faz o contraste com as empresas sistêmicas, onde todos os aspectos organizativos, técnicos e pessoais são estritamente regulados. Assim, existe como que um campo aberto, uma virtualidade para um padrão de ação coletiva no estilo fordista, o que quer dizer concretamente: mobilizações com base em uma identidade de classe, identificação com o sindicato e certa indiferença ao apelo privatista. Nas empresas mais bem-sucedidas quanto à implicação dos seus assalariados e à profundidade das mudanças incidentes no próprio trabalho executado por cada um, a dificuldade de incutir uma voz dissonante age de maneira mais constrangedora, embora nunca determinista.

Na prática, a ambigüidade, a situação de "a meio caminho" entre dois padrões-tipo de relação entre capital e trabalho no âmbito gerencial, além de ser bastante funcional em termos de controle, parece ser a regra antes do que a exceção no meio industrial.[9] Esse ponto remete ao hibridismo dos modelos — *lean-production* e fordista — e às intermináveis discussões sobre a ruptura real do primeiro em relação ao segundo.

Além disso, a incapacidade de aplicação integral e conseqüente dos novos métodos de gestão esbarra em um aspecto que tem sido comentado por estudiosos do tema, e que é geralmente abordado como o perigo constante de que o grau de autonomia delegado para os operadores diretos possa ser liberado para finalidades outras que não a estrita preocupação com o aumento da eficiência dos processos de fabricação — o que aparece sob a forma de um receio de "perda do controle" da situação.[10]

---

[9] E isso independente do tamanho da empresa ou do ramo.

[10] Roberto Marx, *Análise dos projetos de implantação de trabalho em grupo na indústria: a questão da autonomia no chão-de-fábrica*, tese de doutoramento, Escola Politécnica da USP, p. 134.

Mas a grande prova dos nove para aquilatar quão longe as inovações gerenciais foram capazes de abalar a norma dita "clássica" de organização do trabalho parece ser mesmo o voltar-se para o próprio trabalho direto, isto é, a revalorização do significado da relação entre o operador e a tarefa, o evento ou as atividades que margeiam a sua intervenção prática no processo de trabalho, as quais organizam, enfim, as suas estratégias de resistência ou de conformismo. O padrão das ações coletivas encontra aqui a sua base material e a sua justificativa política e simbólica. Com relação à empresa em tela, esse foi o ponto de partida para a investigação das células de produção.

3.1. A PERMANÊNCIA DA QUALIFICAÇÃO

Na fábrica de cuecas a autonomia das células — e de seus membros — fica completamente dependente da permanência do fator qualificação como princípio de disposição das tarefas, dos postos de trabalho (e os problemas tradicionais vinculados a essa disposição) e do próprio desenho que vai tomar a interface entre trabalhadores (no caso, aliás, trabalhadoras) e máquinas no seu interior. Por exemplo, a possibilidade de mudar de função, movendo-se entre outras funções presentes nas "ilhas" — como se verá mais à frente — é restrita, a menos que o domínio daquelas funções assim o permita. É mais provável uma operadora de overlock-fundo de uma célula substituir uma overloquista semelhante em outra célula do que uma galoneira na mesma célula, dado que as máquinas são diferentes. O que define a mudança (e a noção de "autonomia" que está associada a essa mudança) é a qualificação.

A estratégia centrada no *just-in-time* aplicada à organização da produção remete à gestão interna dos estoques e da relação entre a fabricação e os fornecedores de matérias-primas — o pano ou tecido —, que nesse caso pertencem ao mesmo grupo e estão localizados logo em frente da fábrica, do outro lado da rua.

3.2. GESTÃO PELOS ESTOQUES?
SÍ PERO NO MUCHO

A política de estoque mínimo não é a mesma coisa que política de estoque zero. A diretriz seguida pela empresa quanto a esse aspecto é de manter, sim, estoques para o produto com maior saída, isto é, venda. Isso tem uma implicação importante para o processo de trabalho porque significa que a operação de embalagem deve ser realizada como uma parte da atividade da célula. A opção por retirar a embalagem (e por conseqüência os postos de embaladora) do trabalho efetuado na célula está no horizonte, segundo relato do engenheiro de produção, deslocando-a para uma fábrica à parte.

Para os produtos mais específicos, a estratégia é esperar o pedido para em seguida ativar a produção, não justificando assim a formação de estoques, o que significaria tempo perdido.

A fábrica de confecção de cuecas é uma boa oportunidade de observar a disjunção entre modelo e realidade. A oposição entre "linha" e "célula" é conjugada como uma oposição entre produção não diversificada *versus* produção diversificada, significando nesse sentido tão-somente um arranjo de máquinas que permita a confecção simultânea de finalidades diferentes dentro da mesma família de produto (cuecas com elástico externo, cuecas com elástico embutido, cuecas *samba-canção*, cuecas de cores diferentes etc.). Não está em questão uma reorientação das tarefas com uma redefinição subseqüente do posto de trabalho, conforme já foi mencionado. A polivalência, admitida como necessária, é igual à adição de tarefas que antes eram especializadas: overloquista, operadora de máquina *flat*, cortadeira, operadora responsável pela galoneira, e assim por diante. Uma vez que cada uma dessas operações é reputada como rara no mercado, a rotatividade passa a ser uma questão sensível para a continuidade de todo o sistema. Na verdade, a polivalência tem um significado que é limitado pela necessidade de suprir as operadoras ausentes. Pode-se adiantar que a polivalência, nesse caso, é função do absenteísmo, e não de uma nova forma de organizar o trabalho direto.

Além de tentar atuar sobre o problema do absenteísmo, a polivalência tem uma relação direta com a flexibilidade do produto: as mudanças de artigo a ser produzido serão tanto mais rápidas quanto mais prontamente for ajustado o maquinário para as novas finalidades: nesse sentido, a prontidão da força de trabalho depende de que ela esteja treinada e apta para essas modificações. Tais variações — que na verdade são mudanças dentro de uma mesma família de produtos (cor da cueca) — podem acontecer no decorrer de uma mesma jornada: "há células que começam um dia fazendo determinado artigo e no final do dia podem estar fazendo outro" (Gerente de RH). Quanto maior o grau de complexidade das operações, menor, evidentemente, a rapidez dessas transferências.

As causas para a rotatividade e o absenteísmo podem estar no próprio método (taylorista) de produção por peça, que confere um prêmio adicional ao salário, e no ritmo de trabalho, que é intenso e desgastante. Problemas como lombalgia e dor de cabeça acarretada pela visão fixa na operação denotam a influência da postura repetitiva no cotidiano fabril.

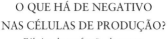

O QUE HÁ DE NEGATIVO
NAS CÉLULAS DE PRODUÇÃO?

Fábrica de confecção de cuecas

Afora pesquisas de opinião do tipo "clima organizacional" feitas anteriormente, nenhum outro instrumento sistemático de auscultação do ambiente é usualmente mobilizado. Nem se pode dizer que as células cumpram necessariamente uma função de sociabilidade, dadas as características expostas — embora lhes seja atribuído como virtude o fato de todos se conhecerem e desenvolverem um bom "clima" no trabalho.

E, no entanto, antes era pior. O momento da mudança de propriedade, com a venda da fábrica para uma grande confecção americana há um ano amenizou o controle direto ("linha-dura") que era exercido pela gestão quando ela era então cem por cento nacional. Muitas vezes esse controle extravasava a mediação dos supervisores e ia até o chão-de-fábrica.

3.3. O TREINAMENTO

O treinamento, que foi enfatizado como essencial à formação de uma operária para o processo de trabalho requerido na fabricação de cuecas, denuncia uma especialização razoável — e por conseqüência um nível de qualificação reconhecido internamente (por causa da relativa estabilidade no emprego). Pode-se especular que essa norma de qualificação é sancionada também pelo mercado de trabalho do ramo (porque é difícil encontrar operárias aptas a operar imediatamente as máquinas; uma vez contratadas, devem despender um tempo não desprezível de treinamento).

Com respeito ao grau de automatização, ele foi descrito como insatisfatório. A automatização de certas operações, como aquelas que ainda recorrem ao corte manual com tesoura — *ziguezague* e corte e colocação de etiquetas — está no horizonte de médio prazo. Uma das células, por seu turno, utiliza máquinas de costura tradicionais.

Há ainda uma célula completamente dedicada ao treinamento. A aprendiz começa na máquina "reta" e passa progressivamente para máquinas de complexidade maior (como a máquina *flat*, por exemplo, exclusiva do processo de trabalho da empresa). Nessa célula, em tese, a costureira deveria adquirir uma formação que a capacitasse a operar todas as máquinas, o que reforça a preocupação geral com a polivalência. O treinamento é considerado concluído quando a operadora alcança, em cada máquina, o *standard* mínimo de produtividade necessário para entrar para valer nas células de produção. Nem é necessário que o treinamento seja em *todas* as máquinas. Até lá, ela pode esperar mesmo mais de um ano,[11] dependendo da habilidade manual de cada uma. Esse treinamento não começa, contudo, da estaca zero. Quando há a necessidade de uma nova contratação, ela é feita com base em determinada qualificação já codificada no mercado, por exemplo: galoneira. Após os períodos de teste em que a encarregada observa a habilidade técnica da pretendente ao posto, ela passa então a iniciar-se nas outras máquinas. Além da capacidade técnica são observadas também qualidades "comportamentais", sobretudo quanto àquele que parece ser um problema sério para o ambiente de trabalho: as faltas.

O treinamento pode ser um "ativo" tanto para 1) tentar continuar dentro da empresa, quanto 2) disputar um lugar no mercado de trabalho. Neste último caso, as condições de crise continuada e de contração do mercado de emprego funcionam como um constrangimento que as operárias têm bem em conta. Isso fica evidente na resposta à pergunta: "No caso de sair da empresa, você encontraria um novo emprego na mesma função que executa hoje?".

Portanto, por mais que a costureira seja bem treinada, ela encontra dificuldade no mercado de trabalho, o que acaba reforçando uma tendência centrípeta, para dentro da empresa, pelo medo do ambiente hostil "lá fora".

---

[11] Informação da área de RH. A gerência pode estar querendo se referir não apenas ao período formal em que a operária seguiu o treinamento (horas-aula, por exemplo), mas ao período total de experiência, que contabiliza certamente um tempo maior do que o mero acompanhamento de cursos, embora contenha o tempo despendido neles.

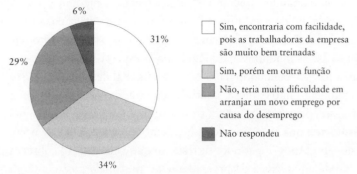

PERCEPÇÃO DAS TRABALHADORAS
SOBRE A POSSIBILIDADE DE ENCONTRAR
UM NOVO EMPREGO NA MESMA FUNÇÃO
Fábrica de confecção de cuecas

3.4. O PRÊMIO DE PRODUÇÃO

O "prêmio de produção" é contabilizado diariamente. As quotas (razão entre a quantidade demandada e aquela efetivamente realizada no fim da jornada diária) são responsabilidade da célula e os prêmios são concedidos aos membros da célula premiada. A encarregada anota, ao fim de cada dia, a produção por peças de cada célula. Ao fim de cada mês, uma média é apurada e a célula merecedora do prêmio é aquela com a produtividade mais elevada.

O prêmio por produtividade dá um caráter taylorizado às células,[12] e contamina fortemente a organização do trabalho da fábrica.

---

[12] É importante frisar, contudo, que o traço taylorista não está no método de salário por peça. Na verdade, o objeto da preocupação de Taylor é principalmente o *como* produzir a peça, uma vez que a liberdade deixada ao operário nesse ponto significaria um controle deste último sobre suas condições de trabalho. É a conjunção de um método o mais racional (*the one best way*) que deve ser seguida em cada operação com a multiplicação de atos definidos segundo o referido método, o que dá a especificidade do sistema

O fato de que o estudo de tempos e movimentos tenha sido aplicado para definir a operação-padrão em cada máquina no interior da célula, aliado ao prêmio de produtividade, que é baseado em quantidades produzidas (prêmio por produção), encaminham essa versão de trabalho em grupo para uma modalidade bastante tradicional de aferição da eficiência relativa ao fator trabalho nos processos produtivos.

A seguir é reproduzido o quadro comparativo entre as metas de manufatura de determinado produto (no caso, a do produto X) e o resultado efetivo das células, que é descrito em um mural. São discriminadas quatro células, todas dedicadas ao mesmo produto.[13]

PRODUTO X

	Meta	Célula 01	Célula 04	Célula 05	Célula 13
08:00	336	144	260	320	200
09:00	672	504	548	660	500
10:00	952	720	836	922	800
11:00	1.371				
13:00	1.623				
14:00	1.969				
15:00	2.295				
16:00	2.585				
17:00	2.998				

Olhar cravado na meta, pode-se ver imediatamente quem está abaixo ou acima do padrão. A meta é muito difícil de ser

---

Taylor. A quantidade de peças a ser manufaturada é uma função da tarefa, antes de sê-lo pelo salário.

[13] O fato de só ter sido possível apurar as três primeiras horas tem a ver com o horário em que foi feita a visita, pela parte da manhã. Agradeço a Sandra Rufino dos Santos pela sensibilidade na captação e discussão desses pontos.

alcançada, permanecendo como um objetivo quase inatingível. Mas parece ser essa mesma a intenção: quando a fábrica mudou-se, alguns meses depois, de São Paulo para um município próximo e unidades diferentes de produção (cuecas e meias) encontraram-se sob o mesmo espaço, foi o padrão mais elevado de metas que prevaleceu (meias) e não o menos elevado (cuecas). Isso não está relacionado diretamente com a mudança no número absoluto das metas em si mas, conforme esclareceu a representação sindical, com a maneira de negociá-las, já que elas fazem parte do instrumento chamado "Programa de Participação nos Resultados", uma variante do Programa de Participação nos Lucros (PLR), previsto como item da reforma laboral que acompanha a pauta das relações profissionais desde a Constituição de 1988.

Ora, o programa de metas do chão-de-fábrica é parte do Programa de Participação nos Resultados, o qual é obrigatoriamente negociado quer em âmbito coletivo (quando é incorporado na Convenção Coletiva e então passa a ser válido para todas as empresas do setor), quer em âmbito restrito (quando é negociado como Acordo Coletivo entre o sindicato e uma empresa em particular). Assim, de alguma forma o padrão oriundo do modelo da organização celular encontra guarida na normatização pública saída da iniciativa estatal. Uma das exigências da norma da PLR é a existência de comissões eleitas nas empresas para negociar as metas, os resultados, as formas de remuneração e os prazos em que esses últimos serão efetuados. O que ocorre é que o programa de metas da fábrica de meias foi negociado por uma comissão indicada, enquanto o programa de metas da fábrica de cuecas, ainda da época de sua localização em São Paulo, foi negociado por uma comissão eleita pelos trabalhadores, com menor influência da direção e da gerência. Isso faz diferença no momento de discutir os critérios e o acompanhamento da efetiva implantação do Programa de Participação nos Resultados. Portanto, as metas, conquanto não variem muito na unidade já existente tanto quanto na outra, recém-chegada, variam na forma de controle coletivo de sua implantação, já que elas foram, por assim dizer, minimamente "judicializadas" pela via da PLR. Foi o padrão da fábrica de meias que serviu de medida para as metas de produção, e não o padrão da fábrica de cuecas. Isso foi sentido, como seria de se esperar, pelos operários novos que chegavam de São Paulo, e acabou repercutindo no sindicato.

Assim, mesmo que o argumento econômico tenha sido determinante no movimento de transferência da unidade de São Paulo para o município limítrofe, já que agora as fábricas do grupo americano — no que concerne ao braço têxtil-confecções — encontram-se centralizadas em um único ambiente, facilitando a logística e possibilitando, pelo maior espaço físico e modernização das instalações, uma maior eficiência produtiva, é inegável que o peso do componente das relações de trabalho também contou, no estilo *greenfield*.

3.5. As CÉLULAS

As células existem desde o início dos anos 90. Antes, a organização era "em linha". Esta não é a única empresa de peso no setor têxtil e de confecções a experimentar tal sistema de produção, até então associado aos segmentos mais dinâmicos da indústria, importadores do *ohnoísmo*[14] ao qual aquele sistema está associado. A Alpargatas, por exemplo, foi uma das que primeiro introduziram a organização celular.

As células são 21 ao todo, divididas pelo espaço da fábrica, em dois andares. Parte delas no andar de cima; parte no andar de baixo, distribuídas de modo equivalente. Elas compõem-se de "ilhas" — em geral cinco. As "ilhas" estão organizadas para obedecer o fluxo da produção: a disposição das ilhas segue a disposição das máquinas, com duas trabalhadoras em geral para cada máquina de mesmo tipo. Como se pôde notar pelo diagrama

---

[14] Ver Roberto Marx, *op. cit.*, p. 133.

O fluxo tensionado dos novos sistemas de produção

do fluxo produtivo,[15] a embalagem está incluída como operação da célula.

A configuração espacial da célula poderia ser representada do seguinte modo:

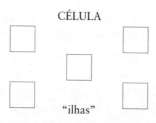

A célula que se vai acompanhar a seguir[16] é composta de três ilhas. Na primeira (montagem), as funcionárias recebem bandejas de peças cortadas para montar. Na segunda, que compreende um número menor de funcionárias, são colocados os elásticos e o produto já começa a ganhar uma configuração material próxima da forma final. Ambos os processos seguem um balanceamento de tempo que depende da complexidade do produto (tipo de cueca: *slip* ou samba-canção, por exemplo). Na terceira e última ilha é realizado o processo de acabamento, *silkagem*, controle de qualidade e embalagem.

O corte dos tecidos destinados à confecção das peças dos modelos é realizado em um galpão próximo à fábrica — na verdade, no mesmo quarteirão, onde trabalham 35 operários. Além dessa unidade de corte, separada, os homens preenchem as funções de abastecimento das células da costura, reposição de estoque e estocagem de produtos acabados. Nos corredores que conduzem da recepção à área industrial, eles estão também em *posters*: são os modelos fotográficos posando com os produtos da casa,

---

[15] Veja-se à página 232.

[16] Esse parágrafo é baseado nos apontamentos de campo de Sandra Rufino dos Santos, a quem agradeço a gentileza de cedê-los.

isto é, as cuecas. Na empresa de capas de automóveis, como se verá a seguir, corte e costura recobrem uma divisão sexual cerrada: homens de um lado; mulheres de outro. Aqui, pode-se também encontrar mulheres no corte.

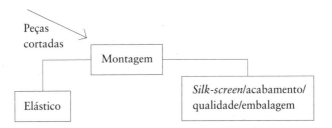

Quanto ao funcionamento e dinâmica, mesmo ressalvando as diferenças já apontadas entre o modelo das células que as aproximam dos grupos semi-autônomos e a realidade que as joga no cômputo de uma mera reorganização de *lay-out* de máquinas, é possível extrair certas recorrências presentes no tipo de organização celular. Uma delas é o autocontrole. Convém explorar mais esse ponto.

Os próprios membros do grupo tomam a iniciativa de afastar a operária menos eficiente. Ou ela mesma se auto-exclui. Para isso, as marcas da ineficiência, isto é, a formação de estoques, são denunciadas na forma de acúmulo de panos ou produtos semi-acabados ao lado da máquina, sob a mesa. O controle do desbalanceamento do processo — e a imediata identificação do responsável por isso — é visual, portanto, empírico, sem necessidade de checagem nos "autos" que são as ordens de produção do sistema *kan-ban*.

Outra forma de identificação do erro, quando ocorre, é no momento em que a manutenção interna é solicitada por conta de algum problema com alguma máquina. Ao registrar o defeito transcorrido em um horário determinado, fica-se sabendo a costureira que estava então responsável por aquela máquina. A manutenção mecânica (masculina) só intervém em situações excepcionais, de pane; ela não está integrada ao processo de trabalho regular, tampouco participa das células.

As células possuem uma contabilidade da produção bem simples: quantidade estimada *versus* quantidade efetivamente produzida, informação que é disposta em um quadro afixado na parede, à mostra não apenas dos membros da célula em causa, já que não há divisão entre elas.[17] Todos têm acesso, assim, a essa informação "pública" sobre o rendimento coletivo de cada grupo. A possibilidade de competição entre células e também as cobranças intracélula derivam dessa publicização ostensiva do rendimento. Mas não é imediatamente necessário que tal competição ocorra. Um comportamento de "proteção", quer de um membro individual da célula pelos demais participantes, quer entre as próprias células reciprocamente, pode servir como anteparo ao desígnio (declarado ou camuflado) de jogar um(as) contra o(as) outro(as). Deve-se buscar as margens para tal tipo de solidariedade no grau de coesão e de relacionamento mútuo dos seus membros, funcionando como uma fonte ética de limitação ao espírito emulador destilado pela organização.

No entanto, a linha-de-força da produtividade naturalizada nos comportamentos do coletivo e de cada um parece mais poderosa do que a sociabilidade trazida e mantida por linhas-de-força distintas, as quais poderiam compensar a lógica empresarial. A ajuda e a compaixão como sentimentos distribuídos medianamente entre os membros da célula parecem não ter força para se contrapor às razões mais prementes ligadas aos imperativos da concorrência. É o que se depreende de uma pergunta lançada à maioria da força de trabalho da empresa: indagadas sobre a possibilidade de ajudar a colega de trabalho quando esta apresenta dificuldade em realizar a tarefa e compromete a produtividade da célula, as operárias responderam o que está registrado no gráfico a seguir.

---

[17] Ver o quadro do "produto X", referido na p. 241.

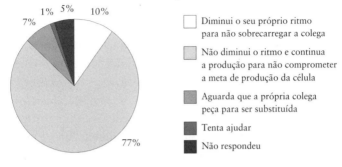

GRAU DE "SOLIDARIEDADE"
VERSUS COMPORTAMENTO ORIENTADO
ESTRITAMENTE PARA AS METAS
Fábrica de confecção de cuecas

- Diminui o seu próprio ritmo para não sobrecarregar a colega
- Não diminui o ritmo e continua a produção para não comprometer a meta de produção da célula
- Aguarda que a própria colega peça para ser substituída
- Tenta ajudar
- Não respondeu

A célula revela-se uma forma bastante satisfatória de racionalização da produção, mais do que no sistema de "linha de montagem". O ganho consiste basicamente em uma maior flexibilidade na gestão de aspectos até então encarados como reciprocamente excludentes: estoques e variabilidade do produto. Na célula, vários artigos diferenciados são confeccionados no mesmo dia, enquanto que na linha de produção uma jornada de trabalho produz uma ou duas séries de artigos apenas: o seqüenciamento de máquinas é rígido, isto é, elas estão dispostas umas após as outras de acordo com o processo de finalização do produto, de forma que se há um travamento com uma ou outra máquina de mesmo tipo, todas as outras semelhantes que vêm imediatamente em seguida ficam ociosas, para não falar do restante do maquinário dedicado a outras partes do processo (um problema com uma máquina overlock-frente acarreta desbalanceamento em todo o conjunto de overlock-frente, assim como da galoneira, que pára por falta de alimentação).

Nas células, no limite, cada uma delas é capaz de produzir um artigo diferente de maneira completa, o que significa que máquinas semelhantes ficam potencialmente "liberadas" para o caso de algum problema em algum ponto do processo. A parada por qualquer motivo em um sistema de produção baseado em linha acarreta sempre um tempo de espera do produto semi-acabado (dado o seqüenciamento único) maior do que no sistema baseado em células.

Fica claro que a alternativa entre linha e célula depende de uma escolha entre trabalhar com estoques ou não, se bem que as células não significam a eliminação completa de estoques, como se viu anteriormente. Nos EUA, a produção de *jeans* do mesmo grupo que recentemente adquiriu a fábrica de cuecas no Brasil funciona em sistema de linha, sem muita preocupação com formação de estoques. Isso pode estar associado às características do mercado norte-americano, ou ainda à disponibilidade de mão-de-obra para empregos de baixa qualificação, realizados provavelmente por imigrantes. De todo modo, se em termos de "economia de variedade" a célula oferece mais possibilidades e maior flexibilidade, isso não significa que a variável "quantidade" esteja completamente ausente do cálculo do fabricante. Ao contrário, é a chance de jogar com as duas variáveis — estoques para a produção em massa e mudança dentro da mesma família de produto segundo especificações não muito distantes do padrão — o que dá a enorme vantagem da organização celular.

Mesmo com todas essas características relativizadoras, alguns mecanismos de funcionamento das células são típicos do trabalho em grupo definido idealmente, que é também onde ele se aproxima de um padrão comunal: isso fica evidente no momento em que um novo membro é incluído, gerando o efeito consecutivo de quebrar a unidade do grupo.[18]

Mas há também o caso contrário, o da exclusão do grupo.

3.6. A "SOBERANIA" DAS CÉLULAS

Ora, como se negocia (internamente ao grupo ou célula) a exclusão do grupo?

---

[18] Ver o relato da Gerente de RH na nota 8.

A seguir, tem-se o relato de uma overloquista que trabalhou no sistema de linha de produção, e agora trabalha no sistema de células, na célula de número 13. As células decidem quem entra e quem sai da célula. Não pelo voto, mas pela decisão soberana, como uma espécie de "microvontade geral". A reunião faz as vezes de assembléia:

> "Somos nós que decidimos na célula. A gente passa [a decisão] pra encarregada e o que for melhor pra nós ela vai fazer".

Quando a questão é, por exemplo, a manutenção ou exclusão de membros que, incapazes de manter a performance-padrão, podem prejudicar o ritmo (e o prêmio) coletivo, ela explica:

> "Nós fazemos uma reunião, com a menina participando da reunião, e a gente fala o que está acontecendo: ou ela melhora ou sai fora. Então, quando há o interesse da parte da pessoa, ela procura sempre melhorar, mas, quando não há, então a gente pede por favor pra tirar, que troque".

E essa evicção não é sempre mansa. Porque pode haver aqui um conflito de interpretações, sendo que o prejudicado (no caso, o excluído) não tem a quem recorrer, caso o julgamento do grupo tenha decidido pelo seu afastamento, e ele (ou ela) considere a decisão injusta. Isso nos conduz a um padrão totalitário sob o manto da autonomia do grupo, mesmo que não seja visto desse modo pelos seus integrantes. Aliás, é exatamente por essa razão, pela naturalidade tranqüila, que esse tipo de ação se aproxima de uma espécie de totalitarismo. Um totalitarismo do coletivo.

A "microvontade geral" condena e exclui aquele que não mantém o padrão, não dando, no entanto, instrumentos de contraposição e limitação a essa vontade imponente. A soberania da célula enquanto "vontade una e indivisível" não oferece formas

O fluxo tensionado dos novos sistemas de produção

de reparar a invasão do todo sobre a parte, levando a um conflito de adequação entre o empenho do indivíduo e o juízo que o coletivo faz desse empenho mesmo como insuficiente para a felicidade de todos os seus — para manter a analogia com a comunidade política — concidadãos.

E se, por exemplo, o membro do grupo não concordar com o juízo sobre ele? Se ele *quiser* melhorar e não *puder*?

> *"Se a gente vê que ela tá melhorando, que ela tá se esforçando, o que que acontece? A gente procura ajudar. A gente corta o serviço, a gente arruma o serviço, depende da operação que ela faça. Mas se a gente resolver dar uma nova chance e a gente vê que ela não tá se esforçando, então...".*

O participante individual do grupo fica à mercê da boa vontade do grupo, em vez de fazer valer os seus direitos, os quais, aliás, não existem nesse caso, uma vez que a norma não está posta por nenhuma garantia exterior (como uma "lei", por exemplo), mas pelo ajuste interior do grupo, que faz a norma *qua* bom senso.

Existe, nesse caso, e vendo de um outro ângulo, um problema de regulamentação. Em sua forma institucional, esse problema aparece como a tensão entre o direito do trabalho e as normas do ramo ou da empresa.

Tudo se passa como se o pertencimento de classe passasse agora pelo pertencimento à célula. O operário ou operária enquanto membro pertencente da célula não é mais um trabalhador *sans-phrase*, mas um trabalhador que passa a ser definido segundo a figura do bom trabalhador ou do mau trabalhador, ou ainda, no limite, do não-trabalhador (se o excluído sair da empresa). Isso significa que uma categoria geral e homogênea (o "assalariado") é agora filtrada pela particularidade de um grupo menor que constrói a sua identidade contra o grupo maior, mais abrangente e agregado. Dizendo de outra maneira, o *pertencimento de classe agora tem de passar pelo trabalho reflexivo da pró-*

250   Trabalho em grupo e sociabilidade privada

pria classe, o que é uma novidade para uma categoria que retirava a sua força do negativo (o "outro" do capital).

O excluído, o corpo-mole, o "morcego" na terminologia do trabalho em grupo em outra empresa,[19] no entanto, luta até o fim. É muito difícil ele próprio pedir para sair:

> "*Ela fica até o fim. [Até que] vêm as colegas e dizem: 'olha, não dá mais'*".

Desagradável?

> "*É desagradável, mas se a gente tem a possibilidade de ter outra costureira que vá fazer a tarefa e que a gente vá ganhar, então é melhor. É melhor até para a companheira que vai sair porque ela não se sente humilhada. Ela sabe que a gente tá ganhando, ou melhor, que a gente tá deixando de ganhar por causa dela. Só que ela não tem aquele impulso de dizer: 'olha, eu vou sair'. Então, às vezes há casos em que a pessoa até agradece a gente por ter tomado essa atitude*".

A saída da célula transfere a operária recusada para outra célula, em outra operação "que não exija tanto".

A célula abre a organização para um tipo de gestão de pessoas que é uma *gestão pelo grupo*, não havendo aí a figura de um líder que encarne o vezo totalizante do coletivo em "um" que fala pelo grupo. Lembrar a fala anterior: "Se a gente vê que ela tá melhorando, que ela tá se esforçando..." etc.

A própria questão de "ter de excluir" do grupo aquele que é menos produtivo denuncia a lógica antipolítica (*polis*) do fun-

---

[19] Ver Leonardo Mello e Silva, *A generalização difícil: a vida breve da câmara setorial do complexo químico seguida do estudo de seus impactos em duas grandes empresas do ramo*, São Paulo, Annablume/Fapesp, 1999, p. 267.

cionamento da célula. Ao contrário, segundo Hannah Arendt, a democracia consagra a inclusão de mais e mais "diferentes" no espaço público. É esse elemento "diferente" que dá a riqueza da *polis*.[20]

3.7. OS NÍVEIS HIERÁRQUICOS NA PRODUÇÃO

As controladoras da qualidade circulam entre as células. São as supervisoras, de uniforme azul, para diferenciar das operadoras, de uniforme branco. Mas em cada célula é feito também o controle, que consiste no corte de pedaços de fios soltos ("fiapos") com a tesoura (e por isso a tarefa tem de ser executada com cuidado; caso contrário, corre-se o risco de danificar o próprio produto que está sendo vistoriado). Nada indica que o controle de qualidade demande muita qualificação (os próprios aprendizes são alocados para essa tarefa, na função de ajudantes). O que parece ser decisivo para o bom andamento do processo de trabalho é sem dúvida a qualificação das costureiras. Nesse sentido, a produção ainda depende do saber dessas operárias.

As supervisoras (ou encarregadas), divididas em duas por andar, concentram o foco de tensão nas relações sociais dentro da produção, pois são elas que indicam a necessidade de retrabalho. Também têm de gerenciar conflitos entre as operárias, caso ocorram. Além disso, influenciam — ao menos indiretamente — as vantagens que podem ser auferidas pelas suas subordinadas. Isso fica patente no caso do "prêmio de qualidade", que não se confunde com o prêmio de produtividade. O "prêmio de qualidade" também é distribuído mensalmente para as duas melhores células da fábrica e seu objeto é distinto do prêmio de produtividade: enfatiza não tanto o *quanto* mas o *como* produzir (sem defeito).

---

[20] Hannah Arendt, *A condição humana*, Rio de Janeiro, Forense Universitária, 1980.

As aprendizes formam o "estoque tampão" do contingente. Não há utilização sistemática de trabalho subcontratado.[21] Quando há necessidade de mão-de-obra, a empresa recorre à contratação formal (por tempo indeterminado). A rotatividade parece ser um problema estrutural do setor, sendo que a composição feminina da força de trabalho, segundo o relato da RH, reforçaria isso. Ou antes, exatamente por ser feminina, a instabilidade quanto à presença cotidiana no local de trabalho comprometeria as metas de produção de forma duradoura e permanente. A característica de gênero é que fornece a marca "estrutural" do problema. Pouco importa a direção que toma a causalidade. Importa sim o registro do discurso naturalizante retransmitido pelos quadros responsáveis pela gestão das relações sociais dentro da empresa. Sem dúvida, o juízo sobre a posição particular das mulheres não é uma "sabedoria" que nasce da experiência dessa empresa determinada, nem sequer das outras do ramo que empregam mulheres, mas o fato é que esse e outros casos amplificam e reproduzem aquela "sabedoria" disseminada na sociedade.

Por outro lado, o sistema *kan-ban*, reduzido ao abastecimento dos panos às "ilhas", é feito somente por homens ("por causa da tarefa de carregar peso"). A própria categoria vem se masculinizando: o sindicato admite que a base já teve mais mulheres e que hoje a partilha entre os sexos está equilibrada, "meio a meio".

A mudança para um município vizinho de São Paulo, porém bem distante da localização anterior (que era servida por uma estação de metrô e por um terminal de ônibus urbano), certamente afeta o tempo de deslocamento casa-trabalho, ainda que a empresa forneça o transporte (são oito ônibus) como parte do estoque de benefícios. Esse dado deve desorganizar a disposição da partilha entre família e trabalho, e talvez reforçar o problema do absenteís-

---

[21] Porém a enfermaria é terceirizada.

mo e da rotatividade.[22] "Todos serão mantidos" é a promessa da direção. Com o espectro do desemprego a rondar lá fora, mesmo que o contingente tenha se estabilizado tanto absoluta (o momento do ajuste parece ter sido no início dos anos 80, quando a empresa contava com 800 empregados), quanto relativamente (a geração trabalhadora se manteve no tempo, com "muitos anos de casa", o que pode ser atestado pela observação de operárias relativamente novas e que foram consideradas como sendo "mais velhas" do que o usual no mercado — é que a "velhice" aqui se refere ao tempo de permanência no emprego, o que por outro lado indica que elas foram admitidas ainda bem jovens), a decisão de ir junto com a empresa denuncia primeiramente a fragilidade do vínculo salarial, isto é, a situação presente do mercado de trabalho em sentido agregado, e apenas secundariamente o investimento na identidade profissional.

3.8. A NORMA SALARIAL TAYLORISTA

O salário das operárias é composto do salário fixo mais os adicionais oriundos dos prêmios. Esses adicionais são conhecidos como as "promoções", as quais são alcançadas apenas se a célula atingir a meta de produtividade estabelecida pelo escritório de métodos. Como foi dito, os prêmios estão associados a metas, e contidos no Programa de Participação nos Resultados, acordado entre a empresa e a comissão de trabalhadores escolhida especificamente para esse fim, podendo ter ou não a participação do sindicato. Nesse programa está previsto um percentual que varia de no mínimo 60% a no máximo 80% do salário-base. O percentual ideal é de 70% e parece ser esse o referencial que orienta a expectativa de rendimento no final do mês.

---

[22] Estamos aqui considerando como "rotatividade" não aquela que é fruto da dispensa pela empresa, mas a que deriva da intermitência da presença do trabalhador.

O adicional, contudo, não é simplesmente a retribuição de um dispêndio "geral" de energia e esforço, como consagrado na parcela fixa do salário, mas composto rigorosamente de cinco elementos que são observados na performance do grupo, para que este último faça jus ao prêmio. São eles: redução de custos, eficiência, absenteísmo, segurança e higiene e saúde coletiva. Para cada um deles existe também uma tabela que contempla o percentual mínimo, máximo e ideal, de forma que é possível saber em qual desses itens incorre o ponto fraco do grupo, refletindo-se na diminuição da pontuação e por conseguinte na subtração percentual que incidirá na formação da "promoção" ou do "prêmio". O grupo portanto pressiona aquele elemento que falha na contribuição, em quaisquer daqueles itens: seja porque falta muito, ou porque é pouco eficiente, ou comete muitos deslizes no comportamento. É o grupo, no fundo, que gere o ambiente, tanto no aspecto mais "nobre" da busca de melhoramentos no processo de trabalho e de sugestões que tornem a produção mais eficiente, quanto no aspecto mais comezinho (mas tornado relevante com a filosofia japonesa de gestão) da limpeza e do asseio das instalações e das pessoas.

TABELA DE PERCENTUAL
A SER APLICADO NOS SALÁRIOS

Item	Mínimo	Ideal	Máximo
1. Redução de custos	20%	23%	26%
2. Eficiência	15%	17%	20%
3. Absenteísmo	10%	12%	13%
4. Segurança	10%	11%	13%
5. Higiene/EPI[23]	5%	7%	8%
Total	60%	70%	80%

Fonte: Programa de Participação nos Resultados.

---

[23] Equipamento de Proteção Individual.

Vejamos de que se compõem os itens "eficiência" e "redução de custos", uma vez que são aqueles que estão vinculados de maneira mais evidente à busca de produtividade.

Eficiência é um índice que pode ser traduzido como a quantidade de horas toleradas por horas trabalhadas, sendo que as horas toleradas estão referidas aos "padrões já existentes". Tem-se, portanto, uma fórmula simples do tipo:

$$\frac{\text{Horas toleradas}}{\text{Horas trabalhadas}} \times 100$$

A eficiência — ou ao menos a maneira pela qual ela é perseguida — gira em círculo, caindo sempre no mesmo lugar: o cronômetro. Quanto à redução de custos, ela se reduz a sugestões de melhorias ou projetos que possam oferecer redução de custos em todas as operações da empresa, e não somente relacionados aos custos de produção.

O item número 5 elenca — além dos cuidados ligados à segurança do ambiente, tais como: perigos do extintor ou do hidrante obstruídos, uso do equipamento de proteção individual, proteção das máquinas etc. — os procedimentos civilizatórios típicos dos programas de qualidade total: evitar papel no chão, ponta de cigarro nos banheiros, descarga pendente, pichação nos banheiros, dejetos no chão e limpeza do posto de trabalho em geral.

A conseqüência que se pode retirar do que foi dito é que o prêmio de produção envesa a compreensão do trabalho em grupo e compensa os ganhos de sociabilidade saídos de uma organização do trabalho mais cooperativa. Por um lado, a convivência com as colegas apresenta-se como um progresso em relação à segmentação anterior, mas por outro as células tornam a produtividade média mais difícil de ser alcançada:

"*Eu acho que em parte* [a organização 'em linha'] *era melhor, mas em parte também células é melhor, porque a gente tem mais liberdade com as cole-*

gas; a gente convive mais com as colegas. Só que em matéria de ganhar prêmio de produção, individual é o melhor: porque você trabalha sozinha, então você não depende das colegas. Na célula, o único problema é este: de você depender muito das suas colegas" (overloquista, passou pelo sistema de linha de produção; dezesseis anos de empresa).[24]

Em compensação, o sistema chamado "em linha" foi considerado melhor pela mesma operária por causa do prêmio de produção, que é individual. No trabalho em linha, trabalha-se sozinho, o operador não depende dos colegas. Na célula, o fato de depender muito dos colegas aparece como um problema quando se trata do prêmio de produção. Então, o sistema de trabalho mais "individual" aparece como melhor.[25]

A identificação de peças defeituosas — feita antes de o produto estar finalizado, nas células, enquanto na linha ela era feita apenas após o produto estar completamente confeccionado — é um componente importante da diferença entre os dois sistemas de trabalho. Porém, a preocupação com a qualidade é acossada o tempo todo pelo prêmio: muito tempo gasto com a reparação de defeitos pode significar não alcançar a meta da célula. Por isso é necessário fazer certo "da primeira vez", o que leva a uma preocupação constante e a um cuidado redobrado na operação das tarefas cotidianas — contribuindo para que as trabalhadoras experimentem o novo sistema como mais intenso.

A preocupação com a qualidade do produto de toda forma força o encontro entre os membros da célula, embora isso não signifique que ele propicie o surgimento de uma cooperação baseada em outros móveis, menos estritos do que os problemas pontuais do processo de produção, encerrando-se pois no local de tra-

---

[24] Data da entrevista: 26/11/2001.

[25] Esse ponto será retomado mais à frente.

balho, sem transbordar ("só ali no horário de serviço e dentro da célula", overloquista, *cit.*). No entanto, nada impede que, não fosse a restrição ancorada no prêmio, que acaba individualizando a meta da produtividade pensada para ser grupal, a oportunidade dos encontros para discutir a qualidade e os seus entraves dentro da célula pudesse ir mais longe, soldando um relacionamento que aliasse a valorização do saber operário com uma solidariedade para além do espaço da empresa, esbarrando em valores tais como amizade, e em esferas tais como a vizinhança. Mas no ponto em que se encontra a organização, esses são assuntos ainda considerados como de âmbito... "superpessoal" (idem).

3.9. A GESTÃO PELO GRUPO

Por outro lado, o sistema cooperativo encontra seu maior desafio no ajuste de ritmos diferentes entre os membros das células: como "cobrar" da colega quando se está mais próximo e quando se adota uma postura de menor indiferença em relação aos problemas individuais que porventura emergem com essa proximidade? É aqui que a identidade salarial se confronta com o pendor comunal que a célula ativa.

Uma das maneiras de diluir esse problema de escolha, e de fonte de susceptibilidades que podem minar a cooperação interna, é pela própria polivalência, que permite as substituições em caso de necessidade. Mas mesmo nessa ocorrência não se exclui o problema, ele é apenas mitigado temporariamente. Essa é uma questão sensível porque uma maior capacitação em várias operações, inclusive naquelas mais difíceis, pode acabar significando uma espécie de "punição" para a operadora mais eficiente, que está sempre cobrindo buracos. Além disso, uma falha constante nesse ajuste pode suscitar um sentimento de que, tal como ocorre com a avaliação de que "antes era melhor" com respeito ao prêmio no sistema de trabalho individual, a ação coletiva baseada na identidade salarial de classe volte a ganhar algum apelo entre as trabalhadoras.

Inversamente, a operadora não-polivalente pode "matar a célula" (entrevista com overloquista), pois no momento em que é preciso realizar mais de uma operação e lhe sobra tempo, ela não está habilitada para isso: "Ela acaba prejudicando a célula porque ela só sabe fazer aquilo" (idem).

No entanto, a polivalência não é apenas um fator que perversamente contribui para intensificar o trabalho ("a gente trabalha bem mais", overloquista). Ela é também percebida como uma oportunidade de fazer operações diferentes, de não ficar sempre "na mesma coisa", mesmo que essa seja simultaneamente uma forma de fugir do fantasma das doenças ocupacionais ligadas aos esforços repetitivos ("trabalhando assim duas, três operações por dia, você não sobrecarrega só aquilo").

O QUE HÁ DE POSITIVO
NAS CÉLULAS DE PRODUÇÃO?

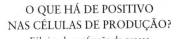

4. DOIS EXEMPLOS COMPLEMENTARES

Em outra empresa de confecção, dessa vez de fabricação de *lingeries*, a impressão de que as células — aqui chamadas simplesmente "grupos" de trabalho — significam uma involução para os assalariados se reforça. A razão é basicamente a mesma, isto é, o prêmio de produção.[26] Ela expõe um paradoxo curioso dos novos sistemas de organização. Se no fordismo a individualização relacionava-se à tarefa e ao posto, as formas de identificação eram coletivas por subtração — todos eram "peões". Já nos sistemas que se pretendem pós-fordistas, as tarefas são misturadas e o posto tende a se diluir em um amálgama que atende pelo nome de polivalência, o que faz com que o formato do processo se apresente então como coletivo para o trabalhador (a própria formação prévia já incorpora essa realidade ao incutir conteúdos do tipo "bom relacionamento com os colegas" nos cursos de treinamento), ao passo que a medida da performance é individualizada, sendo essa, no limite, a esfera de intervenção da competência.

4.1. A FÁBRICA DE *LINGERIES*:
"QUANDO ERA INDIVIDUAL ERA MELHOR"

As semelhanças com os tipos de problema da fábrica de cuecas são desde logo evidentes. Elas confirmam as características gerais do sistema de organização celular estudado mais detidamente no exemplo anterior, muito embora aqui não fosse possível penetrar no "laboratório secreto da produção".

O salário-tarefa dá o tom da taylorização do trabalho em grupo. As operárias se queixam de que a mudança de "grupo" (o mesmo que "célula") é uma violência. Elas prefeririam ficar no mesmo grupo, realizando as mesmas tarefas. Na linguagem empregada pela fábrica de cuecas, elas recusariam a "polivalência". Elas entendem que, na passagem de um grupo a outro, há perda de tempo e, portanto, isso significa um rebaixamento salarial.

Numa chave muito próxima à da fábrica de cuecas, é por essa razão que o sistema de organização do trabalho anterior ao trabalho em grupo é considerado melhor. Ele é chamado de sistema "individual", por oposição ao sistema mais coletivo do tra-

---

[26] Informações colhidas em novembro de 2001.

balho em grupo. É curioso como o tema recorrente da resistência à mudança (recusa do grupo operário e preferência pelo trabalho organizado de forma mais tradicional) reaparece, de certo modo, agora opondo "linha" a "célula" ou "grupo". A mecânica funciona do seguinte modo: como parte significativa do salário é variável, isto é, vinculada ao prêmio de produtividade, ele acaba *incorporando* o prêmio de tal maneira a estabilizar-se em um patamar, como se viu, que passa, então, a ser registrado como norma. Esse patamar é composto de duas parcelas: a fixa (muito baixa, em torno de 280 reais como piso) e a variável. Visto que a parte fixa é jogada em um nível muito baixo, é a parte variável que faz a diferença em termos da percepção dos vencimentos que se aproximam da norma. A força de trabalho acaba orientando a sua preocupação para essa parcela variável, pelas razões expostas.

Ora, no sistema de trabalho em grupo, as dificuldades para atingir a meta salarial são maiores, e não menores: as operárias têm de despender um esforço maior para evitar os tempos mortos: dificuldade de adaptação em uma tarefa diferente; dificuldade também de alcançar um padrão de produtividade que depende de uma adequação ótima entre operador e instrumento de trabalho, e que não é imediata, demandando tempo e uma dose de aprendizado prático — são os "macetes" e o domínio "automático" do posto de trabalho, necessários, ambos, para um fluxo desimpedido de dúvidas e maus jeitos na realização da tarefa.

Na equação, portanto, entre o "salário-fixo" e o "salário-produção" ou "salário-tarefa", é o último que norteia o juízo sobre a organização de trabalho, fazendo querer voltar aos tempos do sistema "individual", quando o primeiro e o segundo componentes do salário obedeciam a um padrão mais ou menos previsível. Com a intensificação devida à captura constante da porosidade da jornada de trabalho, o sistema de grupo torna-se verdadeiramente infernal, porque as paradas de máquinas, por exemplo, não são contadas como tempo efetivamente trabalhado — e portanto não concorrem para o "prêmio". Ganhava-se mais no sistema "individual" — não porque o salário fixo fosse

O fluxo tensionado dos novos sistemas de produção

maior, mas porque o "prêmio", agora, acaba sendo mais difícil de alcançar.

Entende-se então por que a mudança de grupo é uma violência para as operárias. A angústia de ter de se adaptar está forçosamente ligada ao imperativo de ter de "dar produção", isto é, à norma taylorista do salário. E ela acaba respingando no próprio sindicato, pois este é chamado a *ajudar* os seus representados a tentar obter mais vantagens do sistema, aumentando o salário pela parcela nominal do "prêmio".

Além disso, diferentemente da fábrica de cuecas, nenhuma trabalhadora de outro grupo cobre uma colega, em caso de ausência ao trabalho. Nesse sentido, a polivalência na fábrica de *lingerie* se apresenta como mais limitada do que naquela, a qual já é, como vimos, limitada também por uma definição estreita de polivalência. Dessa forma, o ajuste deve ser feito pelo grupo mesmo: enquanto as metas se mantêm, o número total de trabalhadoras dedicadas a atingi-las reduz-se.

Outro dado que concorre para a intensificação e para o afastamento de um padrão estável de realização de operações de trabalho, e que só causa apreensão entre os operários, é a rotação de produtos a serem produzidos em uma mesma jornada: ela pode chegar a três "séries" — na verdade, essa é a terminologia para os produtos — por dia. Com isso, o prêmio de produtividade de 100% vai se tornando um ideal distante, reforçando a decepção com o sistema de trabalho. No caso da empresa analisada anteriormente, a mesma percepção aparece na resposta à questão sobre qual o item considerado o mais negativo do sistema de trabalho, a mudança constante de produtos perdendo apenas para o ritmo intenso: 22% contra 59% (veja-se gráfico à página 237).

A instabilização da demanda incorpora-se naquilo que deveria ser o "plano" que informa e alimenta a gestão do trabalho, gerando dessa feita insegurança e angústia, as quais são processadas coletivamente (na forma da quebra da solidariedade "por subtração") e individualmente (na forma de um cobrar-se permanente).

É possível atingir o prêmio máximo de 100%, e que corresponde a 50% do salário fixo, no que é então designado, nessa empresa, por "dobra" (da quantidade de produtos estipulados na ordem de produção ordinária). "Dobrar" é o que todas almejam, mas para isso é preciso trabalhar duro.

4.1a. *Uma peça da formação dos salários: acaso ("loteria") e necessidade ("dobra")*

O exemplo da forma de remuneração predominante na firma de roupas íntimas traz um elemento preocupante para o debate sobre as virtualidades de um regime de crescimento sustentado, conforme experimentado pelos países centrais. Ele adverte para o fato de que o ponto cego da regulação, no Brasil, não é mais o trabalho informal, mas o próprio salário nominal de referência, cuja característica deixa de ser a de um patamar básico na formação dos salários da população ativa e passa a ser a de um montante sujeito a variabilidades, dificultando assim a sua eleição como uma norma para o setor ou ramo. De forma bem característica, ele é veiculado pela administração como uma "loteria", para marcar bem o seu caráter de *acaso*. As palavras da informante emprestam por si mesmas todo o significado a esse tipo de expediente conhecido pelas operárias como "dobra":

> "*A dobra é uma loteria,* [ou seja] *é por fora: a loteria* [bem entendido] *nem todo mundo ganha! A lógica da empresa é essa. Não é regulada pela lei; a empresa dá se quiser. A dobra funciona assim*".

Não se trata exatamente de "dádiva", porque a loteria premia aquela que se esforça. Depende, portanto, da diligência e do empenho individuais, além da boa vontade do doador. Com isso — e esse é o ponto mais interessante a reter — o elemento de previsibilidade da relação salarial parece definitivamente suprimido no novo modelo. Do ponto de vista ideal, portanto, mesmo supondo-se uma retomada do crescimento da economia e um reforço da relação salarial nos moldes fordistas (no seu aspecto de contratação), essa última deixaria de ser alimentada por um processo de trabalho coletivamente regulamentado: ao contrário, o predomínio de formas de remuneração estreitamente vinculadas ao valor adicionado fragmenta poderosamente a norma geral de salários. A "loteria" significa que não há compromisso formal; não há dever por parte da empresa em assegurar durável e estavelmente um parâmetro de remuneração, exceto pelo mínimo.

O *plus* depende da análise (pela gerência ou supervisão) de casos comprovados de empenho e dedicação individuais, os quais devem estar traduzidos objetivamente em uma maior produtividade. É por isso que tal sistema se aproxima da modalidade do salário-por-peça, e se afasta, por conseguinte, de um padrão de formação dos salários fordistas. Porque não é para todos, daí a idéia de "loteria": ao fim e ao cabo, tanto o empenho quanto a dedicação no trabalho nem aparecem como correspondendo a uma retribuição justa, mas antes à sorte.

Além do prêmio, há a "bandeira", isto é, a possibilidade de ganhar uma distinção pelo fato de ter sido o grupo mais eficiente da fábrica. A forma de identificação é a colocação de uma bandeira sobre o local onde o grupo trabalha. Na fábrica de cuecas o mecanismo é o mesmo, apenas trocada a bandeira por um boneco inflável que paira sobre a cabeça de uma das ilhas da célula vencedora, amarrado por um fio a uma das máquinas dessa ilha. Uma vantagem salarial advém da obtenção da "bandeira". Somada ao salário-fixo e ao prêmio por produtividade, a fórmula desejada por todas é: salário + "dobra" + "bandeira" = um novo salário no final do mês.

À guisa de uma apreciação de conjunto do caso dessa empresa, pode-se dizer que as operárias *correm atrás* do tempo, que sofre um processo de aceleração constante em termos relativos e em duas modalidades diferentes, porém complementares: no aspecto clássico da produtividade do trabalho (redução dos tempos mortos *via* fechamento dos poros da produção: concordância do tempo de trabalho com o tempo efetivamente produtivo), por um lado, e, por outro, na variabilidade e diversificação permitida pela flexibilidade organizativa e do maquinário, quanto mais um produto é manufaturado em uma mesma jornada.

4.1b. *"Competência"*

Parece evidente que a norma taylorista tanto na fábrica de cuecas quanto na fábrica de *lingerie* afeta em cheio qualquer tentativa de conceder maior autonomia aos operadores diretos e, por conseguinte, prejudica a consideração da competência.

"Duas cabeças pensam melhor do que uma." Essa máxima é válida quando há certa disponibilidade de *tempo* para se chegar a uma resolução cooperativa de um problema que significa um gargalo da produção, ou a resolução de algum elemento novo que pode ser associado a um "evento" (por exemplo, um tipo de tecido que não é usual e que não "passa" com facilidade pela máquina de costura, exigindo maior atenção e maior firmeza das mãos).[27] Aqui cada cabeça está preocupada com a sua própria tarefa, em não ficar atrás dos outros, ou ainda em não "atolar" de trabalho a colega. Não há tempo para pensar conjuntamente qualquer problema maior relacionado ao processo, basicamente porque não há, nem de longe, a possibilidade de parar a produção, ainda que com a intervenção da supervisora. Esta, de fato, guarda um saber técnico mais elaborado, quer pelo fato de ter se destacado nas tarefas de costura em algumas máquinas ao longo da carreira, quer pelo tempo de casa. Mas seu papel de mediação técnica entre as operárias e a engenharia de produção é bastante limitado.

O ritmo imposto pela máquina faz toda a diferença. Ele arbitra a disponibilidade de tempo: entre um tempo que se esgota no preenchimento da meta e um tempo que poderia ser repartido

---

[27] Esse novo tecido pode ser uma exigência de um novo produto, que exige maior elasticidade ou aderência ao corpo, levando à pesquisa com fibras sintéticas, por exemplo.

com outras preocupações — mesmo preocupações produtivas que colaborassem para a eficiência dos processos (e não um tempo "centrífugo", de evasão, como sempre é imaginado pela organização do trabalho, embora esse tempo também seja, a seu modo, importante para a *própria* realização da tarefa).

Um dos indicadores dessa preocupação mais desprendida de si e mais coletiva (ainda que o sentido do "coletivo" se confunda com a empresa, i.e., seja completamente recoberto por ela) seria algo como uma "taxa de inovação" do chão-de-fábrica atravessando transversalmente os operários e o nível técnico associado à manufatura. A literatura especializada tem designado essas ocorrências como sendo o índice da presença de uma inovação "incremental". Nada, contudo, nas empresas do complexo químico e muito menos ainda nas empresas de confecção. Nenhum vestígio dessa inteligência criativa que, no entanto, existe e permanece adormecida como um potencial desconhecido, imobilizado — afora casos isolados de sucesso, como o operador de máquina de corte de tecidos que é transferido para o manejo do CAD (*Computer Aided Design*) junto ao departamento de planejamento, no caso da empresa que se verá a seguir. Mas trata-se de uma exceção, que depende da boa vontade do supervisor de produção e do seu apoio junto às instâncias de direção.

4.2. A FÁBRICA DE CAPAS AUTOMOTIVAS: UM CASO QUE CONFIRMA A REGRA — CÉLULA E ESTUDOS DE TEMPOS E MOVIMENTOS

Na fábrica de confecção de tecidos para assentos e capas de veículos, o sistema de células guarda muitas características semelhantes às das empresas de confecção de roupas íntimas, masculinas ou femininas. Mas, também, importantes pontos de discordância. O mais importante deles refere-se, sem dúvida, ao modo de remuneração: não há prêmio por produtividade, o que se torna um dos elementos de fricção, mais latente do que manifesto, entre as operárias da fábrica. As razões para tal resignação relativa estariam concentradas no medo de perder o emprego, a constante ameaça que paira nos momentos de crise, como é o caso do contexto da pesquisa.[28]

4.2a. *A fábrica*

A fábrica funciona em um imenso galpão em Itaquaquecetuba, região limítrofe da Grande São Paulo. Perto está outra fábrica do grupo (hoje majoritariamente de capital alemão, depois de ter sido adquirida há cerca de quatro anos de um dos dois sócios brasileiros), dedicada exclusivamente à produção têxtil. São esses tecidos que chegam à planta de Itaquaquecetuba para serem transformados em revestimentos dos bancos de veículos. Além das duas unidades, outra localiza-se em Caxias do Sul, por causa do fornecimento para um importante fabricante de carrocerias de caminhão implantado ali. Esse deslocamento parece ter sido uma exigência do cliente gaúcho, que oferece como contrapartida um contrato de exclusividade para as especialidades da fábrica paulista. Ao todo, o grupo possui 900 funcionários, divididos entre as três localidades mencionadas. A unidade têxtil é a mais numerosa, com 600 empregados; a fábrica de forros para bancos de veículos, que será objeto da análise a seguir, conta com 100 funcionários no total, sendo três quartos do sexo feminino.

Como nos outros casos, a costura é uma seção completamente feminina. É na costura que estão as células. A outra seção é o corte, com predomínio quase absoluto de homens. No entanto, trabalhadoras podem ser vistas no corte, ao passo que o contrário não é verdadeiro: a costura estigmatiza o operário porque se trata de um trabalho "de mulher". No corte não existem propriamente células, uma vez que as operações não são manuais; na verdade, elas se resumem ao ajuste de um grande rolo de tecido sobre uma espécie de enorme mesa em que, após o enfesto, ele é revestido com espuma e tela (são os chamados "tecidos acopla-

---

[28] As visitas a essa unidade fabril tiveram início em dezembro de 2001.

O fluxo tensionado dos novos sistemas de produção

dos") e, então, preparado para o corte, que é inteiramente automatizado. Pode-se considerar, embora sem muito rigor, que todas essas operações de preparação da atividade propriamente da seção, que é o corte, compõem uma célula. Nela, todos os operários estão capacitados a fazer todas as operações requeridas: os enfestos, o encaixe do corte e a montagem no contêiner. Esse bem poderia ser um exemplo de "polivalência", embora nenhum dos informantes tenha se referido dessa forma à passagem por várias tarefas numa mesma jornada.

A especificação do tecido em termos de espessura (3.610 mm) e de tipo de corte (liso ou fantasia) é importante para definir o destino do produto: se para uma montadora determinada,[29] se para determinada marca de veículo. Por isso há um limite para a disposição dos tecidos uns em cima dos outros, em camadas, na "mesa" de corte. Tecidos de mesma especificação podem ser cortados na mesma fornada; porém o mesmo não acontece com tecidos de especificação diferente. No entanto, é nítido o ganho com o corte automatizado, pois ele é capaz de efetuar em um mesmo movimento, em *ziguezague* (esse movimento se justifica pela necessidade de manter o vácuo, evitando que o ar faça "inchar" o tecido, reduzindo a área de corte pela máquina), um número muito maior de cortes e, portanto, de disponibilizar um número muito maior de produtos semi-acabados que ficam prontos para entrar na seção de costura em tempo muito mais curto também.

A racionalização tipicamente substitutiva de trabalho vivo (por volta de 60% do pessoal anteriormente ligado à operação de corte manual foi também "cortado") não chega a ativar imediatamente as células, pois existem estoques entre as duas grandes seções de que se compõe a fábrica: corte e costura. Mas ela possibilita a realização de produtos diferentes pelas células, bas-

---

[29] A empresa fornece para praticamente todas as montadoras mais importantes do país, exceto as mais recentes (coreanas, francesas), que mantêm um nível de nacionalização de componentes ainda baixo.

tando para isso que os contêineres descarreguem na costura os tecidos com as especificações predeterminadas: lisos, fantasia, banco traseiro, banco dianteiro, caminhão, veículo de passeio etc. As células, portanto, são um complemento da racionalização da seção de corte, sendo que o ajuste do ritmo da primeira à segunda seção (costura) é feito pela intensificação das operações manuais das operárias, exatamente como na fabricação das cuecas, isto é, um ajuste pelo *tempo de trabalho*, modelado principalmente pela variabilidade de produtos.

Em vez de o tempo estar dedicado a um *único* produto ao longo de uma linha, ele se desdobra na confecção de mais de um tipo de produto, quando necessário, bastando para isso redirecionar (dentro de certos limites) algumas operações efetuadas por uma mesma máquina. Aqui como lá, os quadros indicativos de produtividade (quantidade demandada *versus* quantidade efetiva) estão velando cada célula, que nesse caso não apresentam um desenho em formato de ilhas e sim mais próximo de uma esteira, pois as capas ou forros já confeccionados são jogados nessa esteira, a qual desemboca no controle da qualidade, efetuado em última instância pela coordenadora ou líder.

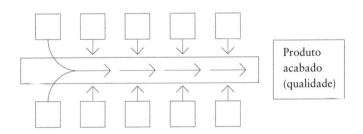

As relações entre cliente e fornecedor não são tranqüilas, embora sejam estratégicas nesse caso. A produção de assentos para veículos está dentro da cadeia automotiva e chegou a fazer parte das atividades produtivas das montadoras, quando o arranjo verticalizado nas firmas era predominante. Hoje essa operação é descentralizada mas exige, por seu turno, um compromisso forte em termos de qualidade e prazos, por parte das fornecedoras, a fim de estabelecer uma relação duradoura com seu principal demandante no mercado.[30] As empresas fornecedoras têm interesse em perenizar esse relacionamento, mas isso não parece uma tarefa fácil porque, a despeito das novas teorias organizacionais que apregoam a necessidade de "parceria", o lado mais forte ainda dita as regras: "eles pensam que são Deus", queixa-se o supervisor de produção, executivo que exerce o papel de elo entre o escritório de planejamento, métodos, gestão, e a produção. Trata-se, vale lembrar, de uma fábrica relativamente pequena.

Nem todo o pedido, contudo, define todos os detalhes finais do produto, de forma que uma margem de criação e desenvolvimento fica nas mãos da empresa. Quando uma montadora sugere um novo modelo de tecido por conta de um novo modelo de assento, há a mobilização de estudos que são realizados por pessoal especializado de produção, saído da área de corte (como se fora um alfaiate) e que trabalha, dentro daquilo que poderia ser chamado de um "laboratório" de costura, no ensaio de um protótipo que gera os moldes que vão para a programação do CAD a fim de seguir depois a sua trajetória de testes de viabilidade. Aí o papel da fornecedora, no caso a fábrica em questão, aparece como mais ativo do que simplesmente reativo. Mas essa não é uma ocasião ordinária no dia-a-dia da empresa; nem é disseminada pelas seções, ficando restrita ao binômio "alfaiate"-CAD: aí pode-se entrever alguma autonomia de fato, pois se trata de uma tentativa que nem sempre desemboca em um resultado satisfatório — um grau de imprevisibilidade impera, portanto. Já a autonomia das células é restrita, pois o máximo que lhes cabe é parar a produção quando observado algum defeito ou disfunção gra-

---

[30] Essa empresa, por exemplo, detém 15% do mercado de capas de proteção para automóveis e 60% do mercado de tecidos para interiores de veículos.

ve, não estando previstas nem sendo requeridas quaisquer iniciativas que redundem em inovação, por mais discreta e incremental que seja.

A produtividade da fábrica é de 25 a 30 carros/h. A unidade é o carro, pois contam-se todos os tecidos dos assentos necessários para compor um veículo como sendo um produto final. Todos os forros que entram em um carro são, então, embalados em um saco de plástico, que é lacrado. Aquele saco indica que quando a montadora o recebe, ela pode a partir de então forrar os bancos dianteiro e traseiro de um veículo de determinado modelo, especificado na embalagem. Na verdade, não é a montadora que recebe as capas diretamente da fábrica de confecção dos tecidos de bancos de veículos. Estes últimos são entregues a outra empresa que se encarrega de colocar (forrar) os tecidos nos bancos, para só depois entregar o banco pronto para a montadora.

4.2b. *As células e a*
permanência da "velha ordem"

Quanto ao funcionamento das células, na costura, elas não diferem muito, em linhas gerais, das outras empresas pesquisadas.[31] Também como naquelas, a qualidade é capaz de identificar o defeito do produto em processo na máquina que deixou passar o erro, podendo chegar até a operadora responsável, uma vez que o lote é identificado (com a hora exata em que ele passou pela máquina respectiva). Lembrando apenas que, na fábrica de cuecas, tal controle pode ser exercido até pelo consumidor final pois, dado que o código de barras identifica o lote, ele tem as coordenadas necessárias para chegar até a célula ou a ilha responsável pelo problema. O controle sobre a produção, assim, se estende mesmo muito além do produto terminado na fábrica e realizado (vendido) no mercado, perdurando no tempo. As operárias se vêem assim sob um constrangimento de vigilância exercido pela

---

[31] Embora o seu desenho (sem "ilhas" propriamente) seja diferente.

O fluxo tensionado dos novos sistemas de produção

norma de qualidade que, além de ser impessoal, é difusa, pois não termina na supervisora, encarregada ou líder, mas persegue-as mesmo de fora do espaço físico destinado à produção, quando, finda a jornada, todas vão para casa como se o tempo dedicado a sopesar todas aquelas regras, interdições e cuidados tivesse enfim acabado. Não acabou. No entanto, todas saem aliviadas, mesmo que a tensão perdure e se alimente do próprio ambiente. Mas ninguém fala disso, ninguém pensa isso. A jornada acabou.

Sobre a polivalência, a história se repete: o significado dela não é unívoco. Longe disso. Para a gerência, é uma forma de gerir o absenteísmo. Para boa parte da literatura especializada, uma forma de garantir a qualidade. Para os próprios agentes da polivalência, uma forma de aproveitar a chance de adquirir novas competências, ou aperfeiçoar as já existentes, mirando-as sempre para um lugar fixo: o mercado de trabalho. É ele que fornece o metro para avaliar o lugar de cada um *dentro* da empresa e *fora* dela. Adquirir novas competências ou reforçar a qualificação é sobretudo uma aquisição para ser negociada. E que é compensada, por outro lado, pelos constrangimentos oriundos do processo de trabalho — que é penoso. São essas duas linhas de força que convivem em tensão na avaliação que os assalariados fazem de sua própria situação funcional e de suas possibilidades de carreira e ascensão. Escolher entre um e outro depende de situações e trajetórias individuais diversas. Porém nada disso é novo, ou seja, nada disso é desconhecido da relação salarial tradicionalmente fordista, o que denuncia a fragilidade de tentar ancorar o sistema de células em uma reviravolta completa das regras de funcionamento e validação dos interesses de classe tais como os conhecemos.

No juízo que as próprias operárias fazem das células essa impressão está presente. Embora com todos os problemas metodológicos de uma enquete que capta um momento fixo no tempo, ela é capaz de sugerir, quanto a esse ponto, certas vias de interpretação.

Confrontadas com a pergunta sobre os aspectos positivos do sistema de células, 70% das costureiras (o questionário abrangeu a totalidade da força de trabalho que está dedicada às células, isto é, toda a seção de costura das capas dos assentos de automóveis: 75 trabalhadoras) referiram-se à possibilidade de fazer várias operações diferentes; 13% apontaram o maior contato com as colegas, enquanto 8% simplesmente responderam que não há muitos aspectos positivos.

É evidente que fazer várias operações diferentes está relacionado com a variabilidade da demanda, forçando a uma mudança rápida de linha de produto. Mas ela pode ser também uma brecha para aprender outras tarefas e mudar de função, reforçando a percepção de que é a qualificação que está no horizonte — e portanto a possibilidade de migrar de posição, tanto dentro da firma quanto interfirmas —, não a fidelidade aos valores da empresa. Isso é tanto mais verdadeiro quando o sistema de remuneração sanciona o aprendizado de mais de uma operação ou função, bem como as possibilidades de negociação no mercado de trabalho, que se abrem.

Outra realidade que pode estar escondida na "polivalência" é uma mera agregação de tarefas que não eram realizadas antes, algumas nem sempre produtivas, tais como limpeza e controle disciplinar, além de operações de manutenção antes deixadas a trabalhadores especializados, tais como reparos da própria máquina. No entanto, mesmo neste último caso, a percepção de adicionar novas qualificações ao repertório de cada operador parece dissipar um questionamento muito crítico do uso que se faz do termo "polivalência" porque, mais uma vez, soa como "ganho" para ele, jamais como usura.

Quanto aos aspectos negativos, a maioria apontou que, com as células, diferentemente da linha de produção (76% dos respondentes tiveram experiência de trabalho em linha de produção antes de trabalhar no sistema de células), a preocupação em não errar é maior. Esse é o principal aspecto negativo (54%), o que confirma a responsabilização como um ônus. Se antes, no sistema tradicional, o controle de qualidade era feito apenas no final do processo, agora a verificação de defeitos e não-conformes é incorporada à própria operação da célula. Dada a integração delas e a identificação imediata do "elo mais fraco", isso causa uma preocupação constante e reforça a autodiligência do operador: o erro em um ponto compromete todo o conjunto, não tanto da própria célula (pois as operações são basicamente as mesmas), mas das próximas, como uma continuidade do tipo "linha de células".

A carga de preocupação é naturalmente maior do ponto de vista do trabalhador e boa parte da literatura gerencial já reconhece que esse é um elemento desafiante dos novos métodos de organização; porém, em tal visão, este elemento é diluído como um constrangimento distribuído igualmente entre todos os envolvidos, incluindo técnicos e engenheiros. Aliás, o estresse seria mesmo mais deletério nesta última categoria de assalariados, dada a sua maior responsabilidade diante da empresa. Dessa forma, nivelando o efeito sobre uma base aparentemente horizontal e neutra (que elude a desigualdade de classe), o problema do excesso de carga de trabalho dos "de baixo" se eufemiza, espelhando uma problemática que não é a sua, mas dos técnicos, engenheiros e pessoal de escritório — eles também postos diante dos mesmos constrangimentos de produtividade.

De fato, entre os operários ninguém menciona muito o estresse: esse é, em geral, um discurso do pessoal de Recursos Humanos, ou de um ou outro engenheiro de produção sensibilizado, sobre o que está se passando com o pessoal operário sob sua tutela. Entre estes últimos o que transparece é sobretudo o distanciamento para com os iguais; a falta de tempo para dedicação às coisas sem importância, que as margens do tempo imposto "em linha" acabava deixando igualmente *para todos*; a falta de tempo para os assuntos caseiros... e não necessariamente o acréscimo de horas de trabalho (horas extras) ou a intensificação, embora esta seja nomeada (como se verá a seguir). A destruição da rede de sociabilidade do coletivo de trabalho se dá porque *o raio dos problemas comuns* deixa de ser compartilhado e porque os problemas de cada um se afastam do estoque de reconhecimento social que cada um trazia de fora da empresa; eles passam a ser problemas (de metas, de exigências de qualidade) *postos* pela empresa, e portanto precisam ser criados, desenvolvidos como assuntos *realmente concernentes a todos* — é nesse sentido que a célula e a cooperação que ela deveria ensejar entre os seus participantes é individualizante: porque ela conspira contra o que havia de comum e coletivo entre os assalariados de determinada empresa — o fato exatamente de que eles não precisavam se responsabilizar *por* ela. O salário médio fazia as vezes de instrumento de equilíbrio e homogeneização, enquanto o sindicato retirava os seus trunfos daquela situação. Hoje, o salário médio é corroído pelo prêmio de produção e o sindicato é ceifado pela dificuldade de identificação coletiva que ele ganhava por subtração: agora, ao contrário, os trabalhadores são parceiros e a figura antagônica fica um tanto quanto deslocada.

PAPEL DO SINDICATO
Fábrica de capas automotivas

4.2c. As células e o acicate do mercado de trabalho: sociabilidade de grupo à prova das tendências centrífugas

A segunda causa de avaliação negativa das células é o ritmo, considerado muito intenso. Curiosamente, na fábrica de capas automotivas, este não é o principal motivo de queixa como na fábrica de cuecas. Enquanto nesta última, para a mesma questão, 59% responderam que o ritmo intenso é o principal aspecto negativo do sistema, apenas 16% apontaram a preocupação em errar como aspecto negativo. Em compensação, na fábrica de cuecas foi incluída, para a mesma pergunta, a opção que mencionava como aspecto negativo a constante mudança de produtos, que obteve 22% das respostas. Na fábrica de capas para automóveis não foi possível avaliar o peso dessa variável. No entanto, permanece certo que os traços típicos da linha de montagem e suas características taylorianas, tanto relativas à norma salarial quanto à norma de produtividade, convivem na organização celular, e que essa compatibilidade aparece como chocante muito mais para pesquisadores e *scholars* do que para os próprios envolvidos. O grau de indiferença quanto à temática da organização do trabalho denuncia duas coisas: primeiro, a distância de uma prática negocial quanto a esse aspecto do trabalho, que é praticamente desconhecido e vivido com uma naturalidade desconcertante ("trabalhar é isso; ora, você queria o quê?"); segundo, a instabilidade do mercado de trabalho corrói qualquer tentativa de mirar minimamente a organização do trabalho como um componente ao menos *no mesmo nível* dos outros componentes da relação salarial. Os juízos sobre as células parecem completamente sobredeterminados por esse dado incontornável. O que atesta, por outro lado, o tremendo apelo do salário por cotas de produção, um velho expediente dos tempos de Taylor, e mesmo de antes.

De maneira coerente, a percepção das trabalhadoras sobre a possibilidade de encontrar outro emprego na mesma função expressa as dificuldades e os medos: 44% responderam que seria muito difícil encontrar um novo emprego na mesma função, por causa do desemprego. As 37% que disseram que encontrariam com facilidade um novo emprego atribuem essa possibilidade ao treinamento: este último, portanto, não apenas opera como uma fonte de capacitação técnico-produtiva para a empresa (seu "capital humano") mas, no contexto de instabilidade, contribui também para fidelizar o empregado a ela.

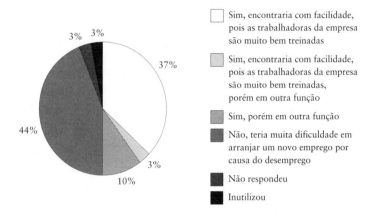

PERCEPÇÃO DAS TRABALHADORAS
SOBRE A POSSIBILIDADE DE ENCONTRAR
UM NOVO EMPREGO NA MESMA FUNÇÃO
Fábrica de capas automotivas

Se o treinamento é importante para conseguir um lugar melhor no mercado de trabalho mais à frente, como atesta a segurança daquelas 37% que afirmam que, saindo da empresa, encontrariam uma posição justamente porque são muito bem treinadas, não se deve esquecer que primeiro é preciso... fazer o aprendizado, o que quer dizer: fazer todos os esforços para obter a capacitação, seja por meio de cursos externos (o que não parece ser o caso no ramo de confecção), seja por meio do próprio contato e experiência com as máquinas complexas que o processo exige.

Já na fábrica de cuecas, onde o treinamento é um dado muito presente na estratégia de qualificação das operárias, diante da mesma questão 34% responderam que encontrariam com facilidade um emprego, porém em outra função, como vemos novamente no gráfico a seguir. E 31% avaliam que encontrariam com facilidade, pois são muito bem treinadas. Pouco menos de um terço pensa que teria muita dificuldade em arranjar um novo emprego por causa do desemprego.

Mas o mercado de trabalho, por seu turno, não é uma entidade abstrata, homogênea e igualmente distribuída. O mercado tem um *tempo* e um *espaço* que consagram a sua vigência e pertinência sociais. Da mesma forma que, a longo prazo, todos estaremos mortos, os limites espaciais que fornecem os quadros de escolhas ou *trade-offs* por parte dos agentes é determinado, de modo que os componentes dessa determinação deveriam ser perscrutados.

PERCEPÇÃO DAS TRABALHADORAS SOBRE A POSSIBILIDADE DE ENCONTRAR UM NOVO EMPREGO NA MESMA FUNÇÃO
Fábrica de confecção de cuecas

No caso da fábrica de capas, o desemprego como fantasma onipotente relativiza sua eficácia constrangedora com o local de moradia:

"[...] *às vezes não é tanto pelo desemprego; é porque capas são poucas empresas aqui na região que fabricam*" (ocasião de apresentação dos dados do questionário: produção, seção de costura).

E como que para confirmar a intervenção:

"*O que ela está dizendo é o seguinte: tendo em vista a região em que a gente se encontra... agora, se morássemos em São Paulo, por exemplo, de repente essa dificuldade seria um pouco dividida, entende?*

Mas no mesmo ramo que nós aqui, seria difícil de achar [outra empresa para empregar]" (ocasião de apresentação dos dados do questionário: pessoal de escritório).

Vamos supor que houvesse duas ou três empresas do mesmo tipo fazendo capas automotivas na região...

"[...] *Aí teria chance*" (idem).

Claro: a maior parte dos trabalhadores da empresa mora na região de Itaquaquecetuba e arredores. Por isso o local de moradia não é uma variável de somenos importância para entender a implicação do trabalhador nos métodos gerenciais que solicitam todo o seu envolvimento. Se um dos componentes do envolvimento é o medo de perder o emprego, então a oferta de postos de trabalho nas mesmas condições daquele em curso passa a ser um dado a mais na contabilidade individual do trabalhador empregado. Mas, de todo modo, essa não é uma conclusão que possa ser generalizada, como se houvesse uma propensão marginal a tornar o vínculo da carteira assinada menos atraente à medida que o tempo casa-trabalho fosse se estendendo.

Ao contrário, na fábrica de cuecas, por exemplo, a mudança de um bairro da região oeste da cidade para outro município da Grande São Paulo, a partir de uma decisão estratégica de proximidade das várias unidades do grupo, não foi capaz de ser tão determinante a ponto de colocar a manutenção do emprego em segundo plano. Se as trabalhadoras da fábrica de cuecas pudessem escolher entre permanecer na empresa na antiga localização (São Paulo) ou transferir-se para as novas instalações, teriam preferido sem dúvida a primeira opção (60%), como vemos no gráfico a seguir.

Para um quinto delas, mudar ou não não faz a menor diferença: o vínculo empregatício é tão mais importante que a localização acaba sendo uma variável nitidamente secundária, mesmo significando sacrifícios em termos de deslocamento e administração do tempo.

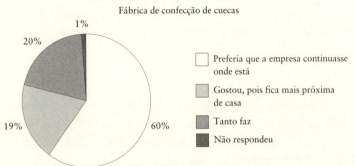

PREFERÊNCIA DE LOCALIZAÇÃO DA EMPRESA
NA VISÃO DAS TRABALHADORAS
Fábrica de confecção de cuecas

- Preferia que a empresa continuasse onde está
- Gostou, pois fica mais próxima de casa
- Tanto faz
- Não respondeu

Ora, tal constatação não nega a afirmação anterior a respeito do ambiente social sobre o qual o mercado de trabalho faz valer as suas leis de ferro, como "uma entidade abstrata, homogênea e igualmente distribuída"; aqui o que é mais aterrador é a capacidade desorganizadora deste último, que se sobrepõe à família (61% são mães) e a outros laços de sociabilidade, preenchendo um tempo maior para si, quer dizer, para os laços mercantis na forma do salário, e deixando de lado quaisquer outros móveis. No âmbito de nossas perguntas, isso quer dizer exatamente: deixando de lado quaisquer dúvidas. Para nossos informantes parece natural e certa a migração forçada, como parece natural também o tempo despendido no trajeto. À questão de se a mudança poderia afetar a sua vida privada, o equilíbrio entre resignação e sentido de necessidade é bem marcado: 41% das respondentes afirmaram que sim, uma vez que levarão muito mais tempo para ir e voltar ao trabalho, ao passo que 42% declararam que "não importa para onde a fábrica vá, o importante é continuar empregada". É a crise econômica e a contração agregada de postos de trabalho que explica, nesse caso, a atitude naturalizada disseminada que faz o trabalhador seguir a fábrica.

No entanto, mesmo o sacrifício não é para todos: para a população que habita muito longe da nova localização nem foi necessário alocar novos ônibus, pois ela já estava forçosamente fora — é o caso dos empregados que moram na Zona Leste. Uma decisão unilateral da direção considerou que seria contraproducente — tanto para a empresa quanto para os próprios interessados — manter o trajeto, pois esses levariam um tempo demasiadamente longo entre a casa e o trabalho, com conseqüências na produtividade. Apenas para 19% das trabalhadoras da fábrica de cuecas a mudança foi considerada boa porque a nova fábrica fica mais próxima de casa. Em 13% se percebe uma decisão definitiva de recusa: não pretendem continuar trabalhando na empresa em sua nova localização.[32]

Outro aspecto que põe à prova a "vida interna" da célula, estritamente relacionado ao aspecto anterior do treinamento, é a polivalência.

---

[32] Os percentuais na verdade se referem a duas perguntas diferentes, e sua distribuição está misturada no texto. As perguntas são 1ª) "Percepção com relação à mudança da fábrica", e 2ª) "Grau de interferência da mudança da fábrica na vida privada das trabalhadoras".

A possibilidade de passar de uma célula para outra pode ter duas interpretações muito distintas, levando a conclusões opostas. Primeiro, ela pode significar um reforço da polivalência, com as implicações e ambigüidades já discutidas. Em segundo lugar, ela poderia desorganizar a solidariedade de grupo (pessoas trabalhando juntas, mais próximas umas das outras, tendem a desenvolver esse tipo de comportamento coletivo) — supondo sempre que a célula de fato funcione desse modo, além de seu papel principalmente produtivo. Somente a comparação com outras respostas ao questionário aplicado, assim como a mobilização de outros recursos metodológicos, poderiam indicar um caminho. Deve-se sempre ter em conta que o contraponto, em termos de julgamento das células pelas próprias operadoras, é o sistema anterior de trabalho "em linha". Para isso vale lembrar que a maior parte da força de trabalho, tanto na fábrica de capas automotivas (76%) quanto na fábrica de cuecas (67%), trabalhou anteriormente no sistema de "linha", ainda que em outra empresa: 62% tiveram essa experiência em outra empresa, na fábrica de capas automotivas, enquanto esse contingente foi de 50% na fábrica de cuecas.

Assim, a mudança de postos que a circulação pelas células permite pode ser tanto uma forma de fugir à intensificação do trabalho em um único posto, quanto de experimentar novas habilidades (sancionada pela norma salarial da empresa) e portanto se autoqualificar. Mas qualquer que seja o motivo, o fato é que ele fala mais forte do que permanecer e beneficiar-se de uma solidariedade do grupo original. Na verdade, "ficar" em um grupo, sem rodar por outras células, pode estar marcando um *handicap* individual: o grupo funcionaria como uma proteção ou amparo para aqueles cuja performance, real ou suposta, fosse mais fraca. As tendências centrífugas (sair) sobrepõem-se às tendências centrípetas (ficar) porque o apelo de mobilidade é maior, sendo a permanência atestado de ineficiência. Em caso de necessidade de trocar de célula, 47% das operárias da fábrica de capas para automóveis responderam que encarariam com naturalidade e até mesmo gostariam que isso ocorresse (mesmo que tal mudança não ocorra com muita freqüência mas apenas raramente, segundo a resposta de 18% das entrevistadas).

PERCEPÇÃO DAS TRABALHADORAS
AO PASSAR DE UMA CÉLULA A OUTRA
Fábrica de capas automotivas

- Encaram com naturalidade e até gostam, pois têm a oportunidade de mudar um pouco de operação
- Encaram com naturalidade, substituem a colega, porém tal mudança ocorre apenas raramente
- Encaram com naturalidade e mudam, mas essa mudança não ocorre com muita freqüência
- Encaram com naturalidade, porém prefeririam continuar fazendo a mesma operação de sempre
- Substituem a colega, fazendo a mesma operação que faziam em sua célula. Não houve mudança de tarefa com a substituição
- Essa mudança não ocorre com muita freqüência, apenas raramente
- Encaram com naturalidade e até gostam, pois têm a oportunidade de mudar um pouco de operação. Concordam e vão substituir a colega, fazendo a mesma operação que faziam em sua célula. Não houve mudança de tarefa
- Inutilizou

No entanto, quando há a oportunidade de mudança, ela é valorizada: na fábrica de cuecas, enquanto 35% responderam que essa mudança não ocorre com muita freqüência mas apenas raramente, 25% disseram que a encararam com naturalidade e até gostam, pois têm a oportunidade de mudar um pouco de rotina.

O fluxo tensionado dos novos sistemas de produção

PERCEPÇÃO DAS TRABALHADORAS
AO PASSAR DE UMA CÉLULA A OUTRA
Fábrica de confecção de cuecas

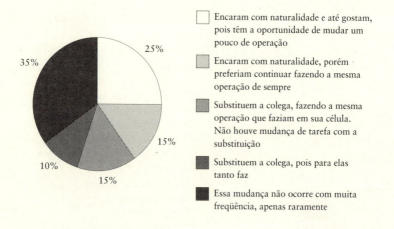

5. CONCLUSÕES DOS
CASOS ESTUDADOS E BALANÇO

Os formatos de *teamwork* são vários. Mudam os designativos mas as características mais importantes se mantêm, com uma ou outra variação. A característica mais importante é a medida de produtividade, que segue a lógica taylorista. Na fábrica de cuecas, ela chama-se "célula de produção"; na fábrica de *lingerie*, chama-se simplesmente "trabalho em grupo".

O tempo imposto "persegue" o formato de organização do *teamwork*. É a disponibilidade do tempo que vai, na verdade, definir os aspectos mais importantes da organização do trabalho: polivalência, autonomia, intensificação. Todos esses aspectos vão ser referidos em relação ao tempo — ou ao constrangimento do tempo:
- polivalência: ela aparece, por exemplo, estreitamente relacionada ao *tempo* gasto na mudança de postos (ou "ilhas", ou "células", ou "grupos");

- autonomia: é limitada pela norma salarial, que é definida pelo *tempo* de produção individual — mesmo se a norma se dilui entre os membros do grupo, segue sendo verdadeiro que o parâmetro de cada membro é dado externamente, pela gerência industrial, com a utilização de estudos de tempos e métodos e, como último elo do processo, o cronômetro.

- intensificação: com o salário-tarefa (fábrica de *lingerie*) ou o prêmio de produtividade (fábrica de cuecas), a contabilidade taylorista predomina e dá o tom a todo o restante. A norma salarial se encontra em correspondência direta com a norma de produtividade do trabalho.

Afinal, o que se depreende desses estudos empíricos e da discussão sobre as tendências das relações de trabalho que se vislumbram a partir do "Centro"?

Se neste último caso todas as indicações disponíveis (no mercado, na qualificação e nas relações profissionais) caminham no sentido da individualização do trabalho e do questionamento da classe (figura abaixo), a pesquisa de campo permitiu mostrar a dificuldade de uma caracterização muito esquemática a esse respeito, sem no entanto negar aquela tendência geral.

	Taylorismo/fordismo		Novo modelo produtivo	
Processo de trabalho	Individualização na extração da produtividade do trabalho	Formato: Posto de trabalho	Extração da produtividade difícil de ser contabilizada individualmente	Formato: times, equipes, células
Ação coletiva	Coletivismo nas relações industriais ou profissionais	Formato: identidade de classe	Individualização das relações industriais ou profissionais	Formato: competência

Duas conclusões finais, à guisa de balanço.

O fluxo tensionado dos novos sistemas de produção 285

Primeira: *a organização celular reforça o móvel tradicional da qualificação, em vez da polivalência ou da competência.* Isso *está menos relacionado à organização celular em si do que à fragilidade da relação salarial fordista em um contexto de país periférico.* A qualificação como parte do sistema de classificações carrega uma ambigüidade: ao mesmo tempo é camisa-de-força para as versões mais bem-sucedidas do trabalho em grupo e por outro lado beneficia-se de uma situação, no contexto brasileiro, do tipo "vantagens do atraso": dada a heterogeneidade do mercado de trabalho (incluindo aí o processo de informalidade), ela pode ser usada, para os assalariados, como ativo de negociação no seu interior, relativamente pouco regulado. O sistema de classificações profissional, oriundo do Código Brasileiro de Ocupações, além de estar completamente defasado, não é efetivamente um instrumento que sirva aos propósitos de contratação coletiva. Por isso ele não aparece tão inflexível como nos países europeus, onde funciona como norma que orienta a negociação dos sindicatos em um sentido de cima para baixo, isto é, com forte propensão a constranger os níveis mais dispersos de seu raio de representação. Aqui, o nível de rigidez que amarra a correspondência especialização-remuneração (como costureira, e daí a abertura para overloquista ou galoneira, por exemplo) limita-se ao salário-base, com pouca incidência sobre os outros componentes, como prêmios ou o chamado "salário-indireto". Esses ainda são assuntos privados que o expediente da Participação nos Lucros e Resultados veio tentar regular.

Segunda: o cenário estrutural que parece se desenhar como pano de fundo para o modelo de organização baseado no trabalho em grupo talvez pudesse ser representado pela disposição dos elementos seguintes: *uma relação salarial apenas parcialmente fordista*[33] + *uma intensificação do taylorismo + métodos*

---

[33] Pelo lado da contratação e do mercado de trabalho (com uma parcela decrescente dos com carteira assinada).

de trabalho flexíveis, concebidos para superar a produção "em linha".

A combinação desses fatores produz como efeito uma fragilização das formas de contratação coletiva, que já eram débeis, tendo em vista o sistema corporativo de relações profissionais, e uma exposição maior dos trabalhadores ao poder discricionário da gerência, não tanto pela falta de democracia no local de trabalho, mas pela sua transmutação em "desnecessidade" de ordem técnica. Isso é reforçado principalmente pelos expedientes típicos dessa forma de organização: o autocontrole entre o próprio grupo operário e a aparência de soberania, que confere "poder de decisão" à célula ou grupo, mas que acaba por sancionar a exclusão da sociedade salarial.

BIBLIOGRAFIA

AGLIETTA, Michel. *Régulation et crise du capitalisme: l'expérience des États Unis*. Paris: Calmann-Lévy, 1976.

ARENDT, Hannah. *A condição humana*. Rio de Janeiro: Forense Universitária, 1980.

BENHABIB, Seyla. "Models of public space: Hannah Arendt, the liberal tradition, and Jürgen Habermas", *in* CALHOUN, Craig (org.), *Habermas and the public sphere*. Cambridge/Londres: The MIT Press, 1992.

BOISSONNAT, Jean. *Le travail dans vingt ans: rapport au Commisariat Général du Plan*. Paris: Odile Jacob, La Documentation Française, 1995.

BOYER, Robert. *Théorie de la régulation: une analyse critique*. Paris: La Découverte, 1986 (tradução em português: *A escola da regulação*. São Paulo: Nobel, 1990).

BOYER, Robert; DURAND, J.-P. *L'après-Fordisme*. Paris: Syros, 1993.

BOYER, Robert; TOUFFUT, Jean-Philippe; BEFFA, Jean-Louis. "Les relations salariales en France: Etat, entreprises, marchés financiers", *Notes de la Fondation Saint-Simon*, n° 107, Paris, juin 1999.

BRESCIANI, Luís Paulo. *Da resistência à contratação: tecnologia, organização do trabalho e ação sindical no Brasil*. São Paulo: CNI/SESI, Série Indústria e Trabalho, 1994.

BURAWOY, Michael. *The politics of production*. Londres: Verso, 1985.

CASTEL, Robert. *As metamorfoses da questão social: uma crônica do salário*. Petrópolis: Vozes, 1998.

CLOT, Yves. "Le travail comme source d'étonnement", *Futur Antérieur*, n° 16, Paradigmes du Travail, Paris, L'Harmattan, 1993.

CORIAT, Benjamin. *Penser à l'envers: travail et organisation dans l'entreprise japonaise*. Paris: Christian Bourgois, 1991 (tradução em português: *Pensar pelo avesso*. Rio de Janeiro: Revan/UFRJ, 1994).

_____. "Ohno e a escola japonesa de gestão da produção: um ponto de vista de conjunto", *in* HIRATA, Helena (org.), *Sobre o "modelo" japonês*. São Paulo: Edusp, 1993.

COSTA, Isabel da; GARANTO, Annie. "Entreprises japonaises et syndicalisme en Europe", *Le Mouvement Social*, 162, jan.-mar., Paris, Les Éditions Ouvrières, 1993, pp. 95-128.

COUTROT, Thomas. "35 heures, marchés transitionnels, droits de tirage sociaux. Du mauvais usage des bonnes idées...", *Droit Social*, n° 7/8, juillet-août 1999.

COUTROT, Thomas; AUCOUTURIER, Anne-Lise. "Prophètes en leur pays: les pionniers de 35 heures et les autres", *Travail et Emploi*, mai 2000.

DANIELLOU, F.; TEIGER, C.; LAVILLE, F. "Fiction et realité du travail ouvrier", *Les Cahiers Français*, 209, Paris, La Documentation Française, 1983, pp. 39-45 (tradução em português: "Ficção e realidade do trabalho operário", *Revista Brasileira de Saúde Ocupacional*, 17 [66], out.-dez. 1989).

DEJOURS, Christophe. *A loucura do trabalho*. São Paulo: Oboré/Cortez, 1991.

_____. "Inteligência operária e organização do trabalho", *in* HIRATA, Helena (org.), *Sobre o "modelo" japonês*. São Paulo: Edusp, 1993.

DEJOURS, Christophe; ABDOUCHELI, Elisabeth. "Itinerário teórico em psicopatologia do trabalho" *in* DEJOURS, C.; ABDOUCHELI, E.; JAYET, Christian, *Psicodinâmica do trabalho: contribuições da Escola Dejouriana à análise da relação prazer, sofrimento e trabalho*. São Paulo: Atlas, 1994.

DESMAREZ, Pierre. *La sociologie industrielle aux États-Unis*. Paris: PUF, 1985.

DURAND, Jean-Pierre (org.). *Vers un nouveau modèle productif?* Paris: Syros, 1993.

DURAND, Jean-Pierre. "Syndicalisme et noveau modèle productif", *La Pensée*, n° 319, juillet-septembre 1999.

_____. "O modelo da competência: uma nova roupagem para velhas idéias", *Revista Latinoamericana de Estudios del Trabajo*, ano 7, n° 14, 2001.

DURAND, Jean-Pierre; STEWART, Paul; CASTILLO, Juan José. *L'avenir du travail à la chaîne: une comparaison internationale dans l'industrie automobile*. Paris: La Découverte, 1998.

ESPING-ANDERSEN, Gösta. *The three worlds of welfare capitalism*. Cambridge: Polity Press, 1990.

FERRO, José Roberto. "Aprendendo com o 'Ohnoísmo' (produção flexível em massa): lições para o Brasil", *Revista de Administração de Empresas*, São Paulo, 30(3), jul.-set., 1990.

FREYSSINET, Jacques. *Le temps de travail en miettes: 20 ans de politique de l'emploi et de négotiation collective*. Paris: Les Editions de l'Atelier, 1997.

FRIEDMANN, Georges; NAVILLE, Pierre. *Tratado de sociologia do trabalho*. São Paulo: Cultrix, 1972.

HIRATA, Helena. "Receitas japonesas e realidade brasileira", *Novos Estudos Cebrap*, vol. 2, 2, julho 1983.

_____. *Sobre o "modelo" japonês: automatização, novas formas de organização e de relações de trabalho*. São Paulo: Edusp/Aliança Cultural Brasil-Japão, 1993.

_____. *Uma nova divisão sexual do trabalho?* São Paulo: Boitempo, 2002.

HOLANDA, Sérgio Buarque de. *Raízes do Brasil*. São Paulo: Companhia das Letras, 1997.

KOCHAN, Thomas A.; LANDSBURY, Russell D.; McDUFFIE, J. Paul. *After lean production: evolving practices in the world auto industry*. Ithaca/ Londres: Cornell University Press, 1997.

LALLEMENT, Michel. "Du gouvernement à la gouvernance de l'emploi", *Les Cahiers du SET-METIS*, n° 96-03, 1996.

_____. *Les gouvernances de l'emploi*. Paris: Desclée de Brower, 1999.

_____. "Les paradigmes de la flexibilité en France", *Mana: Revue de Sociologie et d'Anthropologie*, Presses Universitaires de Caen, n° 7, 1° semestre 2000.

LINHART, Danièle. "À propos du post-taylorisme", *Sociologie du Travail*, 1/93, Paris, Dunod, 1993.

LOCKE, Richard; KOCHAN, Thomas; PIORE, Michael. "Introduction: employment relations in a changing world economy", *in* LOCKE, Richard; KOCHAN, Thomas; PIORE, Michael, *Employment relations in a changing world economy*. Cambridge/Londres: The MIT Press, 1995.

LYON-CAEN, G. "Le droit conventionnel du travail", *Recueil Dalloz*, Chronique, 1963.

MARUANI, Margaret. "Marché du travail et marchandage social", *in* LAL-LEMENT, Michel (org.), *Travail et emploi: le temps des métamorphoses*. Paris: L'Harmattan, Logiques Sociales, 1994.

MARX, Roberto. *Análise dos projetos de implantação de trabalho em grupo na indústria: a questão da autonomia no chão-de-fábrica*. Tese de doutoramento, Escola Politécnica da USP, 1994.

MÉDA, Dominique. *Le travail: une valeur en voie de disparition*. Paris: Aubier, 1995.

MELLO E SILVA, Leonardo. *A generalização difícil: a vida breve da câmara setorial do complexo químico seguida do estudo de seus impactos em duas grandes empresas do ramo*. São Paulo: Annablume/Fapesp, 1999.

MISPELBLOM, Frederik. *Au délà de la qualité*. Paris: Syros, 1995.

MÜCKENBERGER, Ulrich. "Non-standard forms of work and the role of changes in labour and social security regulation", *International Journal of Sociology of Law*, n° 17, 1989.

OLIVEIRA, Francisco de. *Os direitos do anti-valor*. Petrópolis: Vozes, Coleção Zero à Esquerda, 1998.

_____. "Privatização do público, destituição da fala e anulação do outro: o totalitarismo neoliberal", *in* OLIVEIRA, Francisco de; PAOLI, Maria Célia (orgs.), *Os sentidos da democracia: políticas do dissenso e hegemonia global*. Petrópolis: Vozes/Fapesp/Nedic, 1999.

O'REILLY, Jacqueline; CEBRIÁN, Immaculada; LALLEMENT, Michel (orgs.). *Working time changes: social integration through transitional labour markets*. Cheltenham: Edward Elgar, 2000.

PASTRÉ, Olivier; MONTMOLLIN, Maurice de. *Le taylorisme*. Paris: La Dècouverte, 1984.

PIALOUX, Michel. "L'ouvrière et le chef d'équipe ou comment parler du travail?", *Travail et Emploi*, n° 62.

PIALOUX, Michel; GORGEU, Armelle; MATHIEU, René. "Organisation du travail et gestion de la main-d'oeuvre dans la filière automobile", *Cahiers du Centre d'Etudes de l'Emploi*, n° 14, 1998.

RAMEAUX, Christophe. "Stabilité de l'emploi: pour qui sonne le glas", *in Appel des économistes pour sortir de la pensée unique: le bel avenir du contrat de travail*. Paris: Syros/Alternatives Economiques, 2000.

RAMEAUX, Christophe; COUTROT, Thomas. "Introduction", *in Appel des économistes pour sortir de la pensée unique: le bel avenir du contrat de travail*. Paris: Syros/Alternatives Economiques, 2000.

ROSANVALLON, Pierre. *La question syndicale*. Paris: Calmann-Lévy, 1988.

ROZENBLATT, P. *et alii*. *Le mirage de la compétence*. Paris: Syllepse, 1999.

SAVATIER, M. J. "L'affichage des communications syndicales dans les locaux de l'entreprise", *Recueil Dalloz*, Chronique, 1962.

SCHMID, Günther. "Le plein emploi est-il encore possible? Les marchés du travail 'transitoires' en tant que nouvelle stratégie dans les politiques d'emploi", *Travail et Emploi*, n° 65, 1995 (tradução em inglês: *Economic and Industrial Policy*, n° 16, 1995, pp. 429-56).

SCHWARTZ, Yves. "Trabalho e valor", *Tempo Social*, São Paulo, 8 (2), outubro 1996.

SEGRESTIN, Denis. *Le phénomène corporatiste: essai sur l'avenir des systèmes professionnels fermés en France*. Paris: Fondation Saint-Simon-Bayard, 1985.

SUPIOT, Alain. *Au delà de l'emploi: transformations du travail et devenir du droit du travail en Europe. Rapport pour la Commission Européenne*. Paris: Flammarion, 1999.

VERAS, Roberto. "A ousadia da resistência: a luta dos trabalhadores da Ford contra 2.800 demissões", *Revista Crítica de Ciências Sociais*, 62, junho 2002.

VERDIER, Jean-Maurice; LANGLOIS, Philippe. "Aux confins de la théorie des sources du droit: une relation nouvelle entre la loi et l'accord collectif", *Recueil Dalloz Sirey*, 39ème Cahier, Chronique, 1972, pp. 253-60.

VIANNA, Luiz Werneck. *Liberalismo e sindicato no Brasil*. Rio de Janeiro: Paz e Terra, 1978.

WOODIWISS, Anthony. "Globalização, direitos humanos e direito do trabalho na Ásia do Pacífico: o início de uma viagem interior?", *in* OLIVEIRA, Francisco de; PAOLI, Maria Célia (orgs.), *A construção democrática em questão*. Petrópolis: Vozes/Fapesp/Nedic, 1999.

ZARIFIAN, Philippe. *La nouvelle productivité*. Paris: L'Harmattan, 1990.

_____. *Quels modèles d'organisation pour l'industrie européene?* Paris: L'Harmattan, 1993.

_____. *Éloge de la civilité*. Paris: L'Harmattan, 1997.

_____. *Objéctif: compétence*. Paris: Liaisons, 1999 (tradução em português: *Objetivo competência: por uma nova lógica*, São Paulo, Atlas, 2001).

SOBRE O AUTOR

Leonardo Mello e Silva é professor doutor do Departamento de Sociologia da Faculdade de Filosofia, Letras e Ciências Humanas da Universidade de São Paulo, e autor do livro *A generalização difícil: a vida breve da câmara setorial do complexo químico seguida do estudo de seus impactos em duas grandes empresas do ramo* (Annablume/Fapesp, 1999).

CO-EDIÇÕES CURSO DE PÓS-GRADUAÇÃO
EM SOCIOLOGIA DA USP/EDITORA 34

Mário A. Eufrasio, *Estrutura urbana e ecologia humana: a escola sociológica de Chicago (1915-1940)*

Antônio Flávio Pierucci, *Ciladas da diferença*

Leopoldo Waizbort, *As aventuras de Georg Simmel*

Irene Cardoso, *Para uma crítica do presente*

Vera da Silva Telles, *Pobreza e cidadania*

Paulo Menezes, *À meia-luz: cinema e sexualidade nos anos 70*

Sylvia Gemignani Garcia, *Destino ímpar: sobre a formação de Florestan Fernandes*

Antônio Flávio Pierucci, *O desencantamento do mundo: todos os passos do conceito em Max Weber*

Este livro foi composto em Sabon pela
Bracher & Malta, com fotolitos do
Bureau 34, e impresso pela Prol Editora
Gráfica em papel Pólen Soft 80 g/m^2 da
Cia. Suzano de Papel e Celulose para a
Editora 34, em março de 2004.